KB235039

앞으로 5년
경매하고
리모델링하라

일러두기

본 도서에 소개한 리모델링 관련 설계비와 공사비 등은 지역과 시기에 따라 차이가 있을 수 있습니다.
독자들의 이해를 돕기 위해 제곱미터와 평을 함께 사용했습니다.

앞으로 5년, 경매하고 리모델링하라

1판 1쇄 발행_ 2014.05.12.
1판 5쇄 발행_ 2016.12.23.

지은이_ 이종민
발행인_ 홍성찬

발행처_ 인사이트북스
출판신고_ 2009년 6월 5일 제25100-2009-0017호

주소_ 서울특별시 강북구 삼양로169길 34-12(우이동)(142-871)
대표전화_ 070)8112-0846
팩시밀리_ 02)906-9888
이메일_ insightbooks@hanmail.net

© 이종민 저작권자와 맺은 특약에 따라 검인을 생략합니다.
ISBN 978-89-98432-20-1 13320

앞으로 5년 경매하고 리모델링하라

Auction + Remodeling

이종민

인사이트북스

결론부터 말하자면 이 책은 '집을 싸게 사서 저렴한 비용으로 편안한 공간을 만들 거나, 재테크를 위해 시세보다 비싸게 파는 방법', 즉 '홈스테이징homestaging'을 설명하고 있다. 홈스테이징라는 말은 우리나라에서 생소한 개념이지만 다른 나라의 부동산 시장에서는 이미 정착되어 있다.

요즘 같은 부동산 불경기에 집을 싸게 사고, 고쳐서, 비싸게 되파는 홈스테이징이 가능하냐고 되묻는 독자가 분명히 있을 것이다. 가능하다. 이 책을 쓰기 한참 전부터 이미 여러 차례에 걸쳐 직접 실행해 보고, 내가 꿈꾸던 내 집을 장만할 수 있었을 뿐 아니라 그를 통해 적지 않은 수익을 보았기 때문이다.

나는 아파트든 주택이든 부동산 시장이 얼어붙어 매매에 어려움을 겪고 있는 지금이야 말로 홈스테이징을 도입할 좋은 시기라고 생각한다. 부동산 경기가 안 좋을수록 집을 더욱더 저렴한 비용에 매입할 수 있기 때문이다. 구매한 집에 합리적인 인테리어 비용으로 집에 디자인과 실용성을 더한 후 시장에 내놓을 경우, 일반 주택보다 더 빨리, 더 좋은 가격에 되팔 수도 있다.

내가 홈스테이징에 관심을 가지게 된 건 살아온 이력 때문이다. 대부분이 그렇듯 내 부모님 또한 젊은 시절에 내 집 마련의 꿈을 이루지 못했다. 그래서 나는 이사와 전학을 반복하며 학교생활을 했다.

이랬던 내가 지금은 집에 관한 일을 하고 있다. 대학에서 건축을 전공했지만 그때도 대형 공연장이나 대형 오피스빌딩 같은 커다란 프로젝트에는 관심이 없었다. 오직 주택 설계에만 관심이 있었다. 물론 현재 디자인 회사를 운영하면서도 여전히 나의 관심사는 주거 공간이다. 여기에 두 가지 지식과 기술이 덧붙여졌는데 바로 '경매'와 '홈스테이징'이다.

처음 경매를 통해 낙찰 받은 집은 특별한 빌라였다. 화재로 내부가 완전히 전소된 56㎡(약 17평)의 작은 집이었다. 이 때문에 감정가도 낮게 나왔지만, 2차례나 유찰되었기에 더욱더 낮은 가격에 빌라를 살 수 있었다.

일반인들이 이 빌라를 낙찰 받지 않은 이유는 간단하다. 난감한 공사와 비용 때문이었다. 하지만 나는 리모델링 사업을 하고 있었기에 저렴하게 공사를 할 수 있었고, 공사 후 바로 매도할 수 있었다. 크지는 않았지만 투자 대비 꽤 괜찮은 수익도 얻었다. 이때부터 나는 경매에 대해 더욱더 관심을 가지게 되었다.

그 이후 경매로 싸게 주택 낙찰 받기와 가치보다 높게 팔기는 계속되었다. 하지만 문제가 하나 있었다. 경매로 집을 싸게 사고, 저렴하게 리모델링하는 방법에는 일정 정도 익숙해졌지만, 문제는 매매였다. 물론, 리모델링을 고급스럽게 하고 저렴하게 내놓으면 당연히 금세 팔리겠지만 이것이 내 본래 목적이 아니었다. 그 방법을 찾던 중 나는 북미에서 유행하는 홈스테이징에 대해 알게 되었다. 그 즉시 관련 도서를 찾았지만 국내에는 단 한 권도 없었다. 그래서 미국에서 홈스테이징 관련 원서를 구해서 읽기 시작했다. 홈스테이징을 공부한 효과는 얼마 지나지 않아 나타나기 시작했다. 집이 예전보다 훨씬 빠르게, 시세보다 높게 팔렸던 것이다.

집을 매입하려는 소비자가 매물로 나온 집을 방문한 뒤 매입을 결정하기까지는 얼마나 걸릴까? 한 연구에 의하면 대부분의 소비자는 현관문을 열고 들어선 뒤 15초 이내에 그 집을 매입할 것인지 말 것인지를 결정한다. 사람의 첫인상만큼 집도 첫인상이 중요하다는 이야기이다. 즉, 홈스테이징은 판매자의 집을 보기 좋게 만들어 쉽게, 더 좋은 가격을 받도록 해 주는 행위를 말한다. 홈스테이징은 가구, 그림, 커튼 등을 이용해 집을 꾸미는 일이다. 청소를 하고 잡동사니를 처리한다. 또한 페인트를 칠하고 마당과 잔디를 새로 구성하는 일이다. 팔려는 집의 부정적인 요소를 최소화시키는 것이 홈스테이징의 목표이다. 기존에 우리는 판매할 집에 대해서는 전혀 신경 쓰지 않고, 새로 이사 갈 집의 인테리어만 신경을 썼다. 하지만 판매할 집에 대해서 조금의 관심과 애정을 가진다면 훨씬 좋은 가격은 물론 빠른 시간 내에 집을 판매할 수도 있다. 타던 차를 중고 시장에 내어 놓을 때 조금이라도 더 좋은 값을 받기 위해 내부 청소와 세차를 한다. 심지어 왁싱까지 한다. 집은 자동차보다 평균 10배 이상 가격이 높다. 좋은 가격에 집을 팔기 위해서는 홈스테이징에 귀를 기울여보자. 홈스테이징은 기존 생각을 뒤집는 것에서 출발한다.

홈스테이징은 어려운 일이 아니다. 남녀노소 누구나 할 수 있는 손쉬운 일이다. 홈스테이징을 인테리어와 혼동하면 안 된다. 공간에 개인적인 취향을 더하는 것이 인테리어라면 홈스테이징은 주택을 구매할 사람의 마음에 들게 공간을 연출하는 일이다. 그래서 전문가가 아닌 누구라도 홈스테이징을 할 수 있다. 매매가 이루어지지 않는 부동산 불황기에 주택을 팔기 위해서는 홈스테이징은 필수적으로 알아두어야 한다.

나는 이 책에서 아파트 홈스테이징보다는 주택 홈스테이징에 대해 더욱 구체적으로 다루었다. 최근 일반 단독 주택에 대한 소비자들의 니즈가 커진 이유도 있지만, 수도권 아파트 전셋값 정도의 비용으로 마당 있는 단독 주택을 가질 수 있는 기회를 소개하기 위해서이다. 또한 2013년《마흔에 살고 싶은 마당 있는 집》을 출간하면서 폭주하는 단독 주택에 대한 문의가 끊이지 않았기 때문에 그에 대한 답을 이 책으로 하고 싶었던 이유도 있다.

또한 이 책의 주제가 경매와 홈스테이징이지만 이것만을 다루지는 않았다. 집은 재테크 수단이 될 수도 있지만 사실 편안하고 안락한 삶의 공간이라는 본연의 목적이 더 중요하기 때문이다. 그래서 오래도록 추억을 쌓으면서 살아갈 집을 위한 리모델링 방법도 다루었다. 구체적인 비용도 써 놓았다. 물론, 지역별 시기별로 비용은 다르겠지만

이 책을 참고하면 좀 더 구체적으로 자신이 미래에 살게 될 집에 대한 계획을 세워 볼 수 있을 것이다.

늘 함께 해 주는 (주)테라디자인 가족들과 내 아내 그리고 아들 신희에게 감사 인사를 전한다.

이종민

PART 4 · 직접 하는 우리 집 디자인

PART 5 · 인테리어도 내 손으로 해 보자

PART 6 · 건축에 대한 상식

PART 7 · 셀프로 할 수 있는 리모델링 공정

1 어떤 집을 살까?

집이 단순히 먹고 자는 곳이 아니라 휴식과 행복의 공간으로 인식된 지는 꽤 오래된다. 심지어 어떠한 집에 사느냐가 그 집에 사는 사람의 행복 지수를 결정짓기도 한다.

집은 이렇게 중요한 역할을 하지만 대부분의 사람들은 집에 대해 잘 알지 못한다. 그 이유는 단순하다. 좋은 집을 많이 보았거나 좋은 집에 대해 진지하게 생각해 본다거나 제대로 된 설명을 들을 기회가 없었기 때문이다. 일반 소비자들은 아파트 모델하우스를 둘러보며 분양 도우미의 설명을 듣거나 또는 부동산 중개사무소에 들러 적당히 집을 고르게 되는 것이 현실이다.

내 집 마련이든, 부동산 투자든 꼭 알아야 할 것이 있다. 부동산, 디자인, 리모델링이 바로 그것이다. 이 세 가지 중 하나라도 모른 채 일을 진행하면, 항상 후회가 따르게 마련이다. 내 집 마련이라는 게 평생에 한두 번 정도 있는 일인데도 말이다.

투자가들도 마찬가지다. 부동산 전문가이지만 디자인이나 리모델링을 모른 채 투자를 하다 보면 실수가 뒤따르게 마련이다. 보통 사람들은 건축하는 분들은 부동산을 기본적으로 이해한다고 생각하지만 그렇지 않다. 아래의 내용들을 더 이해하게 된다면 앞으로 내가 할 일은 훨씬 풍성해 질 것이다. 내 집 마련과 성공적 투자를 위해 좋은 집을 보는 눈을 키워 보자.

등기부등본을 확인하자

집을 사기 전에 꼭 체크해야 할 사항이 있으니, 바로 등기부등본 확인이다. 특히, 전세를 얻어야 하는 소비자라면 계약서에 사인을 하기 전에 꼭 등기부등본을 확인해야 한다.

등기부등본을 펴고 우선 과도한 근저당이나, 가등기 등이 없는지를 확인한다. 특히, 경매에 넘어갈 집인지 아닌지를 잘 확인한다. 즉, 저당권, 근저당, 압류, 가압류, (담보) 가등기, 강제 경매개시결정등기, 전세권의 권리 등을 말소 기준 권리라고 하는데, 이런 사항들이 없는지 확인한다. 이러한 말소 기준 권리들이 있으면 전세금을 다 못 받고 집을 비워 주어야 하는 사태가 벌어질 수도 있다.

실제로 내 주변에는 이런 것을 확인하지 않은 채 입주했다가 그동안 모아 둔 전세 자금을 통째로 날려 버린 사람들이 많다. 특히, 이런 사태는 시세보다 저렴하게 산다고 급하게 주인과 직거래를 하는 경우 많이 발생한다. 물론, 공인중개사에게 중개 수수료를 주고 계약만 했어도 이런 일은 발생하지 않았을 것이다. 그러니 등기부등본이라도 꼭 확인하도록 하자. 참고로, 등기부등본은 대법원 인터넷 등기소(www.iros.go.kr)에 들어가면 쉽게 확인할 수 있다.

등기부등본

등기사항전부증명서(말소사항 포함) - 건물 [제출용]

[건물] 부산광역시 연제구 연산동 ░░░░░░░░░░░░░░   고유번호 ░░░░░░░░

【 표　제　부 】 （ 건물의 표시 ）				
표시번호	접　수	소재지번 및 건물번호	건 물 내 역	등기원인 및 기타사항
3		부산광역시 연제구 연산동 [도로명주소] 부산광역시 연제구 ░░░░░░░░░░░░░	조표제31394호 보록조 스라브가 평가건 주택 건평20평	도로명주소 2012년5월17일　등기

[건물] 부산광역시 연제구 연산동 ░░░░░░░░░░░░░░   ░░░░░░░░░░░░

【 갑　　구 】 （ 소유권에 관한 사항 ）				
순위번호	등 기 목 적	접　수	등 기 원 인	권 리 자 및 기 타 사 항
3	소유권이전	2012년6월7일 제30342호	2012년6월5일 매매	소유자 ░░░░░░░ 　　　부산광역시 금정구 ░░░░░░░░ 매매목록　제2012-968호

[인터넷 발급] 문서 하단의 바코드를 스캐너로 확인하거나, 인터넷등기소(http://www.iros.go.kr)의 발급확인 메뉴에서 **발급확인번호**를 입력하여 **위·변조** 여부를 확인할 수 있습니다. 발급확인번호를 통한 확인은 발행일부터 3개월까지 5회에 한하여 가능합니다.

발행번호 ░░░░░░░░░░░░░░░░░░░░░░░░   1/2   발급확인번호 ░░░░░░░░░   발행일 2012/06/12

★ 등기부등본 자세히 보기

① 표제부(건물의 표시): 부동산의 형태와 지번 등 구조에 관한 사항을 확인할 수 있다.

② 갑구(소유권에 관한 사항): 현재와 과거의 소유자, 그리고 가압류, 가처분, 압류(경매) 등과 이들 권리의 변경 등기, 말소 및 회복 등기 등을 확인할 수 있다.

③ 을구(소유권 이외의 권리에 관한 사항): 저당권, 근저당권, 전세권, 지역권, 지상권, 임차권 등을 확인할 수 있다.

[건물] 부산광역시 연제구 연산동   고유번호

【 을 구 】 (소유권 이외의 권리에 관한 사항)

순위번호	등 기 목 적	접 수	등 기 원 인	권 리 자 및 기 타 사 항
5	근저당권설정	2012년5월17일 제26281호	2012년5월17일 설정계약	채권최고액 금84,500,000원 채무자 이 　부산광역시 동래구 근저당권자 　부산광역시 남구 공동담보 토지 부산광역시 연제구

-- 이 하 여 백 --

④ 접수: 등기소에 접수된 날짜를 확인할 수 있다.
⑤ 등기 원인: 매매, 증여, 시효 취득, 전세권 또는 저당권의 설정 계약, 등기의 오기, 계약의 무효 상소, 토지의 멸실 등의 내용과 일자를 확인할 수 있다.
⑥ 전세권 설정: 건물에 살고 있는 세입자가 전세금을 설정하여 등기한 것을 확인할 수 있다.

단독 주택을 사고 싶다면

'단독 주택=땅의 가치 + 건물의 가치'이다. 그런데 단독 주택은 무엇보다도 건물 가격이 거의 포함되지 않은 집, 즉 보통 20년 이상 된 주택을 구매하는 게 유리하다. 그래야 번듯하게 고쳐서 직접 살기에 편하고, 재테크를 위해 이익을 남기고 팔기에도 유리하다. 그 외에도 몇 가지 유념해야 할 사항들이 있다.

- **최소 3미터 이상 도로와 인접**해 있어야 추후 증축, 개축이 쉬워진다. 물론 6미터 이상 진입 도로와 최대한 가까이 있으면 더욱 좋고, 4미터 이상의 도로는 있어야 차량 통행이 가능하다.
- **가급적 넓은 평수를 노리라.** 대지가 $165m^2$(50평) 이상이면 금상첨화. 추후 다세대, 다가구로 활용할 수 있기 때문이다. 물론 넓은 만큼 투자비 또한 높아진다. 본인이 준비할 수 있는 자금에 맞추는 게 가장 좋다.
- 지하철역이나 대학가 주변, 유동 인구가 많은 관공서 근처 등 임대 수요가 많은 지역을 선택하는 것은 기본이다. 이 또한 투자비가 높아지긴 한다.
- **토지 모양은 사각형의 형태가 좋다.** 나중에 팔 때도 유리하다.
- 만약 주택에 무단으로 증축, 개축된 불법 건축물이 있다면 추후 관공서로부터 철거 대상으로 간주돼 강제 이행금이 부과될 수도 있다. 건축물대장 등을 열람해 등재 여부를 꼭 확인하자.
- 개조가 쉬운 가변형 주택으로 만들려면 기존의 벽에 하중을 받는 벽식 구조가 아닌 라멘 구조로 지어진 주택이 좋다. 집 구조에 대한 자세한 설명은 뒷장에서 할 예정이다. 아파트의 경우 내구연한이 다 되어서라기보다는 도저히 손댈 수 없는 벽식 구조이기 때문에 다시 신축하는 경우가 많다. 하지만 단독 주택은 비교적 이 부분에서 자유롭다.

사람들은 보통 단독 주택을 평생의 안식처로 여긴다. 실제로 3-40대 이상 독자라면 어릴 적 추억이 대부분 단독 주택에 연결되어 있다는 걸 쉽게 떠올릴 수 있다. 집을 팔아놓고 며칠을 울기도 하고, 괜히 옛집 주변을 서성거리는 전 주인도 많다. 그만큼 단독 주택에 대한 사람들의 애착은 크다. 단독 주택의 매매가 활발하지 않은 이유이기도 하다.

단독 주택은 땅의 가치와 건물의 가치가 함께 존재한다. 건물의 가치가 떨어지더라도 땅의 가치는 여전히 존재하는 것이 단독 주택의 장점이다. 그래서 건물 가격이 거의 없는 오래된 주택을 사서 예쁘게 리모델링하는 프로젝트는 매우 가치 있는 일이 된다. 만약 내가 들어가서 살 집이 아니라, 투자가 목적이라면 리모델링 비용과 기타 세금 등 손익 계산을 잘해야 손해를 보지 않는다. 특히, 리모델링 비용은 어떻게 디자인하느냐에 따라 차이가 크므로 이를 적정선으로 맞추는 것이 매우 중요하다. 자, 이제 단독 주택을 구매할 경우 세세하게 체크해야 할 사항에 대해 좀 더 알아보자.

- **마당** 단독 주택의 최대 매력은 바로 마당이다. 마당 때문에 단독 주택을 선택한다고 해도 과언이 아닐 정도이다. 나 또한 단독 주택을 고를 때 마당의 크기를 가장 중요한 가치로 둔다.
- **위치** 학군, 주변 편의 시설, 직장과의 거리, 교통의 편리성 등이 중요한 판단 기준이다. 단독 주택은 땅의 가치가 중요하기 때문에 위치는 매우 중요한 결정 요소이다. 물론, 투자비 규모에 대한 진지한 고민이 우선일 것이다.
- **주차장** 주차할 수 있는 공간이 있다면 좋겠지만, 대체로 가격대가 높다. 하지만 최근에 담장을 없애고 주차 공간으로 활용하는 사례가 늘고 있다. 시나 구 차원에서 지원금을 주는 곳도 많다.
- **지붕 종류** 평지붕은 단열과 누수에 약하지만 옥상 공간을 활용할 수 있다. 경사 지붕은 단열과 누수에는 강하지만 옥상 공간을 이용할 수 없다. 보통 땅값이 비싼 도심은 평지붕을, 땅값이 저렴한 시외 지역에서는 경사 지붕을 선호한다.

왼쪽_ 경사 지붕
오른쪽_ 평지붕

○ **도시가스** 도시가스도 단독 주택 매입 결정에 큰 영향을 미친다. 단독 주택에 도시가스가 설치되어 있다면 가격을 크게 상승시킨다.

○ **정화조** 종말처리장을 가진 하수가 있는 구역 외에서는 오수를 정화조로 정화 처리한 후 하수도에 방류한다. 종말처리장으로 바로 가는 직관이 있다면 좋겠지만 개인이 바꿀 수 있는 사항은 아니다. 만약 개인 정화조라면 정화조가 구청에 등록된 것인지 확인한다.

○ **화장실** 화장실이 내부에 있는지 외부에 있는지 확인한다. 오래된 단독 주택은 외부에 화장실이 있는 경우가 종종 있다. 외부에 화장실이 있다면 내부에 설치하기 위한 공사비를 고려하고 매입해야 한다.

○ **준공 연도** 오래된 건물은 가치가 거의 없다. 하지만 전체 리모델링을 잘했을 경우를 예상해 보면 생각보다 중요한 문제가 아닐 수도 있다.

○ **난방(보일러)** 바닥 난방과 보일러 상태를 확인한다. 만약 난방 공사를 해야 한다면 그 후에 더불어 해야 할 공사가 많아지기 때문에 공사비도 당연히 늘어난다.

○ **누수** 옥상 난간과 옥상 바닥의 이음매, 옥상 배수 파이프, 옥상 바닥 상태 등을 잘 확인해야 누수 여부를 알 수 있다.

○ **균열** 외벽의 균열을 확인한다. 특별히 가로로 생긴 균열은 조심해야 한다.

○ **수압** 수도꼭지를 틀어서 수압을 확인하자. 수압은 물탱크 방식보다는 직수가 좋다.

○ **구조** 오래된 주택은 대체로 명확히 구분된 거실 공간이 없고, 주방도 대체로 작다. 특별히 거실과 주방의 크기와 위치를 잘 확인하자.

○ **매매** 매입 전에 내가 거주할 목적인지, 매입 후 리모델링해서 바로 매매할 목적인지를 미리 생각해 놓아야 한다. 만약 전체를 리모델링할 계획이라면 위의 내용 중에 공사에 관한 내용은 별로 중요하지 않을 수 있다.

건축물대장

지붕과 건물 구조에 대한 내용은 어디서 확인할 수 있을까? '건축물대장'을 살펴보면

<table>
<tr><td colspan="10" align="center">일반건축물대장(갑)</td><td colspan="2">장번호 : 1 - 1</td></tr>
<tr><td>고유번호</td><td colspan="3"></td><td>민원24접수번호</td><td colspan="2"></td><td colspan="2">명칭</td><td colspan="3">특이사항</td></tr>
<tr><td>대지위치</td><td colspan="3">부산광역시 연제구 연산동</td><td>지번</td><td colspan="2"></td><td colspan="2">도로명주소</td><td colspan="3"></td></tr>
<tr><td>※대지면적</td><td colspan="2">m²</td><td>연면적</td><td>66.12 m²</td><td colspan="2">※지역</td><td colspan="2">※지구</td><td colspan="2">※구역</td></tr>
<tr><td>건축면적</td><td colspan="2">66.12 m²</td><td>용적률산정용연면적</td><td>66.12 m²</td><td colspan="2">주구조
블럭조</td><td colspan="2">주용도
단독주택</td><td colspan="2">층수
지하 층/지상 1층</td></tr>
<tr><td>※건폐율</td><td colspan="2">%</td><td>※용적률</td><td>%</td><td colspan="2">높이
m</td><td colspan="2">지붕
콘크리트평스라브</td><td colspan="2">부속건축물</td></tr>
<tr><td>공적 공간 면적(합계)</td><td colspan="2">m²</td><td colspan="9">* 공적공간면적(합계)에 대한 개별 면적정보는 아래와 같습니다.
공개 공지 면적 m²   쌈지 공원 면적 m²   공공보행통로 면적 m²   건축선 후퇴 면적 m²   그 밖의 면적 m²</td></tr>
</table>

건 축 물 현 황					소 유 자 현 황		
구분	층별	구조	용도	면적(m²)	성명(명칭) 주민(법인)등록번호 (부동산등기용등록번호)	주소	소유권 지분 / 변동일자 변동원인
주1	1층	블럭조	단독주택	66.12		부산광역시 금정구	1/1 / 2012.06.07 소유권이전
		- 이하여백 -				- 이하여백 - ※ 이 건축물대장은 현소유자만 표시한 것입니다.	

이 등(초)본은 건축물대장의 원본 내용과 틀림없음을 증명합니다.

발급일자 : 2014년 03월 21일

담당자 : 토지정보과
전 화 : 051 - 665 - 4270

부산광역시 연제구청장

※ 표시 항목은 총괄표제부가 있는 경우에는 기재하지 아니합니다.
※ 이 장은 전체 2페이지 중에 1페이지 입니다.

된다. 건축물대장은 정부 민원 포털 민원24(www.minwon.go.kr)에 들어가면 확인할 수 있다.

아파트나 빌라를 사고 싶다면

지난 몇 십년간, 사람들은 아파트 같은 공동 주택을 평생의 안식처로 보기보다 재산 증식의 수단으로 취급해 왔다. 하지만 부동산 거품이 사라지고 있는 지금 아파트를 그런 대상으로 보아서는 안 될 듯하다. 이제 아파트도 삶의 안식처로 다시 고민해 보아야 한다. 물론, 아직도 소형 평수의 아파트는 여전히 투자 가치가 높은 편이다.

공동 주택은 단독 주택과 반대로 땅의 가치보다는 건물의 가치 비중이 높은 편이다. 그러므로 공동 주택을 살 계획이라면 다음과 같은 조건이 갖추어져 있는지 유심히 살펴보자.

○ ㄱ자형의 발코니가 있다면 양방향 모두 확장하여 거실을 넓힐 수 있다. 단, 발코니는 서비

★ 라멘 구조

주로 상가·오피스 건물이 라멘 구조로 이루어져 있다. 라멘 구조는 세로로 서 있는 기둥과 가로로 걸쳐 있는 보로 이루어져 있다. 벽체는 비내력벽이라 위에서 내려오는 하중(힘)을 받지 않고 칸막이 역할을 한다.

★ 벽식 구조

대부분의 일반 주택, 아파트 건물이 벽식 구조로 되어 있다. 벽식 구조는 벽 자체가 기둥과 보의 기능을 한다. 그래서 벽체는 위에서 내려오는 하중(힘)을 받는 내력벽이기 때문에 함부로 허물면 안 된다.

스 공간이라 넓을수록 좋겠지만 무조건 확장하는 것은 문제될 수 있다.

o 복층형 구조의 경우, 아래층과 위층을 터서 층고 높은 거실을 마련하면 좋다. 물론 단열에는 취약하다. 거실은 공동의 장소이기 때문에 개방감이 중요하다. 복층형 구조가 아니라면 우물형 천장을 설치하여 개방감을 주면 좋다.

o 안방과 화장실 사이에 드레스 룸이 있는 형태가 좋다. 샤워를 한 후에 옷을 갈아 입거나 화장을 하기가 훨씬 편리하다.

o 베이가 많은 아파트가 좋다. 베이란 한 방향에서 볼 때 방이 몇 개인지 나누는 기준이다. 예를 들어서 아파트 밖에서 볼 때 안방과 거실이 보이면 2베이이고, 안방과 거실, 작은 방까지 보인다면 3베이이다. 그래서 베이가 많으면 일조나 채광이 좋고, 발코니 확장 효과를 극대화할 수 있는 장점이 있다.

위의 조건을 기본으로 다음과 같은 점도 따져 보자.

o **위치** 단독 주택과 마찬가지로 학군, 주변 편의 시설 등이 중요한 판단 기준이다. 오래된 아파트라도 위치가 좋으면 가격은 크게 하락하지 않는다.

o **규모** 공동 주택은 단지의 규모가 가치 판단의 기준이 되기도 한다. 이른바 나홀로 아파트보다는 대단지 아파트를 선호하는 경향이 있다.

o **구조** 같은 평수라도 평면 구조가 더 합리적으로 설계된 곳이 있다. 흔히 '구조 잘 빠졌네.'라는 말은 이럴 때 쓴다.

o **난방** 개별난방인시, 중앙난방인지 확인한다. 한때는 난방비가 저렴한 중앙난방식 아파트를 많이 지었지만, 최근에는 개별난방을 선호한다.

o **욕실** 일반 습식 구조 욕실인지, UBR 구조(조립식 구조) 욕실인지 확인한다. UBR 구조는 신축 시 시공이 간단하고 방수가 확실하지만, 개조 시 비용이 많이 든다.

o **준공 연도** 아무래도 오래된 건물은 가치가 떨어진다. 물론 위치에 따라 차이가 난다.

o **층수** 대체로 중간 층수의 가격이 상대적으로 높다. 하지만 내 생각에는 2층이 생각보다 살기 편하다. 1층처럼 지하로부터 오는 습기의 영향을 덜 받고, 필요에 따라 비상계단을 이용

할 수 있기 때문이다. 최근 아파트 건설사들은 가장 높은 층의 거주자에게 베란다 공간이나 다락방을 주기도 한다. 1층 같은 경우는 주변 잔디를 내 마당같이 이용할 수 있도록 배려하기도 한다.

오피스텔이나 원룸을 사고 싶다면

1-2인 가구가 최근 급격히 늘어나면서 오피스텔과 원룸을 선호하는 경향이 두드러지고 있다. 게다가 젊은 세대들의 경우 지나치게 높은 비용 때문에 단독 주택 구입을 포기하고, 대신 개인의 여가 생활을 위해 더 투자한다. 이에 따라 오피스텔과 원룸의 거주 인구는 갈수록 증가할 전망이다. 오피스텔과 원룸을 투자의 목적으로 생각한다면 아래 사항을 참고하자.

- 임대 수익을 원한다면 복층 구조를 선택하는 것이 좋다. 복층 구조는 넓은 면적을 활용할 수 있다는 장점이 있다. 면적이 넓어지면 자연히 임대료를 높일 수 있고 분양도 비교적 잘되는 편이다. 하지만 실거주자의 경우, 냉난방 비용이 상승하는 단점이 있다.
- 에어컨 실외기가 외부에 설치되어 있는지 살펴보자. 내부에 있으면 불필요한 공간이 생겨 더 좁아지고 실외기에서 나오는 소음 때문에 민감한 사람은 힘들 수도 있다. 에어컨 소음은 밤에 더 잘 들린다.
- 오피스텔에 발코니가 있다면 생활이 더 편리해진다. 공기 순환은 물론 빨래를 말리거나 외부 공기를 접할 수 있는 공간이 생기기 때문이다.
- 오피스텔 이용자들은 주로 밖에서 끼니를 해결하는 경우가 많다. 그래서 주방을 줄이고 화장실을 키우는 것이 더 유용하다.
- 오피스텔은 사무와 주거 모두를 사용할 수 있는 상품이지만, 일반 오피스텔보다는 주거 전용 또는 사무 전용으로 특화된 오피스텔을 선택하는 것이 좋다.
- 사무용 오피스텔을 찾고 있다면 각 층마다 공용 화장실이 있는 곳을 선택하는 것이 유리하

다. 동료 직원이나 손님들은 오피스텔 내부에 있는 화장실 사용을 불편하게 여긴다. 공간이 좁을 뿐만 아니라 사용하는 소리가 밖에서도 들리기 때문이다.

어떤 형태의 집이든 장단점은 있다. 아파트, 빌라 그리고 단독 주택에서 모두 살아 본 내 경험을 비추어 볼 때, 모든 공간은 나름대로의 장단점이 있다.

아파트는 개인 사생활 보호, 보안, 난방 효과 그리고 관리의 측면에서는 훌륭하지만, 층간 소음과 높은 관리비, 누수 등 하자 발생 시 책임 관계를 구분하기 힘들다. 빌라는 개인 사생활 보호, 난방 효과, 저렴한 매입비 측면이 좋지만, 층간 소음과 건물의 관리 소홀, 집값 하락의 문제가 있다. 단독 주택은 마당의 활용, 비교적 쉬운 구조 변경, 마음껏 뛰어놀 수 있는 독립적 공간 활용, 땅의 소유 측면에서는 훌륭하지만, 보안과 지속적 건물 관리 부분에서는 어려움이 있다.

어떤 주택을 선택하든 장단점이 있다. 자신의 상황을 잘 검토해서 가장 합리적인 주거 공간을 찾아보길 바란다.

집을 구매하는 다양한 방법

부동산을 매입하는 방법은 여러 가지가 있지만, 보통 부동산 중개소를 통하여 매입하는 경우가 가장 많다. 주택 매입에 있어서 비용 문제가 가장 중요하다면 일반 매매보다는 급매나 경매로 구매하는 방법을 알아보자.

일반 매매

일반 매매로 주택을 구입할 때는 주변 시세를 잘 체크해야 한다. 주택은 지역마다 평당 가격 차이가 크다. 평당 가격이 비교적 비싼 지역을 이곳저곳을 다니다가 상대적으로 가격이 저렴한 주택을 보고 바로 구매를 결정하는 경우를 종종 보게 된다. 그래서 부동산 계약서에 도장을 찍고 나서야 뒤늦게 이 지역이 주변 지역보다 평당 가격이 저렴하다는 것을 깨닫는 경우가 종종 생긴다. 결국 시세보다 비싸게 구매한 꼴이 된다. 그래서 우리는 이곳저곳 부동산 사무실에 발품을 파는 노력을 할 필요가 있다. 다음은 일반 매매로 아파트를 구입한 후 수익을 남긴 사례이다.

대구 ○○아파트, 79㎡(약 24평)

40대 초반의 여성 A는 주변 부동산 중개소에서 일반 매매로 구매한 후
2년간 전세를 놓은 다음 바로 매매해서 수익을 남겼다.

매입비: 98,000,000원(부동산 업소의 중개로 계약)

법무비: 0원(직접 행정 처리)

취득세: 1,078,000원(취득세 인하 전 금액)

전세: 75,000,000원(2년간 전세)

전세 중개 수수료: 500,000원

2년 후 135,000,000원에 매매(2012년 당시 대구 지역 아파트값이 많이 상승했다.)

매매 중개 수수료: 650,000원

양도소득세: 4,500,000원(2년 이후 일반 세율을 적용한 금액)

이윤 30,000,000원

이윤 3000만원은 양도소득세를 제한 후 실제 남은 금액이다. 만약 이 여성이 1가구 1주택이었다면 양도소득세가 없었을 것이고, 더 많은 이윤이 남았을 것이다. 부동산 경기와 지역을 잘 선택하면 일반 매매로도 충분한 수입을 남길 수 있다. 물론 내 집 마련을 위한 사람에게도 해당된다.

급매

몇 년 전만 해도 구매만 하면 무조건 집값이 오르던 시절이 있었다. 집을 구매할 여력이 안 되는 사람들도 주택 담보 대출과 신용 대출을 활용하여 무리하게 집을 마련했다. 집 값이 계속 오를 것이라는 기대 심리가 작용했기 때문이다. 하지만 최근 집값은 계속 하락 또는 유지되고 있는 상태이다. 급매는 이럴 때 쏟아진다. 내 집 마련 후 은행 이자를 갚지 못하는 사람들이 더 이상 이자 부담을 견디지 못하고 시세보다 싼 가격으로 집을 내놓는다. 물론 이런 급매물을 구매하면 좋겠지만, 최근에는 말만 급매물인 경우도 많다. 급매도 주변 시세를 잘 확인하고 구매해야 한다. 급매물 중에는 사기 물건이 많다. 급매물은 계약하는 마지막 시간까지 등기부등본을 확인하고 서명해야 한다. 다음은 실거주자가 급매로 주택을 구매한 사례이다.

부산 단층 주택, 대지 155㎡(약 47평), 건물 79㎡(약 24평)

어린 아이를 둔 부부가 부동산 중개소 소개로 2012년 단독 주택을 급매물로 구입했다.
가격이 저렴한 만큼 건물 상태가 매우 불량했으나, 리모델링 후 현재까지 거주하고 있다.

매입비: 105,000,000원(당시 주변 시세 130,000,000원)

대출: 60,000,000원

법무비: 400,000원

취득세: 1,200,000원(취득세 인하 전 금액)

중개 수수료: 600,000원

공사비: 35,000,000원(직접 공사를 진행하면서 최소의 비용만으로 리모델링을 했다.)

총비용: 142,200,000원(매입비, 공사비 등을 모두 합친 실금액)

예상 매매: 170,000,000원(2014년 실제 매매할 수 있는 예상 가격)

예상 수입: 25,000,000원(양도소득세 없음)

1가구 1주택으로 2년 후면 양도소득세에 대한 부담이 사라진다. 중개 수수료, 이사비 등을 고려하면 2500만원의 차익이 예상된다.

경매

불과 몇 년 전만 해도 경매는 특별한(?) 사람들의 전유물이었다. 하지만 최근 경매가 이루어지는 법원에 가 보면 아기를 업고 온 주부들도 종종 볼 수 있을 정도로 보편화되었다. 경매 인구가 늘다 보니 이상한 일도 벌어지고 있다. 경쟁이 치열해지면서 아파트의 경우 실거래가에 가까운 가격으로 낙찰되곤 하는 것이다. 이렇게 집을 산다면 경매의 매력은 거의 없다고 봐야 한다. 차라리 급매로 구입하는 게 더 안전하고 편리하다.

그러나 아직까지도 단독 주택은 실거래 가격보다 20-40% 낮은 가격에 낙찰 받을 수 있다. 경매는 생각보다 간단하다. 보통의 경매 물건은 기본적인 권리 분석만 하면 해볼 만하다.

최근에는 굿옥션, 지지옥션 같은 경매 전문 사이트에서 권리 분석까지 해 준다. 실제로 우리에게 필요한 것은 좋은 집을 보는 눈과 적절한 입찰가를 제시하는 일이다. 특히, 입찰 전 경매 물건 현장 답사는 선택이 아니라 필수다. 그러니 현장 답사 없이 낙찰 받고 뒤늦게 통곡하지 말자.

경매는 가급적 직접 하는 것이 좋다. 대행업체에 의뢰하여 대리 입찰을 할 경우, 낙찰가가 높아질 우려가 있다. 낙찰 성공률을 높이기 위해 적정가보다 높게 낙찰 받는 경우가 종종 발생하고 있기 때문이다. 최근에는 수강비가 저렴한 경매 전문 학원도 많으니 경매에 대한 기본적인 교육을 받는 것도 괜찮다.

경매에 대한 이야기는 뒤에서 자세히 설명할 예정이다.

집을 살 때 꼭 알아야 할 것

○ **주택의 취득과 세금** 주택을 취득하면 다음과 같은 세금을 내게 된다. 이 외의 비용으로 주택 구매자의 상황에 따라 법무비와 대출 관련 비용이 있다.

구분	국세	지방세제	
취득 시	인지세(계약서 작성 시)	지방세	관련 부가세
		취득세	농어촌특별세(국세) 지방교육세(지방세)

지방세

종류	구분(면적)		취득세	농특세	교육세	합계	적용시점
주택 (유상취득)	6억 이하	85㎡ 이하	1%	비과세	0.1%	1.1%	시행 2014.01.01 소급적용 2013.08.29
		85㎡ 초과	1%	0.2%	0.1%	1.3%	
	6억 초과 9억 이하	85㎡ 이하	2%	비과세	0.2%	2.2%	
		85㎡ 초과	2%	0.2%	0.2%	2.4%	
	9억 초과	85㎡ 이하	3%	비과세	0.3%	3.3%	
		85㎡ 초과	3%	0.2%	0.3%	3.5%	
주택 외 유상취득	–		4%	0.2%	0.4%	4.6%	시행 2011.01.01
농지의 유상취득	–		3%	0.2%	0.4%	3.4%	
원시취득(신축)	–		2.8%	0.2%	0.16%	3.16%	

인지세 부동산의 취득 시 매매 계약서 또는 전세 계약서 등의 증서를 작성할 경우에는 정부 수입인지를 증서에 첨부하고, 증서의 지면과 인지에 걸쳐 작성자의 인장 또는 서명을 해야 한다. 단 단독 주택의 경우 매매 계약서상의 금액이 1억원 이하이면 인지세는 내지 않아도 된다.

중개 수수료

거래 내용	거래 금액	상한 요율	한도액	비고
매매·교환	5000만원 미만	6/1000	25만원	**1. 주택에 준한 부동산** 주택의 부속 토지, 주택의 분양권 **2. 거래 금액** 매매: 매매 가격(대금), 교환: 교환 대상 중 가액이 큰 중개 대상물 가액
	5000만원 이상~2억원 미만	5/1000	80만원	
	2억원 이상~6억원 미만	4/1000	없음	
	6억원 이상	거래 금액의 N/1000 이하		거래 금액의 9/1000 이하에서 중개 의뢰인과 중개업자가 협의하여 결정한다. 단, 중개업자는 자기가 요율표에 명시한 상한 요율을 초과하여 받을 수 없다.
임대차 등 (매매·교환 이외의 거래)	5000만원 미만	5/1000	20만원	**거래 금액** 전세: 전세금(보증금) 월세 (차임이 있는 경우): 보증금+(월 단위 차임액×100) 단, 거래 금액이 5000만원 미만일 경우: 보증금+(월 단위 차임액×70)
	5000만원 이상~1억원 미만	4/1000	30만원	
	1억원 이상~3억원 미만	3/1000	없음	
	3억원 이상	거래 금액의 N/1000 이하		거래 금액의 8/1000 이하에서 중개 의뢰인과 중개업자가 협의하여 결정한다. 단, 중개업자는 자기가 요율표에 명시한 상한 요율을 초과하여 받을 수 없다.

2 경매로 내 집 마련하기

대부분의 경매 물건은 간단한 권리 분석만으로도 실전에 참여할 수 있다. 내 집 마련이든 부동산 투자든 우리의 목표는 저가 구매에 있기 때문에 경매의 기본은 필수적으로 알아 두도록 하자. 아래 소개하는 사례는 내가 실제로 참여한 경매 물건이다.

2011년 나는 부산 서대신동에 위치한 17평형 빌라를 2700만원에 낙찰 받았다. 이 책의 프롤로그에 잠깐 소개했던 바로 그 빌라이다. 화재로 인해 경매에 나온 빌라는 감정가 자체가 낮게 책정되어 있었다. 화재가 난 집은 일반인들이 입찰에 잘 참여하지 않는다. 공사비 부담 때문이다. 직업상 나는 건물의 가치와 공사 방법, 공사비 견적을 추산할 수 있었기 때문에 경매에 참여할 수 있었다. 먼저 주변 부동산에 알아보니 이 빌라의 당시 시세는 4500만원이었다.

부산 OO빌라, 56㎡(약 17평)

감정가: 4200만원

최저가: 2680만원(2회 유찰)

낙찰가: 2700만원(화재 난 집이라 단 3명만이 입찰에 참여했다.)

대출금: 2500만원(낙찰 후 바로 매매할 목적이었기 때문에 담보 대출을 활용했다.)

공사비: 700만원(직접 공사를 진행하여 비용을 최대한 줄일 수 있었다.)

부대비용: 200만원(취득세, 중개 수수료)

매매가: 5000만원(2년간 모친이 거주한 이후 매매했다.)

수익: 1400만원(세전)

이 물건의 수익을 산정해 보자.

- 총 매입 금액: 3600만원(낙찰가 2700만원 + 공사비 700만원 + 부대비용 200만원)
- 매매 차익: 1400만원(5000만원 – 3600만원. 30% 이상 수익)
- 세금 전 수익: 1400만원
- 세금 후 수익: 1100만원(1400만원 – 300만원. 화재로 인한 공사는 양도소득세 신고 시 전액 공제가 가능하다.)

　리모델링을 할 수 있었던 덕분에 집을 저가에 낙찰 받아, 내 집 마련에 성공했을 뿐 아니라 이를 통해 결국 얼마간의 수익도 얻을 수 있었다. 집을 보는 안목과 경매와 리모델링에 대한 기초적인 지식을 갖추고 있다면 누구나 충분히 도전해 볼 만한 일이다.

왼쪽_ 화재가 발생했던 빌라의 주방
오른쪽_ 공사 후 주방

왼쪽_ 화재가 발생했던 빌라의 거실
오른쪽_ 공사 후 거실

왼쪽_ 화재가 발생했던 빌라의 욕실
오른쪽_ 공사 후 욕실

★ 임의 경매

저당권, 전세권, 가등기담보권 등 담보물건 실행을 위한 경매를 말한다.

★ 강제 경매

확정 판결 등 채무 명의에 의한 경매이다. 사실 몰라도 되는 내용이지만, 단어 뜻을 모르면 미쳐 버리는 사람들을 위해 설명했다. 차이점을 살펴보면 낙찰자가 대금을 납부함으로써 소유권을 취득한 후, 임의 경매에서는 경매 신청 전에 저당권 등 담보권이 존재하지 않거나 무효 등의 사유가 있을 경우에는 낙찰자의 소유권 취득이 무효가 될 수 있다. 하지만 강제 경매에서는 원래 권리가 무효라고 하너라도 낙찰자의 소유권 취득이 그대로 인정된다.

★ 물권

특정 물건에 대해서 직접 사용, 수익, 처분할 수 있는 절대적인 권리이다. 채권과 달리 우선변제권이 있다. 지상권, 전세권, 저당권, 유치권 등이 있다.

★ 채권

특정인에게 일정한 행위를 청구할 수 있는 청구권 임대인과 임차인의 관계처럼 특정인에게만 발생되는 청구권을 말한다. 권리 분석의 핵심은 말소 기준 권리이다. 이 말소 기준 권리만 이해하면 말소 기준 권리 날짜 이후의 모든 권리는 소멸된다. 하지만 전세권에 대해서는 유심히 살펴볼 필요가 있다.

경매 진행 절차

이제 경매에 대한 기초 정보를 알아 보자. 경매는 일반적으로 '채권자가 경매를 신청'하면, '법원이 이를 받아들여 목적물을 압류'하고, '최고가를 써낸 매수자에게 소유권을 이전하여 현금화'한 다음, '채권자의 채권을 변제'하는 절차로 진행된다. 만약, 매수자가 나타나지 않으면 최저 매각 가격보다 20-30%(지역마다 다르다) 낮춘 후 재매각에 들어간다. 1억원짜리 부동산이 1차 유찰되었다면 8000-7000만원으로 떨어지고, 2차 유찰되면 6400-4900만원까지 떨어지는 셈이다. 이게 바로 경매의 매력이다. 물론, 유찰되는 이유가 분명히 있으므로 경매는 무엇보다도 권리 분석을 철저히 해야 한다.

아래 절차는 대법원 입장에서 보는 경매 진행 절차이다. 사실 경매 입찰에 참여하는 우리들은 '5. 매각 기일'부터 확인하면 된다. 그 이전의 절차는 채권자, 채무자, 전세권자의 문제이다. 하지만 전체적인 맥락을 이해하기 위해서 한 번쯤은 모두 다 읽어 보자.

1_ 경매 신청(경매 개시 결정)

채권자가 경매 신청을 하면 법원은 경매 개시 결정을 하고 대상 부동산을 압류한다. 이어서 법원은 관할 등기소에 경매 기입 등기(등기부에 기재하는 등기)를 촉탁(관청 사이에 행해지는 위임)하여 경매 개시 결정 사실을 등기부에 기재한다. 이후 법원은 경매 개시 결정 정본을 채무자에게 송달(법원이 법률이 정한 절차에 따라서 서면을 보내는 행위)한다.

2_ 배당 요구(배당 요구의 종기 결정 및 공고)

매각할 부동산이 압류되면 집행 법원은 채권자들이 배당 요구를 할 수 있는 기간을 매각 기일 이전으로 정한다. 법원은 경매 개시 결정에 따른 압류의 효력이 생긴 때부터 1주일 안에 경매 개시 결정을 한 취지와 배당 요구의 종기(일이 끝나는 시기)를 법원 경매 정보 홈페이지의 법원 경매 공고란 또는 법원 게시판에 게시하는 방법으로 공고한다.

 앞으로 5년, 경매하고 리모델링하라
경매로 내 집 마련하기

3_ 집행관 현황 조사

법원은 집행관에게 매각할 부동산의 현황, 점유 관계, 차임(물건을 빌려 사용한 것의 보상으로 지불하는 사용 수익의 대가) 또는 보증금 액수, 기타 현황에 관하여 조사를 명한다.

4_ 감정 평가

감정인(감정평가사)에게 매각할 부동산을 평가하게 한다. 법원은 감정인의 평가액을 참작하여 최저 매각 가격을 정한다.

5_ 매각 기일(매각 방법 등의 지정.공고.통지)

매각 방법은 두 가지이다. 매수 신청인이 매각 기일에 매각 장소에서 입찰표를 제출하는 기일 입찰 방법과 매수 신청인이 지정된 입찰 기간 안에 직접 또는 우편으로 입찰표를 제출하는 기간 입찰 방법이 그것이다. 법원은 두 방법 중 하나를 선택하고 매각 기일 등을 지정하여 통지, 공고한다.

6_ 매각 실시(낙찰자 선정)

기일 입찰의 경우, 집행관이 미리 지정된 매각 기일에 매각 장소에서 입찰을 실시하여 최고가 매수 신고인과 차순위 매수 신고인을 정한다. 기간 입찰의 경우, 집행관이 입찰 기간 동안 입찰 봉투를 접수하여 보관하다가 매각 기일에 입찰 봉투를 개봉하여 최고가 매수 신고인과 차순위 매수 신고인을 정한다. 기일 입찰과 달리 기간 입찰은 매각 기일에 입찰을 실시하지 않는다. 참고로, 경매 신청부터 매각 실시까지 짧게는 6개월, 길게는 10개월 정도 걸린다.

7_ 매각 허가 여부 결정 및 확정(2주)

법원은 지정된 매각 결정 기일에 이해관계인의 의견을 들은 후 매각 허가 여부를 결정한다. 매각 허가 여부의 결정에 불복하는 이해관계인은 즉시 항고(결정에 대한 상소)할 수 있다.

8_ 매각 대금의 납부(2~4주)

매각 허가가 확정되면 법원은 매각 대금의 지급 기한을 정하여 매수인에게 매각 대금의 납부를 명한다. 매수인은 지정된 지급 기한 안에는 언제든지 매각 대금을 납부할 수 있다. 매수인이 지정된 지급 기한까지 매각 대금을 모두 납부하지 아니하면, 법원은 차순위 매수 신고인에게 매각을 허가할 것인지의 여부를 결정한다. 이때 차순위 매수 신고인이 없을 때에는 재매각을 명한다. 즉, 1회 유찰된 것이다.

9_ 소유권 이전 등기의 촉탁

매수인은 대금을 모두 납부한 이후 부동산의 소유권을 취득한다. 법원은 매수인이 필요한 서류를 제출하면 관할 등기소에 매수인 명의의 소유권 이전 등기, 매수인이 인수하지 아니하는 부동산에 관한 부담의 말소 등기를 촉탁하게 된다.

10_ 인도 명령 신청

매수인은 대금을 모두 납부한 후에는 부동산의 인도 명령 신청(해당 재산의 인도 명령에 관한 판결을 신청하는 문서)을 할 수 있다.

11_ 배당 기일(배당 절차)

매수인이 매각 대금을 모두 납부하면 법원은 배당 기일을 정하고 이해관계인과 배당을 요구한 채권자에게 그 기일을 통지하여 배당을 실시한다.

경매로 내 집 장만하기

위에 서술한 경매 진행 절차는 법원 입장에서 기술한 것이다. 실제 우리는 아래의 순서대로 경매를 진행하면 된다.

[물건 검색 ➡ 권리 분석 ➡ 현장 조사 ➡ 낙찰 ➡ 명도]

☐	사건번호▲	물건번호용도	소재지 및 내역 ⑤	비고	감정평가액▲최저매각가격▲(단위:원)	담당계매각기일▲(입찰기간)	진행상태▲
☐	서울중앙지방법원 ④ 2013타경22288	1 단독주택	서울특별시 성북구 장위동 233-96 [토지 대 212㎡] 서울특별시 성북구 장위로28길 12 [건물 벽돌조슬래브지붕 2층주택 1층 110.28㎡ 2층 66.41㎡ 지하실 35.07㎡]	일괄매각	634,911,000 406,343,000 (63%)	경매5계 ☎ 2014.04.22	유찰 2회

❶ 회원 등록

❷ 경매 물건을 클릭해 원하는 지역의 물건이 있는 법원을 선택

❸ 이 중 원하는 물건을 클릭하면 사건 번호와 용도, 물건 소재지, 감정 평가액 등 자세한 내용을 확인할 수 있다.

❹ 사건 번호를 선택하면 사건 내역과 기일 내역, 문건/송달 내역이 탭으로 열린다.

❺ 소재지를 클릭해 보자. 첫 번째 그림인 등기부 표시 그림을 클릭하면 등기부를 발급받을 수 있다. 두 번째 그림은 해당 물건의
위치를 검색해 주는 서비스이다. 사건 번호, 감정 평가액, 최저 매각가, 매각 기일, 물건의 위치 등을 확인할 수 있다. 그리고
'ON' 이라는 아이콘을 클릭하면 토지 이용 계획과 공시 지가를 알려 주는 부동산 정보 종합 포털 '온나라'로 연결된다. 온나라
에서는 해당 물건의 공시 가격과 토지 이용 계획 등의 정보가 제공된다.

매각물건 명세서 ❻

사건	2011타경2746 부동산임의경매 2010타경21962, 2010타경22040, 2011타경696(중복)	매각물건번호	2	담임법관(사법보좌관)	
작성일자	2014.02.20	최선순위 설정일자		2006.1.6.근저당권	
부동산 및 감정평가액 최저매각가격의 표시	부동산표시목록 참조	배당요구종기		2011.02.17	

부동산의 점유자와 점유의 권원, 점유할 수 있는 기간, 차임 또는 보증금에 관한 관계인의 진술 및 임차인이 있는 경우 배당요구 여부와 그 일자, 전입신고일자 또는 사업자등록신청일자와 확정일자의 유무와 그 일자

점유자의 성명	점유부분	정보출처 구분	점유의 권원	임대차 기간 (점유기간)	보증금	차임	전입신고 일자.사업 자등록신 청일자	확정일자	배당요구 여부 (배당요구 일자)
	·지분),301번지	현황조사	음식,숙박업 임차인	2009.11.23~2010.11.23.(사업자등록사항현황서에의함)	50,000,000	1,500,000	2009.11.23.(사업자 등록신청 일)	미상	

〈 비고 〉

※ 최선순위 설정일자보다 대항요건을 먼저 갖춘 주택,상가건물 임차인의 임차보증금은 매수인에게 인수되는 경우가 발생할 수 있고, 대항력과 우선 변제권이 있는 주택,상가건물 임차인이 배당요구를 하였으나 보증금 전액에 관하여 배당을 받지 아니한 경우에는 배당받지 못한 잔액이 매수인에게 인수되게 됨을 주의하시기 바랍니다.

※ 등기된 부동산에 관한 권리 또는 가처분으로 매각허가에 의하여 그 효력이 소멸되지 아니하는 것

해당사항 없음

※ 매각허가에 의하여 설정된 것으로 보는 지상권의 개요

매각외 건물을 위한 법정지상권 성립여지 있음

※ 비고란

현황조사 및 감정평가서에 의하면 본건 토지는   이라고 쓰여진 곳에 위치하며, 본건 부동산 인접필지에 걸쳐 타인소유로 주장하는 건물(철근콘크리트조 슬래브지붕 3층 근린생활시설 및 주택외 합계 약 1670.9㎡)이 소재하고 있다고 함. 토지임차인이라고 주장하는   의 진술에 의하면   에 대하여 보증금 5,000만 원, 월세 150만 원에 임차하여 지료를 지급하고 있으며, 위 지상 소재   내에 있는 7~8동의 건물은   소유라고 함.

❻ 물건 상세 검색 페이지 하단의 '매각 물건 명세서' 버튼을 클릭하자. 매각 물건 명세서는 현재 물건의 점유자가 누구이며, 전입일은 언제이고, 배당 요구는 했는지, 확정 일자는 받았는지, 임대차 기간은 얼마인지를 알려 주는 정보이다. 대법원 법원 경매 정보 페이지의 경우, 매각 기일이 열리기 1주일 전부터 매각 물건 명세서를 조회할 수 있다.

❼ 다음으로 '현황 조사서'를 살펴보자. 현황 조사서는 집행관이 이 물건을 방문하여 조사한 내용을 기록한 것이다. 주로 임대차 관계를 정확하게 확인하기 위해 이용된다.

❽ 다음으로 '감정 평가서'를 살펴보자. 감정 평가서에서 가장 중요하게 확인해야 할 것은 감정 평가 조사 시점이다. 부동산의 조사 시점에 따라 감정가가 달라진다는 점을 명심하자.

물건 검색

무료 사이트인 '대법원 법원 경매 정보'에서 우선 물건을 검색해 보자. 물건에 관한 거의 모든 정보가 있다. 하지만 경매가 진행되기 2주 전에야 정보가 제공되기 때문에 불편한 점도 있다. 대법원 경매 정보 홈페이지(www.courtauction.go.kr) 또는 '대법원 법원 경매 정보'로 검색하면 된다. 진행 절차는 다음과 같다.

유료 사이트인 굿옥션, 지지옥션, 스피드옥션도 있다. 대법원 경매 정보보다 더 많은 정보를 쉽게 확인할 수 있다. 또한 실시간으로 정보들이 업데이트된다. 하지만 유료 사이트의 잘못된 정보로 인해 잘못 낙찰 받았어도 책임은 본인이 져야 한다. 그래서 공신력 있는 대법원 경매 정보 사이트와 유료 사이트를 함께 보는 것이 가장 좋다. 이제 굿옥션에서 물건을 확인하고 낙찰 받은 과정을 실례를 통해 살펴보자.

2014년 서울 강서구 방화동 OO빌라 23평
감정가: 210,000,000원
낙찰가: 154,170,000원(2회 유찰)
대출금: 138,000,000원(약 73%)
법무비 및 주택 채권: 1,156,956원
중개수수료: 1,600,000원
취득세: 3,391,740원(2.2%)
명도비: 1,000,000원(이사비)
공사비: 없음
총비용: 161,320,000원
매도: 192,500,000원
수입: 31,180,000만원(양도소득세 포함)

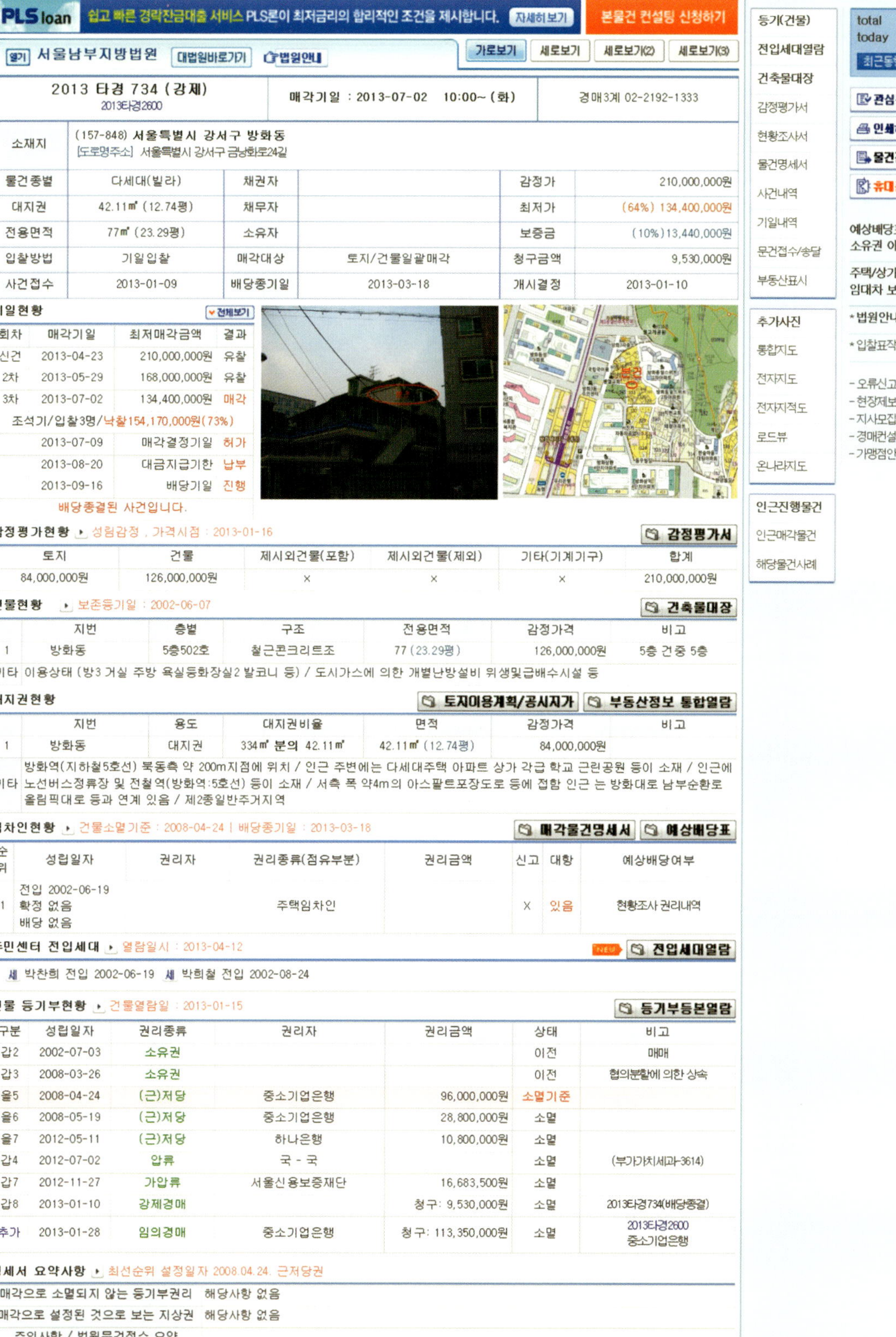

서울남부지방법원　대법원바로가기　법원앤비　가로보기　세로보기　세로보기(2)　세로보기(3)

2013 타경 734 (강제)
2013타경2600

매각기일 : 2013-07-02　10:00~ (화)　　경매3계 02-2192-1333

소재지	(157-848) 서울특별시 강서구 방화동 [도로명주소] 서울특별시 강서구 금낭화로24길				
물건종별	다세대(빌라)	채권자		감정가	210,000,000원
대지권	42.11㎡ (12.74평)	채무자		최저가	(64%) 134,400,000원
전용면적	77㎡ (23.29평)	소유자		보증금	(10%) 13,440,000원
입찰방법	기일입찰	매각대상	토지/건물일괄매각	청구금액	9,530,000원
사건접수	2013-01-09	배당종기일	2013-03-18	개시결정	2013-01-10

기일현황　▶전체보기

회차	매각기일	최저매각금액	결과
신건	2013-04-23	210,000,000원	유찰
2차	2013-05-29	168,000,000원	유찰
3차	2013-07-02	134,400,000원	매각
조석기/입찰3명/낙찰154,170,000원(73%)			
	2013-07-09	매각결정기일	허가
	2013-08-20	대금지급기한	납부
	2013-09-16	배당기일	진행
배당종결된 사건입니다.			

감정평가현황　▶ 성림감정 , 가격시점 : 2013-01-16　　감정평가서

토지	건물	제시외건물(포함)	제시외건물(제외)	기타(기계기구)	합계
84,000,000원	126,000,000원	×	×	×	210,000,000원

건물현황　▶ 보존등기일 : 2002-06-07　　건축물대장

	지번	층별	구조	전용면적	감정가격	비고
1	방화동	5층502호	철근콘크리트조	77 (23.29평)	126,000,000원	5층 건중 5층

기타　이용상태 (방3 거실 주방 욕실등화장실2 발코니 등) / 도시가스에 의한 개별난방설비 위생및급배수시설 등

대지권현황　　토지이용계획/공시지가　　부동산정보 통합열람

	지번	용도	대지권비율	면적	감정가격	비고
1	방화동	대지권	334㎡ 분의 42.11㎡	42.11㎡ (12.74평)	84,000,000원	

기타　방화역(지하철5호선) 북동측 약 200m지점에 위치 / 인근 주변에는 다세대주택 아파트 상가 각급 학교 근린공원 등이 소재 / 인근에 노선버스정류장 및 전철역(방화역:5호선) 등이 소재 / 서측 폭 약4m의 아스팔트포장도로 등에 접함 인근 는 방화대로 남부순환로 올림픽대로 등과 연계 있음 / 제2종일반주거지역

임차인현황　▶ 건물소멸기준 : 2008-04-24 | 배당종기일 : 2013-03-18　　매각물건명세서　　예상배당표

순위	성립일자	권리자	권리종류(점유부분)	권리금액	신고	대항	예상배당여부
1	전입 2002-06-19 확정 없음 배당 없음		주택임차인		×	있음	현황조사 권리내역

주민센터 전입세대　▶ 열람일시 : 2013-04-12　　NEW 전입세대열람

세 박찬희 전입 2002-06-19　세 박희철 전입 2002-08-24

건물 등기부현황　▶ 건물열람일 : 2013-01-15　　등기부등본열람

구분	성립일자	권리종류	권리자	권리금액	상태	비고
갑2	2002-07-03	소유권			이전	매매
갑3	2008-03-26	소유권			이전	협의분할에 의한 상속
을5	2008-04-24	(근)저당	중소기업은행	96,000,000원	소멸기준	
을6	2008-05-19	(근)저당	중소기업은행	28,800,000원	소멸	
을7	2012-05-11	(근)저당	하나은행	10,800,000원	소멸	
갑4	2012-07-02	압류	국 - 국		소멸	(부가가치세과-3614)
갑7	2012-11-27	가압류	서울신용보증재단	16,683,500원	소멸	
갑8	2013-01-10	강제경매		청구: 9,530,000원	소멸	2013타경734(배당종결)
추가	2013-01-28	임의경매	중소기업은행	청구: 113,350,000원	소멸	2013타경2600 중소기업은행

명세서 요약사항　▶ 최선순위 설정일자 2008.04.24. 근저당권

매각으로 소멸되지 않는 등기부권리　해당사항 없음

매각으로 설정된 것으로 보는 지상권　해당사항 없음

주의사항 / 법원문건접수 요약

명세서 요약사항 ▶ 최선순위 설정일자 2008.04.24. 근저당권

매각으로 소멸되지 않는 등기부권리	해당사항 없음
매각으로 설정된 것으로 보는 지상권	해당사항 없음
주의사항 / 법원문건접수 요약	

실거래가 정보(* 최근 12개월중 최근 거래내역 10건입니다.) ◉ 매매   시세 실거래가 전월세

명칭(매매)	전용면적(㎡)	거래년월	계약일	해당층	거래금액
화이트빌다동	77	2013.1	(21~31)	4	204,000,000 원
화이트빌다동	77	2012.6	(21~31)	4	202,500,000 원
화이트빌다동	77	2011.8	(11~20)	3	215,000,000 원
화이트빌다동	77	2009.6	(21~31)	4	225,000,000 원
화이트빌다동	77	2008.9	(21~31)	4	230,000,000 원
화이트빌다동	77	2007.2	(21~31)	2	171,000,000 원
화이트빌다동	71.67	2006.9	(11~20)	5	150,000,000 원
화이트빌다동	77	2006.6	(21~31)	3	140,000,000 원

인근 매각통계자료   해당번지 경매사례 인근 진행물건 인근 매각물건

기간	매각건수	평균감정가	평균매각가	매각가율	유찰횟수	예상분석가
3개월	1건	240,000,000 원	148,130,000 원	61.72%	3회	129,612,000원
6개월	2건	182,500,000 원	110,465,000 원	60.53%	3회	127,113,000원
9개월	6건	193,833,333 원	138,540,000 원	71.47%	2회	150,087,000원
12개월	12건	218,916,667 원	158,235,770 원	72.28%	2.17회	151,788,000원

인근개발계획/관할주민센터/인근역

인근개발계획	* 공항중심지구 확인 * 제1종지구단위계획구역 확인 * 방화 1택지개발지구 제1종지구단위계획구역 확인 * 방화 2택지개발지구 제1종지구단위계획구역 확인 * 마곡 도시개발구역 확인 * 방화 재정비촉진지구 확인 * 방화 6재정비촉진구역 확인
관할주민센터	* 방화3동 주민센터 * 강서구 방화동 828 위치 * (우)157-220 * 02-2600-5275
인근역	* 5호선 개화산역(999m), * 5호선 방화역(224m)

아파트

아파트를 경매 받을 때는 낙찰가가 주변 일반 물건의 급매물 수준을 넘지 않도록 한다. 아파트에 투자할 때는 가장 먼저 감정일이 언제였는지를 살펴보아야 한다. 부동산 시장이 침체기일 때는 감정 시점에 따라 감정 가격이 고평가되었을 수도 있다. 모든 사건에는 사건 번호가 있는데 만약 13이라고 적혀 있다면 2013년에 물건이 감정됐다는 것을 의미한다. 그러나 반대로 생각해서 가격 상승기라면 감정일이 오래된 물건일수록 매력적일 수 있다. 게다가 개발 소식이 들려온다면 금상첨화이다. 보통 법원에서 경매 개시 결정이 나게 되면 곧바로 매각 준비를 위해 감정 평가를 진행하게 되는데 이후 첫 매각 기일까지 4개월에서 6개월 정도 소요된다. 이 기간 동안에 부동산의 가격이 오를 수도, 내릴 수도 있는 것이다.

연립 주택, 다세대 주택

연립 주택, 다세대 주택은 실수요보다 투자 측면으로 접근하는 것이 좋다. 왜냐하면 이런 물건은 아파트에 비해 매매가 어렵다는 단점이 있기 때문이다. 그런 만큼 낙찰가도 아파트보다 낮다. 반대로 이야기하면 낙찰가가 낮기 때문에 수익률은 더 좋을 수도 있다. 빌라 같은 다세대 주택은 경매 초보자가 입찰하기에 적당하다고 생각한다. 특별한 지역이 아니라면 빌라는 보통 1-2회 정도 유찰된다. 일반적으로 전세 가격은 매매 가격의 60-70% 선에 해당하므로 2회만 유찰되어도 전세 자금으로 내 집을 마련할 수도 있는 셈이다. 그러므로 전세난에 시달리고 있다면 몇 번 유찰된 연립 주택이나 다세대 주택을 경매로 낙찰 받아 내 집 마련은 물론 투자라는 두 가지 목적을 노려볼 수 있다.

문제는 연립 주택이나 다세대 주택의 정확한 가격을 알기 어렵다는 데 있다. 부동산 정보 제공 업체의 정보도 전부 믿을 수는 없다. 따라서 시세 조사를 위해 반드시 현장 방문을 해야 한다. 현장에 가면 가격 외에도 여러 가지 정보를 얻을 수도 있다. 우선 현장을 방문하면 현지 주민과 세입자를 만나 보아야 한다. 이들을 만나 주택의 누수 등 문제점에 대해 설명을 들으면 더욱더 확실한 결론을 얻을 수 있다.

단독 주택

단독 주택의 규모는 차후를 생각해서 가급적 큰 평수의 물건을 보는 것이 좋다. 다세대, 다가구로 개발할 수 있기 때문이다. 단독 주택을 다세대, 다가구로 개발할 것을 고려한다면, 해당 지역이 건축 제한 구역으로 지정돼 있는지를 확인해야 한다. 건축 행위가 제한되어 있으면 개발 자체가 불가능하기 때문이다.

단독 주택은 토지와 건물의 근저당 설정 일자가 다른 경우가 종종 있어 꼼꼼하게 권리 분석을 해야 한다. 임차인이 있을 경우 말소 기준 등기는 토지와 건물의 근저당 설정일 중 빠른 날짜가 아니라 건물 등기부등본을 기준으로 판단해야 한다. 예를 들어 임차인의 전입 일자가 토지 근저당 설정일보다는 늦지만 건물 근저당 설정일보다는 빠르다면 낙찰자에게 보증금을 요구할 수 있는 대항력이 발생해서 매수자는 전세 보증금을 모두 내주어야 한다. 등기부등본에 대지권 지분 등기가 명시돼 있는지도 확인해야 한다. 대지권에 관해서는 '토지 별도 등기'와 '대지권 없음'이라는 문구를 조심해야 한다. 등기부등본 표제부에 건물과 토지의 표시가 있어야 한다.

특수 물건

특수 물건에는 지분 경매, 유치권, 법정 지상권 등이 있지만, 우리는 내 집 마련과 경매 후 리모델링을 통한 투자에 관해서만 이야기하도록 하자. 그러니 위험성 있는 특수 물건에 관심 있는 입찰자라면 다른 전문 서적을 참조하기 바란다.

권리 분석(민사집행법)

권리 분석은 경매 물건 등기부등본에 기재된 물권과 채권의 인수 여부를 분석하는 부동산 권리 분석과 임차인의 전입일자, 확정일자, 전세 금액, 배당 요구 등의 임차인 정보를 이용하여 낙찰 후 임차인의 계약 기간, 보증금 등의 인수 여부를 결정하는 임차인의 권리 분석 두 가지가 있다. 낙찰을 받은 후 문제가 발생할 수 있기에 우선 권리 분석을 하는 것이다. 즉, 낙찰을 받더라도 '소유권을 잃을 수 있는 가능성', '추가 비용 부담 위험', '사용에 제한이 걸리는 권리'가 있는지 없는지 파악하는 게 바로 권리 분석이다. 여기에 관한 법은 민사집행법, 주택임대차보호법, 상가임대차보호법이 있다.

권리 분석의 핵심은 말소 기준 권리이다. 이것만 이해하면 말소 기준 권리 날짜 이후의 모든 권리는 소멸된다. 하지만 전세권에 대해서는 유심히 살펴볼 필요가 있다.

말소 기준 권리

저당권, 근저당권, 압류, 가압류, 소유권 이전 청구권 가등기(담보 가등기), 강제 경매 개시 결정 등기, 전세권 등을 말소 기준 권리라고 말한다. 이 권리 중에서 등기부상 접수 일자가 가장 빠른 것이 말소 기준 권리이다. 단, 전세권이 말소 기준 권리가 되려고 하면, 경매 신청 또는 배당 요구 신청 둘 중 한 가지는 신청해야 한다.

선순위 전세권의 말소 여부

1. 전세권자가 경매를 신청한 경우(계약 해지의 의사로 봄)

2. 전세권자가 배당 요구를 하였을 경우(계약 해지의 의사로 봄)

1, 2의 경우는 말소 기준 권리가 된다. 하지만 경매 신청 또는 배당 요구를 하지 않았을 경우(말소가 안 된다)는 계약 유지의 의사로 본다.

예를 들어 살펴보자.

① 세입자 없이 오직 소유자만 전입신고 되어 있고, 지분으로 경매되거나, 토지에 별도 등기가 없는 부동산이면 등기부등본상 권리 하자가 있는지 확인하고 입찰 가격만 잘 판단하면 된다.

② 만약 ①과 상황은 동일한데, 세입자가 있는 경우라면 제일 먼저 세입자의 전입 날짜와 처음 근저당권의 기입 날짜를 살펴봐야 한다. 세입자의 전입 날짜(예: 2013년 5월 6일)가 근저당권 접수 기일(예: 2013년 5월 5일) 뒤라면 입찰에 참여해도 문제는 없다. 다만, 세입자가 전세금을 받지 못

용어 설명

★ 근저당권

근저당권은 채무자의 채무 불이행에 의해 근저당권을 설정한 담보 물건을 처분하여 후순위 권리자보다 채권을 먼저 회수할 수 있는 권리를 말한다. 근저당권은 경매 매각 이후 소멸된다. 보통 돈을 빌려 준 은행에서 행하는 경우가 가장 많다.

★ 압류

압류는 집행 기관에 의해 채무자의 특정 재산에 대해 사실상 또는 법률상의 처분이 제한되는 강제적 행위이다. 압류에 의해 채무자는 처분권을 상실하고 그 권한은 국가에 귀속된다. 압류는 조세 채권의 체납 때문에 체납자의 재산을 압류하는 것이므로 경매 개시 등기가 압류를 의미한다. 그리고 국세 등의 체납 처분에 의한 압류 등기도 있다. 압류 등기 후의 압류가 되면 자산관리공사에 공매를 의뢰한다. 이 경우 경매나 공매 절차는 독자적으로 진행되고 양 절차 중 먼저 진행된 절차에서 낙찰자가 정해지면 소유권을 취득한다.

★ 가압류

보통 물권은 채권에 우선하지만 가압류는 그렇지 않다. 선순위의 가압류는 말소 기준 권리가 된다. 가압류는 금전 채권이나 금전으로 환산 가능한 채권에 대해 집행권을 얻어 강제 집행할 수 있을 때까지 그 집행을 보전하기 위한 절차이다. 다시 말해 소송을 하기 전에 채무자의 부동산 등에 보전 처분을 미리 해 놓는 절차이다. 보통 소송 시간이 오래 걸리기 때문에 채무자가 재산을 가지고 도피하거나 사용하는 것을 막는 것이다. 보통은 물권과 채권이 붙으면 물권이 앞서지만 채권인 가압류가 물권인 근저당권보다 먼저 설정되었다면 동순위의 지위를 가지게 된다.

★ 가등기

가등기는 물권 변동을 일어나게 할 청구권을 보전하기 위한 청구권 보전을 위한 가등기와 채권 담보를 위한 담보 가등기가 있다. 선순위의 담보 가등기는 말소 기준 권리가 된다. 담보 가등기는 저당권으로 보면 된다. 그리고 소유권 이전 청구권 보전을 위한 가등기는 말소 기준 권리보다 선순위인 경우에 낙찰자에게 인수가 된다. 이는 소유권을 상실할 위험도 있다는 뜻이다. 가등기권자가 권리 신고를 하지 않는 경우도 있으니 조심해야 한다.

★ 가처분

가처분은 특정 청구권에 대해 장래 강제 집행을 보전할 필요가 있을 때 하는 조치로서 집행 보전을 위한 보전 처분이다. 가처분은 부동산 소유권과 관련하여 분쟁이 발생했을 때 하는 처분(매매나 양도) 금지 가처분과 경매로 부동산을 낙찰 받은 후 명도 대상자에 대하여 명도 집행을 하기 전에 하는 점유 이전 금지 가처분이 있다. 가처분 권리자가 소송에서 승소하여 등기를 실행하는 경우 가처분에 저촉되는 등기는 말소된다.

★ 전세권

전세권은 전세금을 집주인에게 지급하고 전세 목적물을 사용, 수익할 수 있는 권리를 말한다. 말소 기준 권리 이전에 설정되었다면 소멸되지 않고 낙찰자에게 인수된다. 하지만 말소 기준 권리 이전에 설정된 전세권이라도 채권 계산서를 제출하면 배당받고 소멸한다. 선순위 전세권이 임의 경매 신청을 했다면 전세권과 저당권은 모두 경매로 소멸한다.

★ 환매 등기

환매 등기된 부동산을 매입한 사람은 환매권자가 환매권을 행사하면 소유권을 상실하게 된다. 환매 기간은 5년. 5년의 기간이 종료된 환매 등기의 환매 권리자는 소유권을 행사하지 못한다.

★ 경매 기입 등기

경매 개시 결정 등기가 등기부에 기입되면 압류의 효력이 발생한다. 경매 기입 등기 중 강제 경매 기입 등기는 말소 기준 권리가 없는 경우 말소 기준 권리로 작용한다.

★ 법정 지상권

남의 땅에 건물을 소유한 사람이 토지 소유자에게 사용료를 지급하고 최대 30년 동안 토지를 사용할 수 있는 권리이다. 법정 지상권이 성립되면 등기하지 않아도 취득된다. 법정 지상권은 토지와 건물의 소유자가 동일인이었다가 경매를 통해 토지와 건물 소유자가 달라졌을 때에 토지 소유자가 건물 소유자를 위해서 지상권을 설정한 것이다. 사용료(지료)는 토지와 건물 소유자 간의 협의에 의해 결정된다. 하지만 협의가 안 되면 법원에 청구하여 결정한다.

★ 유치권

유치권은 타인의 물건 등을 점유한 자가 그 물건에 대하여 발생된 채권이 있을 경우 그 채권을 변제받을 때까지 물건 등을 유치할 수 있는 권리를 말한다.

★ 지상권

지상권은 남의 토지를 사용 및 수익할 수 있는 권리를 말한다. 법정 지상권은 임의 경매로 토지와 건물 소유자가 달라진 경우이기 때문에 지상권과 조금 다르다.

★ 지역권

자기 토지의 편익을 위하여 남의 토지를 통행하는 것. 남의 토지로부터 물을 끌어오는 것처럼 일정한 목적을 위하여 남의 토지를 자기의 토지의 편익에 이용하는 것을 말한다. 부동산 용익 물권에 해당된다.

★ 임차권

임차권은 임대차 계약에 의하여 임차인이 임차물을 사용, 수익하는 권리를 말한다. 임차권은 실질적으로는 목적물을 직접 지배하는 물권적 성격이 있으나, 민법은 임차권을 임대인에 대한 사용, 수익의 청구권으로서 채권으로 본다. 그래서 지상권, 전세권 등과 같은 물권과는 구별된다.

하고 이사 가야 하는 상황이 매우 안타깝지만 법률상 하자는 없다. 그러나 마음이 약해서 이런 물건에는 입찰하지 않는 투자자가 많다.

③ 만약 ②와 상황은 동일한데, 세입자의 전입 날짜(예: 2013년 5월 6일)가 근저당권 접수 기일(예: 2013년 5월 7일)보다 앞섰다는 게 서류상 정확하게 명시되어 법원에 배당 요구를 신청했다면 이 물건은 반드시 입찰에 참여해야 한다. 왜냐하면 세입자는 전세금을 모두 법원에서 배당받기 때문에 낙찰자 입장에서는 명도할 것이 없게 된다. 이런 물건의 가치는 높아지게 된다.

④ 확정 일자도 있고 전입 일자도 있는데 세입자가 배당 요구를 하지 않거나, 배당 요구 신청 종료일 이후에 하는 경우도 종종 있다. 이런 경우 세입자는 법원에서 배당을 받을 수 없기 때문에 낙찰자가 전세금을 대신 주어야 한다. 예상하지 못했던 돈이 지출되는 시점인 것이다. 사실 일반인이 이 정도만 정확하게 이해한다면 90% 이상의 경매 물건 참여에는 문제가 없을 것이다.

소멸주의·인수주의

전세권 설명을 통해서도 알 수 있듯이 각종 권리는 낙찰 후에 소멸될 수도 있고, 계속 남아 있을 수도 있다. 이를 분류해 놓은 게 소멸주의와 인수주의이다.

소멸주의는 낙찰 후에 말소 기준 권리 이후의 모든 권리가 소멸된다는 의미이다. 인수주의는 낙찰 이후에도 소멸되지 않고 낙찰자에게 인수된다는 의미이다. 그래서 우리는 인수주의에 포함된 권리를 유심히 살펴보아야 한다. 만약 인수주의에 포함된 권리가 있다면 그 비용을 감안해서 입찰액을 정해야 한다. 보통, 전세권이나 임차권 이외에 인수되는 권리가 있는 물건을 특수 물건이라 칭한다.(45쪽 표 참조)

임차인 권리 분석

임차인 권리 분석을 이해하기 위해서는 주택임대차보호법을 먼저 알아야 한다.

오른쪽 도표에 있는 금액 이하의 임차인은 저당권 설정과 관계없이 최우선으로 변제권을 준다.

예를 들어 2005년도 부산 지역의 경우 당시 기준으로 부산 지역에서 2001년 이후 소액 임차인의 조건이 3500만원이다. 3500만원 이하 전세자는 1400만원의 최우선 변제금

소멸주의 · 인수주의

소멸주의(낙찰로 소멸)	인수주의(낙찰자 부담으로 인수)
1. (근)저당권	1. 유치권
2. (가)압류	2. 법정 지상권
3. 말소 기준 권리보다 뒤에 설정된 전세권, 지상권, 지역권, 임차권, 가등기, 가처분, 환매등기, 주택 임차인 등	3. 말소 기준 권리보다 앞에 설정된 전세권, 지상권, 지역권, 임차권, 가등기, 가처분, 주택임차인 등의 권리. 말소 기준 권리보다 빠른 전세권은 인수된다. 하지만 배당 요구 시 소멸된다.
4. 경매 기입 등기보다 늦은 위 3의 권리	
5. 담보 가등기	

주택임대차보호법이란? 주택임대차보호법은 경제적 약자인 임차인을 보호하여 국민의 주거생활 안정을 보장하기 위한 법이다. 주택임대차보호법은 임차인에게 불리하면 효력이 없는 특징을 가지고 있지만 법인이 임차인인 경우는 효력이 없다.

기준일 (근저당 설정일)	대상 지역	보호 대상 임차인의 범위	우선 변제 보증금의 범위
1984년 06월 14일–1987년 11월 30일	특별시 / 광역시	300만원	300만원
	기타 시도 지역	200만원	200만원
1987년 12월 01일–1990년 02월 18일	특별시 / 광역시	500만원	500만원
	기타 시도 지역	400만원	400만원
1990년 02월 19일–1995년 10월 18일	특별시 / 광역시	2000만원	700만원
	기타 시도 지역	1500만원	500만원
1995년 10월 19일–2001년 09월 14일	특별시 / 광역시	3000만원	1200만원
	기타 시도 지역	2000만원	800만원
2001년 09월 15일–2008년 08월 20일	수도권 중 과밀 억제 권역	4000만원	1600만원
	광역시(인천, 군 지역 제외)	3500만원	1400만원
	기타 지역	3000만원	1200만원
2008년 08월 21일–2010년 07월 25일	수도권 중 과밀 억제 권역	6000만원	2000만원
	광역시(인천, 군 지역 제외)	5000만원	1700만원
	기타 지역	4000만원	1400만원
2010년 07월 26일–2013년 12월 31일	서울특별시	7500만원	2500만원
	수도권 중 과밀 억제 권역	6500만원	2200만원
	광역시, 안산/용인/김포/광주시 (과밀 억제 권역, 군 지역 제외)	5500만원	1900만원
	기타 지역	4000만원	1400만원
2014년 01월 01일–현재	서울특별시	9500만원	3200만원
	수도권 중 과밀 억제 권역	8000만원	2700만원
	광역시, 안산/용인/김포/광주시 (과밀 억제 권역, 군 지역 제외)	6000만원	2000만원
	기타 지역	4500만원	1500만원

이 적용된다. 만약에 건물이 경매로 넘어 갔더라도 3500만원 이하 세입자에게 1400만원을 주고 그 다음 근저당권자에게 지급하는 것이다. 말 그대로 최우선 변제금이다. 최우선 변제금을 받기 위해서는 반드시 그 지역 주택임대차보호법 최우선 변제금 이하이어야 한다. 그리고 이사를 하고 전입신고를 한다. 그리고 확정일자를 받아야 한다.

전입신고와 관련해서 좀 더 상세히 내용을 알아보자.

세입자가 전입신고를 하면 그 법률적 효력은 그 다음날 0시부터 발생한다. 앞서도 설명했듯이 2014년 2월 1일 오후 3시에 전입신고를 했다면 그 효력은 2014년 2월 2일 0시부터 발생한다. 그러므로 2월 1일 오후 3시에 전입신고와 저당권 설정이 동시에 발생했다면 법률적으로 저당권이 이긴다. 하지만 2월 1일 오후 3시에 한 전입신고와 2월 2일 오후 3시에 저당권 설정이 법률적으로 다툰다면 저당권은 2월 2일 오전 9시부터 효력이 발생하기 때문에 2월 2일 0시에 효력이 발생한 전입신고가 이긴다.

물론 선순위 세입자가 있더라도 해결 방법이 없는 것은 아니다. 선순위 임차인이라는 주장 중에는 사기성이 농후한 경우도 많다. 대부분 채무자의 친인척 등이 허위로 작성한 임대차 계약서와 전입신고를 근거로 낙찰자에게 임차금을 요구하는 것이다. 당연히 이들은 허위로 작성한 서류를 근거로 자신들은 대항력이 있다고 주장한다. 만약 이런 상황이라면 그 물건은 몇 번 유찰되면서 가격이 많이 떨어진다. 꼼수는 바로 여기에 있다. 즉, 여러 번 유찰이 되어서 값이 떨어지면 본인들이 입찰자로 변신해 입찰에 참여하는 것이다. 이런 상황이라면 돈을 빌려 준 채권자만 손해를 보게 된다.

이런 물건을 해결하려면 돈을 빌려 준 근저당권자(일반적으로 은행)와 대화하는 것이 꼭 필요하다. 은행은 대출해 주기 전에 반드시 전입 세대를 확인하고 앞선 전입자가 있으면 소유자와 관계를 기재하는 '무상 임차 확인서'를 작성한다. 그리고 친인척 확인 여부는 동사무소를 방문하면 해결된다. 해당 주소지의 부동산이 경매로 나왔음을 증명하는 등기부를 보여 주고 세대별 주민 등록 열람 확인서를 발급 받아 확인한다. 소유자와 세입자가 같은 세대원으로 등록된 것을 확인하기만 하면 문제는 간단히 해결된다.

권리 분석을 쉽게 하게 위해 만든 오른쪽의 도표를 참조하자.

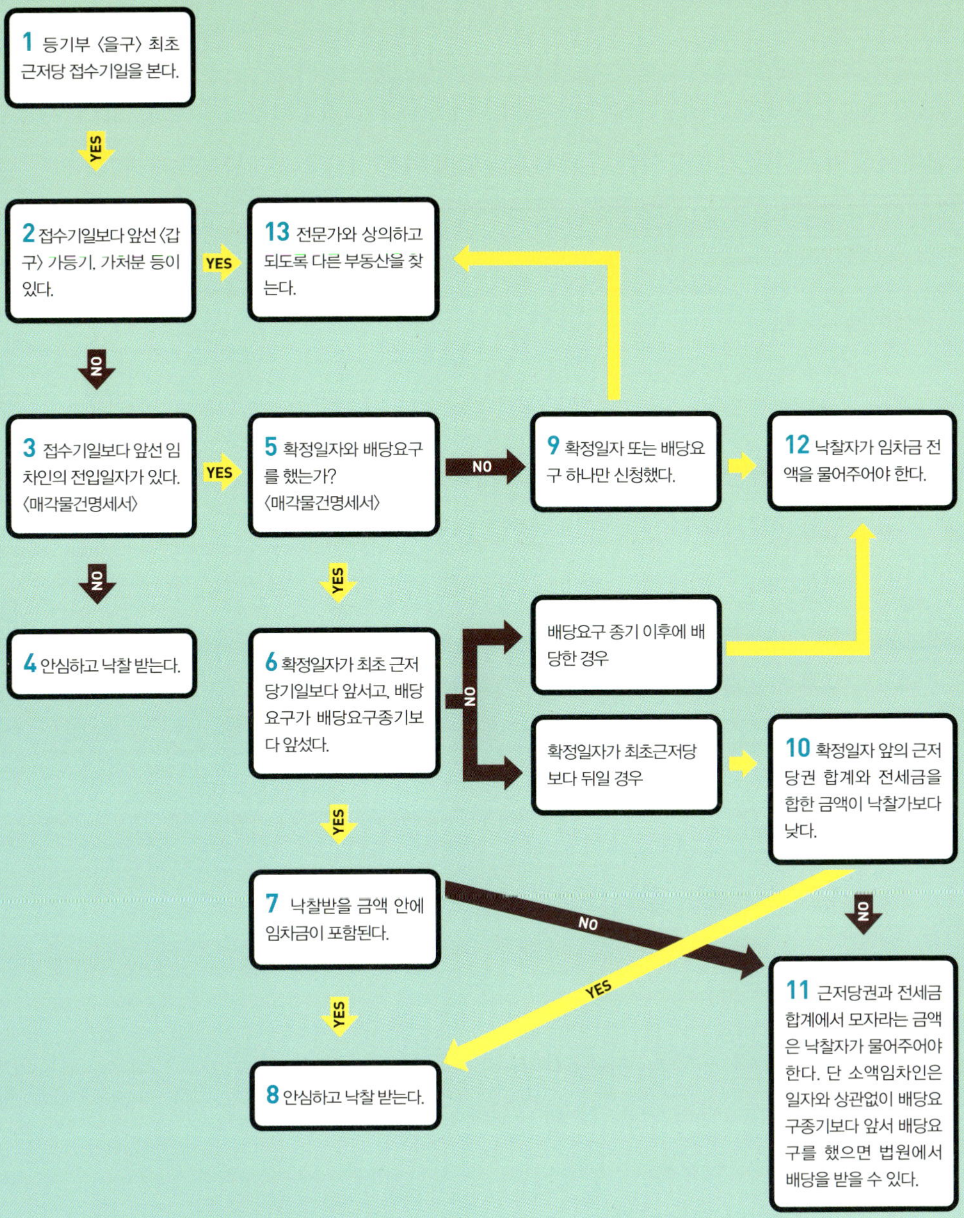

1 _ 유치권·예고등기 등이 없다는 전제하에 제시한 다이어그램이다.

2 _ 경매는 항상 〈을구〉의 최초 근저당을 기준으로 한다.

3 _ 이 다이어그램 표만 이용한다면 현재 진행 중인 법원 경매의 90%는 아무 걱정없이 소화할 수 있다. 나머지 10%는 대부분 소송의 과정을 거치기에 되도록 피하는 것이 좋다.

물건 조사와 권리 분석을 한 후 우선 국민은행 홈페이지에서 현재 시세를 확인해 보자. 더 나아가 물건 주변에 있는 부동산 사무실을 찾아가서 더욱 정확한 시세를 확인해야 한다. 경매에 있어서 현장 조사는 필수이다. 감정가만 믿고 입찰했다가 낭패 보는 이들을 주변에서 많이 보아 왔기 때문이다. 무조건 발품을 팔아서 정확한 시세를 파악하자.

낙찰(입찰 후 낙찰)

입찰 준비 서류

○ **본인이 직접 입찰할 경우**

- 기일 입찰 시에는 신분증, 도장, 보증금을 준비해야 한다.
- 기간 입찰 시에는 신분증, 도장, 보증금, 주민 등록 등본이 필요하다. 입찰 보증금은 최저 입찰 가격의 10%를 준비한다. 재경매 등 경우에 따라서는 입찰 보증금이 최저 입찰 가격의 20% 이상일 수도 있으니, 꼼꼼하게 체크해야 한다.

○ **대리인이 입찰할 경우**

- 본인(명의자)의 인감 증명서, 위임장, 보증금을 대리인에게 준다. 인감도장도 필요할 경우가 많다.
- 대리인(입찰자)은 대리인의 신분증, 도장을 지참해야 한다.

입찰 시간

입찰을 보는 시간표는 보통 다음과 같다.

물건과 법원에 따라 달라질 수 있으니 유의해야 한다.

- 10:00 또는 10시 30분 입찰 시작
- 11:10분에서 30분 사이 마감

- 마감 직후 개찰 시작. 대도시 법원의 경우는 12시에 개찰하기도 한다.
- 일반적인 경우에는 오후 1시 무렵 입찰이 종료된다.

입찰 진행 순서

1. 경매 개시 시간이 되면 집행관이 경매 개시를 알리고 10-20분간 경매 입찰에 관한 일반적인 설명을 한다.

2. 입찰표, 입찰 봉투, 입찰 보증금 봉투 그리고 필요 시 위임장 양식을 배부 받고 입찰에 응한다. 기재 사항을 다 작성한 입찰표와 10% 보증금을 넣은 입찰 보증금 봉투를 입찰 봉투에 넣고 집행관에게 제출한다.

3. 집행관은 입찰대 봉투의 번호표 부분(수취증)을 찢은 후에 입찰 봉투와 번호표를 돌려준다. 입찰 봉투는 법대 앞 유리함에 넣고 번호표는 잘 간직해야 한다.

4. 개찰되면 사건 번호와 낙찰자를 호명한다. 최고가 매수인으로 결정되면 번호표를 반납하고 입찰 보증금 영수증을 받아 나온다. 만약 떨어지면 역시 번호표를 반납하고 입찰 보증금 봉투를 반환받아 챙긴다.

입찰표 기재 요령

1. 사건 번호를 적는다. 물건 번호는 한 사건에서 2개 이상의 물건을 개별적으로 입찰에 부쳐진 경우에 기재한다. 만약 물건 번호가 없으면 공란을 그대로 둔다.

2. 금액의 기재란은 수정할 수 없으므로 만약 잘못 작성했다면 새로운 용지를 받아 새롭게 작성한다.금액을 잘못 써서 크게 손해보는 일이 종종 발생하고 있다. 전문가들도 가끔 실수하는 부분이 바로 금액 적기이다. 제출 전까지 꼼꼼히 확인하도록 하자.

3. 보증금 반환란은 입찰에 떨어진 후 보증금을 돌려받을 때 영수증 대신 기재하는 곳이다. 미리 적으면 안 된다.

보증금 봉투 기재 요령

1. 입찰 보증금을 입찰 보증금 봉투에 넣고 봉한다. 봉투의 앞면에 사건 번호, 물건 번호,

제출자의 성명을 적고 날인한다.

2_ 봉투 뒷면에 날인 표시가 된 곳에는 모두 날인해야 한다.

입찰 봉투

1_ 입찰 보증금 봉투와 입찰표를 입찰 봉투에 넣고 봉한다. 입찰 봉투의 앞면에 사건 번
호, 물건 번호, 입찰자의 성명을 적는다.

2_ 역시 봉투 뒷면에 날인 표시가 된 곳에는 모두 날인해야 한다.

최고가 매수인 결정

1_ 최고가 응찰자가 2명 이상이면 그들만 추가 입찰을 실시한다. 만약 한 번 더 금액이 같
다면 봉투에 ○, ×를 넣어 뽑기를 실시한다.

2_ 낙찰자 외에 2번째로 높은 응찰자는 차순위 매수 신고를 할 수 있다.

3_ 차순위 매수 신고를 하면 낙찰자의 사정으로 낙찰이 불허가되거나 잔금을 내지 못했
을 경우 차순위 매수 신고인이 바로 낙찰자로 정해진다. 흔한 일은 아니다.

기타 부대 비용

낙찰 받은 후에도 취득세, 대출 이자, 수리비, 중개 수수료, 법무비, 명도비(집행비), 관리
비 등이 추가로 들어간다.

○ **대출 이자**

은행에서 대출액을 정할 때는 여러 가지를 놓고 한도를 결정한다. 예를 들어 낙찰 받
은 집에 방이 여러 개 있다면 시세에서 소액 임차 보증금 명목으로 방 1칸 당 2500만
원씩(서울 기준)을 뺀다. 이를 일명 '방빼기'라고 한다. 즉, 주택의 경우 방이 여러 개이
면 은행 입장에서는 세입자가 많아질 것으로 예상하고 경락 대출을 조금밖에 해 주지
않는다. 아파트의 경우 일반적으로 환금성이 좋아 대출이 많이 된다고 알고 있지만,
그런 이유보다는 아파트는 이런 방빼기 작업이 없기 때문에 대출이 많이 되는 것이다.

다만, 아파트는 50%만 적용해 1250만원씩을 차감한다. 대출 금액은 과거보다 적게 대출해 준다. 2011년도까지만 해도 아파트의 경우 은행에서 90%까지 대출을 해 주었지만, 지금은 상황이 그렇지 못하다. 대신 대출 이자는 과거보다 많이 낮아졌다.

○ **수리비**

경매 물건은 관리가 소홀한 경우가 많다. 입찰자들은 내부를 정확하게 확인하지 못한 채 낙찰 받는 경우가 많기 때문에 예상치 못했던 수리비가 들어갈 수도 있다. 따라서 낙찰금과 세금 이외에 수리비 같은 추가 비용이 들어갈 수 있음을 감안하고 입찰 금액을 결정해야 한다. 수리비에 대한 자세한 내용은 뒤에서 자세히 다루겠다.

○ **명도비(이사비)**

보통 경매로 인해 전세금을 돌려받지 못한 세입자는 낙찰자에게 이사비를 요구한다. 물론 집행비 이하의 적당한 금액을 요구할 경우에는 이사비를 주는 것이 현명하다. 하지만 지나치게 많은 금액을 요구하는 경우에는 인도 명령 신청을 하고 법적 절차를 받는 것이 좋다. 사실 인도 명령 신청은 대금 납부를 하고 바로 신청해 놓는 것이 좋다. 자세한 내용은 명도 부분에서 다루겠다.

○ **관리비(아파트)**

아파트 경매에서 매우 중요한 부분이 바로 관리비 문제이다. 관리비와 관련해서는 철저히 따져 봐야 한다. 물론 낙찰사는 관리비를 내야 입주가 가능하지만 모든 비용을 낙찰자가 부담할 필요는 없다. 2001년도에 열린 아파트 경매 대법원 판례를 살펴보면 관리비 중 전용 부분은 입주자 대표 회의가 부담하고, 공용 부분만 매수인이 부담해야 한다고 판결했다. 전용 부분은 전기세, 수도세, 하수도세, 급탕비, 난방비, TV 수신료 등을 말하고, 공용 부분은 청소비, 오물 수거비, 소독비, 승강기 유지비, 공용 난방비, 특별 수선 충당금, 위탁 수수료, 화재 보험료, 일반 관리비 등을 말한다. 보통 전체 관리비 중 공용 부분이 차지하는 비중은 전체의 30-40%에 해당한다. 그러나 이 내용은 판례에 불과하다. 실제 명도 과정에서 대법원 판례가 그대로 지켜지는 것은 아니다. 특히 가스비와 전기세는 대부분 낙찰자의 부담이 되곤 한다. 그러므로 낙찰을 받으면 그 지역 도시 가스 회사와 전력 회사에 낙찰 영수증을 첨부하여 내용 증명을 보내 본인이 낙찰을 받았음을 알리고, 향후 미납된 요금에 대해서는 낙찰자에게 책임이 없음을 알려야 된다. 내용 증명을 받은 회사는 미납된 금액을 조사한 후 만약에 미납 금액이 있다면 단전 또는 가스를 폐쇄 조치할 것이다. 이렇게 조치해 놓으면 세입자가 부담을 느껴 훨씬 쉽게 명도를 진행할 수 있다.

명도

한마디로 명도는 세입자를 낙찰 받은 집에서 내보내는 일을 말한다. 보통 경매에 대해서 부정적인 감정을 가지는 부분이 바로 명도이다. 특별히 강제 집행이 진행되면 가슴 아픈 일이 생긴다. 하지만 강제 집행까지 진행되는 경우는 극히 드물다.

명도 절차는 다음과 같다.

[낙찰 ➡ 매각 허가 결정 ➡ 매각 허가 결정 확정 ➡ 대금 납부 ➡ 인도 명령 신청 ➡ 인도 명령 결정문

➡ 우편 송달 ➡ 집행관 특별 송달 ➡ 공시 송달 ➡ 강제 집행 신청 ➡ 계고 ➡ 집행 실시(명도 완료)]

일단 대금 납부를 하면 바로 인도 명령 신청서를 보내는 것이 좋다. 만약 거주자와 협의가 이뤄지지 않아 강제 집행을 해야 할 때는 법원 집행관에게 집행을 의뢰한다. 법을 통한 집행이 아닌 경우 이사 비용을 세입자에게 지급하는 것이 여러 가지로 좋은데 대략 평당 10만원으로 산정한다. 30평이면 300만원 정도의 비용이 든다. 이 정도 비용을 생각하고 세입자 또는 주인과 잘 합의해 보자. 명도에서 힘든 부분은 송달이다. 낙찰을 받으면 인도 명령 신청서를 무조건 보낸다. 명도 집행의 합법성을 인정받기 위해서는 인도 명령 신청서가 소유자 또는 세입자에게 우편이나 집행관을 통해서 전달되어야 한다. 소유자나 세입

자가 받지 않아 송달이 몇 번만 미루어져도 몇 개월의 시간이 흘러간다. 보통의 경매 낙찰자는 은행 대출을 받기 때문에 송달이 늦어지면 은행 이자가 자꾸 늘어나 수익이 줄어든다. 경매 초보자가 생각할 때는 명도에서 가장 쉬운 것이 빈집이라고 생각할 수 있겠지만, 사실 알고 보면 골치 아픈 명도로 빈집 명도가 손에 꼽힌다. 빈집은 위의 모든 절차를 거쳐야 명도가 완료되기 때문에 많은 시간을 필요로 한다.

상가임대차보호법

경제적 약자인 상가 건물의 임차인들을 보호하고 그들의 경제생활 안정을 위해 만든 법이다. 이 법 역시 임차인에게 불리한 계약 조건은 효력이 없다.

대항력

상가 건물의 임대차는 등기가 없는 경우에도 사업자등록만 신청하면 그 다음 날부터 제3자에 대하여 효력이 발생한다. 즉 대항 요건은 건물의 인도(이전)와 사업자등록 신청이다.

우선 변제권

상가 건물 임차권의 대항 요건과 임대차 계약서의 확정일자를 받은 임차인은 경매 시 후순위 권리자 그 밖의 채권자보다 우선하여 보증금을 변제받을 권리가 생긴다. 우선 변제권의 효력 발생 시기는 대항 요건과 확정일자를 모두 갖춘 날을 기준으로 한다.

최우선 변제권

다른 담보물권자보다 우선하여 변제받을 권리를 말한다. 첫 경매일 전까지 대항력을 유지하고 배당 요구를 해야 한다. 우선 변제를 받을 일정액의 기준은 임대 건물가액의 1/3의 범위 안에서 정한다.

상가임대차보호법 적용 범위 다음의 보증 금액을 초과하는 임대차에 대해서는 적용되지 않는다.

담보 물권 설정일	지역	보호법 적용 대상
2002년 11월 01일 – 2008년 08월 20일	서울특별시	2억 4000만원 이하
	과밀 억제 권역(서울특별시 제외)	1억 9000만원 이하
	광역시(군 지역 및 인천광역시 제외)	1억 5000만원 이하
	기타 지역	1억 4000만원 이하
2008년 08월 21일 – 2010년 07월 25일	서울특별시	2억 6000만원 이하
	과밀 억제 권역(서울특별시 제외)	2억 1000만원 이하
	광역시(군 지역 및 인천광역시 제외)	1억 6000만원 이하
	기타 지역	1억 5000만원 이하
2010년 07월 26일 – 2013년 12월 31일	서울특별시	3억원 이하
	과밀 억제 권역(서울특별시 제외)	2억 5000만원 이하
	광역시 (수도권정비계획법에 따른 과밀 억제 권역에 포함된 지역과 군 지역은 제외) 안산시, 용인시, 김포시, 광주시	1억 8000만원 이하
	기타 지역	1억 5000만원 이하
2014년 01월 01일 – 현재	서울특별시	4억원 이하
	과밀 억제 권역(서울특별시 제외)	3억원 이하
	광역시 (수도권정비계획법에 따른 과밀 억제 권역에 포함된 지역과 군 지역은 제외) 안산시, 용인시, 김포시, 광주시	2억 4000만원 이하
	기타 지역	1억 8000만원 이하

보증금 외에 월차임이 있는 경우에는 월차임에 100을 곱한 금액을 보증금에 합산한다.

담보 물권 설정일	지역	우선 변제 적용 환산 보증금 범위	우선 변제 금액
2002년 11월 01일 – 2010년 07월 20일	서울특별시	4000만원 이하	1350만원 이하
	과밀 억제 권역(서울특별시 제외)	3900만원 이하	1170만원 이하
	광역시(군 지역 및 인천광역시 제외)	3000만원 이하	900만원 이하
	기타 지역	2500만원 이하	750만원 이하
2010년 07월 21일 – 2013년 12월 31일	서울특별시	5000만원 이하	1500만원 이하
	과밀 억제 권역(서울특별시 제외)	4500만원 이하	1350만원 이하
	광역시 (수도권정비계획법에 따른 과밀 억제 권역에 포함된 지역과 군 지역 제외) 안산시, 용인시, 김포시, 광주시	3000만원 이하	900만원 이하
	기타 지역	2500만원 이하	750만원 이하
2014년 01월 01일 – 현재	서울특별시	6500만원 이하	2200만원 이하
	과밀 억제 권역(서울특별시 제외)	5500만원 이하	1900만원 이하
	광역시 (수도권정비계획법에 따른 과밀 억제 권역에 포함된 지역과 군 지역 제외) 안산시, 용인시, 김포시, 광주시	3800만원 이하	1300만원 이하
	기타 지역	3000만원 이하	1000만원 이하

존속기간

기간을 정하지 않았거나 기간을 1년 미만으로 정했다면 임대차 기간을 1년으로 본다. 하지만 임차인은 1년 미만의 유효함을 주장할 수 있다. 임대차가 종료한 경우에도 보증금을 못 받았다면 임대차 관계가 유지하는 것으로 본다. 임차권은 경매에 의해 소멸한다. 하지만 보증금이 전액 변제되지 못한 대항력 있는 임차권은 소멸되지 않는다.

차임의 증감

차임이 증액되는 경우에 약정한 차임의 9/100을 초과하지 못한다. 그리고 임대차 계약 또는 증액이 있은 후 1년 이내에는 추가 증액할 수 없다. 하지만 감액은 제한이 없다. 역시 상가건물임대차보호법은 임차인을 위한 법이다.

계약의 갱신

임대인이 임대차 기간 만료 전 6개월부터 1개월까지 갱신 거절의 통지가 없다면 전 임대차와 동일한 조건으로 다시 임대차 한 것으로 본다. 이 경우에 임차인은 임대인에게 언제든지 계약 해지의 통지를 할 수 있다.

계약 갱신 요구권

임대인의 계약 갱신 요구권은 최초의 임대차 기간을 포함한 전체 임대차 기간이 5년을 넘지 않는 범위 내에서 행사할 수 있다. 임대인은 임차인이 기간 만료 전 6개월부터 1개월까지 사이에 행하는 계약 갱신 요구에 정당한 사유 없이 거절하지 못한다. 다만 아래의 경우에는 임차인의 계약 갱신 요구권이 인정되지 않는다.

1_ 임차인이 3번에 걸쳐 차임액을 연체한 경우

2_ 임차인이 부정한 방법으로 임차한 경우

3_ 임차인이 임대인의 동의 없이 건물을 전부 또는 일부 전대한 경우

4_ 임차인이 건물의 전부 또는 일부를 파손한 경우

5_ 이 밖에 임차인의 의무를 현저히 위반했거나 존속하기 어려운 중대한 사유가 있는 경우

★ 대항력

주택의 인도(점유)와 주민등록(전입신고)을 하면 다음날(익일 0시)부터 효력이 발생한다. 임차인이 대항력을 갖추고 전세권까지 설정했다면 가장 유리한 지위를 점유할 수 있다. 대항 요건을 먼저 갖추고 확정일자를 받았다면 확정일자를 받은 날 발생하고, 대항 요건과 같은 날이나 그 이전에 확정일자를 받았다면 대항 요건을 갖춘 다음 날 발생한다.

★ 확정일자

해당 날짜에 임대한 계약서가 존재한다는 사실을 증명하기 위해 계약서에 법원, 공증사무소, 동사무소에서 선택하여 확인 인을 찍어 주는 것이다. 대항력을 유지하고 확정일자 인을 갖춘 임차인은 경매 시에 배당 요구를 하면 다른 물권과 그 성립 순위에 따라 우선 변제를 다투게 된다. 임대차 계약의 갱신으로 보증금을 인상한 경우에는 확정일자를 다시 받아야 한다.

★ 효력 발생 시기

대항 요건을 먼저 갖추고 확정일자를 받았다면 확정일자를 받은 날 발생하고, 대항 요건과 같은 날이나 그 이전에 확정일자를 받았다면 대항 요건을 갖춘 다음 날 발생한다.

★ 우선 변제권

우선 변제권은 임차인이 대항 요건과 계약서에 확정일자 인을 받은 경우 경매 시 후순위권자 기타 채권자보다 우선하여 변제 받을 수 있는 권리이다. 대항 요건(점유와 전입신고)과 확정일자 인을 모두 갖추어야 한다.

★ 최우선 변제권

담보권자나 채권자보다 우선하여 변제 받을 수 있는 권리를 말한다. 소액 보증금의 보호를 위한 최우선 변제권을 받기 위해서는 대항력을 갖추고 보증금 액수가 소액 보증금에 해당해야 한다. 그리고 배당 요구 종기일까지 배당 요구를 하고 대항력을 유지해야 한다. 최우선 변제 대상 보증 금액이 주택가액의 1/2을 초과하는 경우에는 주택 가액의 1/2에 해당하는 금액에 한하여 우선 변제권이 인정된다.

용어 설명

★ 임차권 등기 명령 제도

임대차가 종료되었음에도 보증금을 반환받지 못한 임차인은 단독으로 임차 주택의 소재지를 관할하는 지방 법원 또는 시·군 법원에 임차권 등기 명령을 신청할 수 있다. 임차권 등기 명령 제도는 임차권 등기를 가능하게 해서 대항력과 우선 변제권을 유지하고 임차인의 주거 이전의 기회를 보장해 주는 것이다.

★ 존속 기간

기간을 정하지는 않았지만 2년 미만으로 정한 임대차는 그 기간을 2년을 본다. 하지만 임차인은 2년 미만의 유효함을 주장할 수 있다. 임대차 계약 기간이 만료되어도 보증금을 받지 못했다면 보증금을 받을 때까지 임대차 관계가 존속한다. 임대차 계약의 종료 전에 집주인이 바뀌었다면 임대차 계약을 해지할 수 있다. 하지만 임대인의 지위를 계승한 새 집주인은 임차인에 대한 계약 승계의 의무를 가진다. 임차권은 경매에 의해 소멸한다. 하지만 보증금이 전액 변제되지 못한 대항력 있는 임차권은 소멸되지 않는다.

★ 계약의 갱신

임대인이 임대차 기간 만료 전 6개월부터 1개월까지 갱신 거절의 통지가 없다면 전 임대차와 동일한 조건으로 다시 임대차 한 것으로 본다. 이 경우에 임차인은 임대인에게 언제든지 계약 해지의 통지를 할 수 있다.

★ 차임의 증액

차임이 증액되는 경우에 약정한 차임의 1/20을 초과하지 못한다. 그리고 임대차 계약 또는 증액이 있은 후 1년 이내에는 추가 증액할 수 없다. 하지만 감액은 제한이 없다. 역시 주택임대차보호법은 임차인을 위한 법이다.

★ 임차권의 승계

임차인이 상속권자 없이 사망한 경우에 그 주택에서 공동 생활하던 사실상의 혼인 관계에 있는 자는 임차인의 권리와 의무를 승계한다. 동거 가족 보호를 위해 특례를 인정한 것이다.

★ 인도 명령 신청

살고 있는 사람들에게 집을 비워 달라는 통지서이다.

★ 우편 송달

법원이 등기 우편으로 3회에 걸쳐 낙찰 받은 집으로 우편을 보내는 것이다.

★ 집행관 특별 송달

집행관이 직접 인도 명령 신청서를 전달하는 것이다.

★ 공시 송달

집에 거주하는 사람이 없음을 법원 게시판에 게재한 후 이를 송달한 것으로 간주해 달라는 것이다.

★ 강제 집행

집행관이 강제로 문을 열고 거주자의 짐을 밖으로 내놓는 것이다.

★ 계고

일정한 기간 안에 행정상의 의무를 이행하지 않을 경우 강제 집행한다는 내용을 알리는 일이다.

★ 대위 변제

채무자의 빚을 다른 사람이 대신 갚아 주는 경우를 말한다. 왜 빚을 대신 갚아 주는가? 최우선 순위 근저당이 소액일 경우 후순위 임차인이 전세 보증금을 지키기 위해 소액의 선순위 저당권을 대신 갚아 선순위 임차인 권리를 확보하여 보증금을 지키는 것이다. 선순위 근저당이 대위 변제로 소멸하면 후순위 임차권이 최우선 순위가 되어 낙찰자에게 인수된다. 낙찰자는 대위 변제 시점에 따라 빠른 조치를 취해야 한다.

★ 상계신청

세입자나 근저당권자가 법원에서 낙찰을 받은 후 배당받을 돈을 낙찰금 일부로 대체하는 것이다. 쉽게 말해 채권자가 낙찰을 받아 법원에서 배당받을 금액을 상계 처리하고 나머지 금액만 추가로 내면 된다. 자신이 설정한 근저당권은 법원에서 현금으로 배당받기 전까지는 무형의 가치다. 배당을 받아야만 돈으로서의 효력이 발생한다. 법원에 상계 신청서를 제출하면 법원은 이 권리를 하나의 금액으로 인정한다. 상계 신청서는 낙찰 허가 후 바로 법원에 제출해야 한다. 보통은 잔금을 낼 당시로 알고 있으나 그때까지 상계 처리 기간이 늦어지면 법원은 이를 받아주지 않을 수 있다.

2011년 부산 역세권 오피스텔 13평

감정가: 85,000,000원

낙찰가: 64,200,000원(1회 유찰)

대출금: 48,000,000원(약 74%)

법무비: 862,000원

취득세: 2,953,000원(4.6%)

명도비: 1,300,000원

공사비: 도배 300,000원

매월 임대 수입: 30만원

2011년 부산 OO빌라 22평

감정가: 80,000,000원

낙찰가: 69,000,000원(1회 유찰)

대출금: 48,000,000원(약 70%)

법무비: 797,000원

취득세: 1,522,000원(2.2%)

명도비: 500,000원(이사비)

공사비: 도배.장판 770,000원

페인트: 300,000원

총비용: 73,000,000원

매도: 90,000,000원

수익: 1000만원(양도소득세 제함)

2014년 경기도 안양시 만안구 안양동 OO아파트 24평

감정가: 260,000,000원

낙찰가: 190,388,880원(2회 유찰)

대출금: 152,000,000원(약 80%)

법무비: 300,000원

취득세: 2,090,000원(1.1%)

명도비: 1,000,000원(이사비)

공사비: 도배 250,000원

총비용: 195,000,000원

매도: 230,000,000원

수익: 35,000,000만원(양도소득세 포함)

2008년 부산 OO동 빌라 13평(2008타경 25984)

30대 초반의 여성이 경매로 낙찰 받고 이후
계속 임대 중인 물건

감정가: 50,000,000원

최저가: 40,000,000원(1회 유찰)

낙찰가: 45,000,000원(90%)

대출금: 35,000,000원(금리 11%, 월이자 280,000원)

법무비: 0원(직접 처리)

취득세: 1,980,000원(4.4%)

명도비: 0원

공사비: 1,500,000원(도배/장판/기타)

임대금: 75,000,000원

2014년 경기도 수원시 권선구 권선동 OO아파트 48평형

감정가: 487,000,000원

낙찰가: 382,000,000원(1회 유찰)

대출금: 없음

법무비: 없음, 직접 등기

취득세: 5,033,800원(1.3%)

명도비: 5,000,000원(이사비)

공사비: 공사비 없음, 신축 아파트

총비용: 393,000,000원

매도: 470,000,000원

수익: 77,000,000만원(양도소득세 포함)

2011년 경남 사천시 OO아파트 15평

감정가: 65,000,000원

낙찰가: 60,720,000원

대출금: 50,000,000원(84%)

취득세 및 법무비: 2,000,000원

중개수수료: 160,000원

명도비: 없음.

공사비: 1,000,000원(본인 직접 수리)

매도: 66,000,000원(2014년 2월)

수익: 10,520,000원

매월 임대 수입: 30만원, 양도소득세 없음

2011년 부산 북구 OO빌라 17평

감정가: 52,000,000원

낙찰가: 60,600,000원(1회 유찰)

대출금: 40,000,000원(약 66%)

법무비: 없음, 직접 등기

취득세 등: 2,300,000원

명도비: 없음.

공사비: 도배, 장판 1,000,000원

총비용: 63,900,000원

매도: 75,000,000원(2013년)

수익: 18,200,000원

매월 임대 수입: 30만원, 양도소득세 없음

경매, 언제 어떻게 해야 효과적일까?

누구나 다 짐작하겠지만 경매의 매력은 저렴한 가격에 부동산을 살 수 있다는 데 있다. 그러므로 급매와 비슷한 가격으로 경매를 받았다든지, 시세보다 10% 정도 싸게 낙찰 받았다면 사실 경매에 성공했다고 말할 수 없다. 그렇기에 발품을 팔아 주변 시세를 조사하고, 무엇보다도 권리 분석을 잘해야 경매에 성공할 수 있다. 언제 경매를 하면 가장 성공적인지는 옆의 그래프를 보면 바로 이해할 수 있다. 즉, 경매 건수가 많아지면 낙찰가율이 떨어지고, 경매 건수가 적어지면 낙찰가율이 올라간다. 실제로 경매 건수가 급격이 많아졌던 2004년과 2005년에는 낙찰가율이 매우 낮았다. 반면, 경매 건수가 갑자기 줄었던 2002년이나 2008년의 경우 낙찰가율이 전년도보다 갑자기 증가했다.

이러다 보니 별별 우스운 현상이 발생하기도 한다. 2010년경부터 2011년까지 부산을 비롯한 여러 광역시에서 부동산 가격이 폭등한 적이 있었다. 그러자 경매 시장도 과열되기 시작하면서 낙찰가 급등 현상이 나타났던 것이다. 아파트는 물론이고 대부분의 부동산이 감정가를 웃돌아 낙찰되기 시작했고, 어떤 물건은 낙찰가율이 150%까지 치솟기도 했다.

이런 현상은 기본적으로 부동산 경기와 밀접한 관련이 있다. 경기 침체 시에는 더 많은 부동산이 쏟아져 나오게 되고, 시장에서는 급매물이 넘쳐나지만 경기 전망이 어둡다 보니 이보다 더 저렴한 가격에 매입하려는 사람이 늘기 마련이다. 어쨌든 이런 모든 사실을 감안할 때, 경매는 투자자들이 덜 몰리는 때를 골라서 해야 성공할 수 있다. 그렇다면 언제 투자자들이 덜 몰리는 것일까?

시기별, 지역별 경매 신청 건수를 확인하자

경매 시장은 종합부동산세 시행 같은 정부의 부동산 규제가 강화될 때 한산해진다. 위의 그래프에도 나타나듯이 종합부동산세가 시행되던 2005년의 경우, 급매물이 늘어나면서 덩달아 경매 물건도 급격이 증가해 낙찰가율도 하락했다. 이럴 때는 유찰도 잦아지기에 최저가는 계속 낮아지게 되며, 가격은 저렴하면서도 상대적으로 우량한 물건을 낙찰받을 확률이 높아진다.

낙찰가율과 경매 건수는 반비례한다

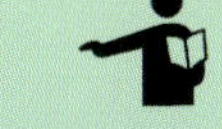

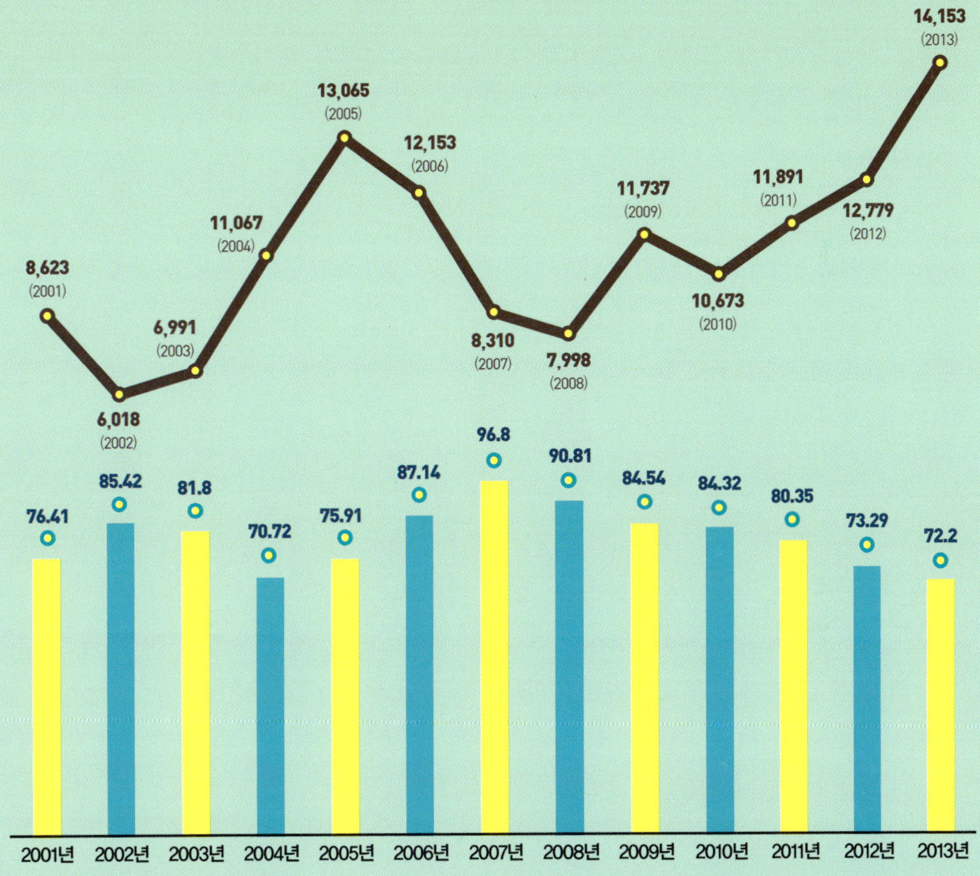

8,623
(2001)
6,018
(2002)
6,991
(2003)
11,067
(2004)
13,065
(2005)
12,153
(2006)
8,310
(2007)
7,998
(2008)
11,737
(2009)
10,673
(2010)
11,891
(2011)
12,779
(2012)
14,153
(2013)
76.41
85.42
81.8
70.72
75.91
87.14
96.8
90.81
84.54
84.32
80.35
73.29
72.2
2001년
2002년
2003년
2004년
2005년
2006년
2007년
2008년
2009년
2010년
2011년
2012년
2013년

● 막대그래프: 연도별 수도권 주택 경매 물건 낙찰가율(%)
● 선그래프: 역대 수도권 아파트 경매 신건 수
자료: 부동산태인/지지옥션 참조

그런가하면 투자자가 아니라 실수요자가 많아져도 낙찰가는 높아진다. 왜냐하면 실수요자들은 어떻게든 물건을 낙찰 받으려는 성향이 강하기 때문이다. 특히 최근 들어 경매가 대중화되고, 실수요자들이 늘어나면서 낙찰가율이 꾸준히 증가하고 있는 경향이니 참고해 두자.

부동산 시장이 회복할 기미가 보이지 않으면서 전세금은 상승할 기미가 보이는 시기에도 경매 건수는 늘어난다. 왜냐하면 전세 보증금을 반환 받지 못하면 깡통주택이 늘어나게 되고 세입자들이 살던 집의 경매 신청이 큰 폭으로 늘어나기 때문이다. 이럴 경우 대형주택의 거래는 줄어들면서 경매에 나오는 물량은 늘어나 낙찰가율 또한 완만한 하향세를 보이게 된다.

이렇듯 경매 물건이 늘어나면 낙찰가율도 하락한다. 그러므로 경매 물건을 고를 때 공급량이 늘어난 시기인지 아닌지를 따져 봐야 한다. 방법은 쉽다. '대법원 법원 경매 정보' 사이트에 접속해서 '매각 통계'를 클릭해 보면 된다. 연도별, 법원별, 지역별, 용도별로 매각 통계가 그래프와 엑셀로 잘 정리되어 있으니 꼭 확인해 보도록 하자. 만약 공급량이 늘어난 상태이며, 경쟁률도 낮다면 감정가보다 저평가된 물건을 고르기가 쉬워질 것이다.

반면, 감정가의 95% 내외로 낙찰되는 물량이 늘어났다거나, 별로 특징적이지도 않은 물건인데도 10명 내외가 경쟁을 벌이고 있다면 경매에도 거품이 끼는 시기라고 보면 된다. 물론 거품은 꺼지기 마련이므로 이럴 때는 추세만 읽고 있는 편이 낫다. 그런데 낙찰가율이 떨어지고 있고, 2회 이상 유찰된 물건이 많으며, 참가자도 한두 명 정도라면 가격 거품이 빠졌다는 신호가 된다. 투자자에겐 이보다 더 좋은 적기가 없을 듯하다.

계절과 날씨, 용도까지 잘 따져 보자

전통적인 이사철인 봄과 가을에 부동산 가격이 오른다는 건 모두가 아는 상식이다. 그러므로 이럴 때는 경매 수요도 늘어나 경쟁률과 낙찰가율이 높아질 수밖에 없다. 특히 이럴 때는 역세권과 좋은 학군 주변의 입찰 경쟁률은 매우 치열해지니 참고하자. 반면 부동산 시장의 비수기인 11월에서 1월 사이에는 경매 시장 또한 비수기를 맞게 되니 상대적으로 좋은 물건을 고르기 쉽다.

경매 시장도 사람에 의해 움직이다 보니 매우 추운 날, 폭우나 폭설이 내린 날, 장마철 등 이동이 불편한 날 또한 경쟁률은 떨어진다. 통계적으로 보면 이런 날은 경쟁률과 낙찰가가 평균 10% 정도 떨어진다. 이뿐 아니라 추석과 설날 같은 명절 때, 휴가철, 봄이나 가을철, 올림픽과 월드컵 등 국민적인 관심이 한쪽으로 쏠릴 때에도 당연히 경쟁률과 낙찰가율은 떨어진다. 경매에 관심이 있는 사람이라면 이럴 때를 놓치지 말아야 할 것이다.

소형 아파트 등 또한 전셋값 상승기에는 낙찰받기 힘들어진다. 전셋값이 오르면 소형 주택 등을 사려는 사람들이 자연스럽게 경매 시장으로 몰리기 때문에 경쟁률은 치솟고, 낙찰가는 높아지기 마련이다. 신도시 택지 지구로 지정되었거나, 지역 개발이 한창인 곳 또한 낙찰가가 매우 높아진다. 왜냐하면 보상비로 풀린 자금이 많아지면서 경매 시장이 갑자기 뜨거워지기 때문이다.

다시 한 번 강조하지만, 경매의 최대 매력은 저렴하게 부동산을 구입할 수 있다는 데 있다. 겨우 20% 내외의 낮은 가격이라면 차라리 급매물을 찾는 편이 더 낫다. 경매의 관건은 투자 타이밍이다. 꾸준한 관찰과 냉철한 분석이야말로 경매 성공의 첫걸음이다. 이런 첫발을 잘 떼어야 투자자는 이익을 얻을 것이고, 실수요자는 꿈에 그리던 집을 얻게 될 것이다.

매매(급매) 주택 구입

1_ 장점

① 집 구입 기간의 예측이 가능하다.

② 주택 구입에서 리모델링까지의 기간이 경매에 비해 짧은 편이다.

2_ 단점

① 구입 금액이 시세이거나 조금 싼 가격(급매)이다

② 중개 수수료가 발생한다. ex) 1억 5000만원 주택 구입시 70-80만원 정도

③ 부동산에 내어 놓은 물건이 제한적이라 정말 좋은 지역의 물건은 구하기 쉽지 않다.

위치가 좋거나 좋은 입지의 물건은 주인이 팔지 않기 때문이다.

경매 주택 구입

1_ 장점

① 최소 유찰 1회 이상된 주택을 응찰 기준으로 삼기 때문에 시세보다 싼 주택 구입이
가능하다. 지역에 따라 다르지만 보통 유찰 1회시 감정가의 20% 가격 하락.

　　ex) 1억 5000만원 주택 유찰 1회 경우 1억 2000만원

　　일반적인 주택 낙찰가률 : 감정가의 80-90% (1억 2000-1억 3500만원)

　　최소 1000-3000만원 정도 저렴하게 취득할 수 있다.

② 중개 수수료가 발생하지 않는다

③ 낙찰가의 70-80%까지 대출 가능(일반 매매는 50-60%까지 대출)

④ 가격 상승 지역의 주택 구입이 가능하다. 물론 좋은 지역의 경매 물건은 보통 나오지
않는다.

2_ 단점

① 매매에 비해 주택 구입 시기가 길다. 응찰가에 따라 낙찰 여부가 결정되므로 낙찰이
되지 않을 시 새로운 경매 주택을 입찰, 조사해야 하므로 시간적으로 여유가 좀 있는
사람에게 적합하다.

② 명도비 필요: 명도비는 보통 평당 10만원선으로 산출한다.

③ 대출 실행: 담보 대출에 비해 약 1-1.5% 정도 금리가 비싸다. 그래서 이자에 대한 계
산이 미리 필요하다.

3

홈스테이징(homestaging)이란 용어가 우리나라 소비자에겐 매우 생소할 것이다. 이에 대한 설명을 위해 몇 가지 먼저 생각해 볼 것이 있다.

우선, 집을 사려는 사람이 매물로 나온 집을 방문한 뒤 매입을 결정하기까지는 대략 얼마나 걸릴까를 생각해 보자. 한 연구에 의하면 대부분의 소비자는 현관문을 열고 들어간 뒤 15초 내에 그 집을 매입할 것인지 말 것인지를 결정한다. 사람만큼이나 집도 첫인상이 중요하다는 이야기이다. 홈스테이징이란 판매자의 집을 보기 좋게 만들어, 더 쉽게 팔리고, 더 좋은 가격을 받도록 해 주는 전략을 말한다.

구체적으로 홈스테이징은 페인트칠, 가구 정리, 그림 부착, 커튼 청소 등을 이용해 집을 꾸미는 일이다. 청소를 하고 잡동사니를 처리한다. 또한 페인트를 칠하고 마당과 잔디를 새로 구성하는 일이다. 팔려는 집의 부정적인 요소를 최소화시키는 것이 홈스테이징의 목표이다. 그동안 사람들은 판매할 집에 대해서는 거의 신경 쓰지 않았고, 주로 새로 이사 갈 집에 대한 인테리어만 신경을 썼다. 하지만 판매할 집에 대해서도 조금만 관심과 애정을 가진다면 훨씬 좋은 가격을 받는 것은 물론이고 짧은 시간 내에 집을 판매할 수 있다.

홈스테이징의 효과는 이미 중고차 거래를 통해서도 검증된 바 있다. 실제로 타던 차를 중고 시장에 내놓을 때 엔진 청소나 시트커버 교체만 잘 해도, 아니 세차만 잘 해도 더 좋은 가격에 판매할 수 있다는 건 공공연한 사실이다. 그래서 심지어 어떤 사람들은 왁싱 작업까지 한다. 그런데 집은 차보다 평균 몇 십 배 이상이나 가격이 높은 편인데, 왜 아무렇게나 판매를 하는가? 이렇듯 홈스테이징은 기존 생각을 뒤집는 것에서 출발한다.

좋은 가격에 빠르게 집을 파는 방법

제대로 된 홈스테이징을 하기 위해선 우선 주택을 매도하는 방법과 절차에 대해 여러 가지로 생각을 정리해 보는 게 좋겠다.

1_ 자신이 거주할 집인지, 판매할 목적인지를 먼저 구분하자. 이런 선택은 집을 사기 전에 미리 생각해 놓아야 한다. 왜냐하면 거주를 위한 인테리어와 판매를 위한 인테리어는 분명 비용이 다르기 때문이다.

2_ 구매할 대상을 선정해 놓고 우리 집을 매물로 내놓자. 예를 들면 '신혼부부에게 맞는 주거 공간', '화가에게 어울리는 주택' 같은 식으로 주요 판매 대상자를 좁혀서 공략한다.

3_ 부동산 중개업소에서 우리 집을 딱 집어 부를 이름을 붙여 보자. '언덕 위의 하얀 벽돌집', '마당에 그네 있는 집', '옥상에 정원 꾸민 집' 등 주택 모양과 특징을 고려해서 지으면 된다. 좋은 이미지의 이름을 자꾸 부르면 구매자에게 좋은 느낌을 주게 된다.

4_ 매도할 집 주변뿐만 아니라 평당 가격이 높으며 조금 멀리 떨어진 지역의 부동산 중개업소에도 정보를 제공하면 좋은 가격에 매매할 수 있다. 그러므로 부동산 업체 사람들과 좋은 유대관계를 가지라. 특히 성과급 직원이나 인맥을 많이 확보하고 있는 큰 부동산 업체에 정보를 제공하자. 수요자와 공급자를 잘 매치시킬 가능성이 높다.

5_ 벼룩시장 같은 유료 부동산 매체도 좋지만 인터넷에 등록하는 게 효과가 더 좋다.

6_ 각종 부동산 온라인 매체의 경우, 회원 수가 많은 카페가 좋지만 지나치게 많으면 내 정보가 금방 사라진다. 전국 규모 사이트보다는 매도할 집이 있는 지역 홈페이지를 잘 활용하자.

7_ 일반적으로 전단지는 흑백으로 프린트하거나 복사하지만, 집의 내부나 외부가 자신 있다면 컬러 전단지에 집의 전경 사진을 담아서 붙이는 것도 좋다. 특히, '언덕 위에 하얀 벽돌집', '마당에 그네 있는 집', '옥상에 정원 꾸민 집'처럼 이름을 붙였다면 이에 걸맞은 사진을 넣도록 하자.

8_ 의외로 새 집주인은 지인 등 가까운 데 있을 수 있다. 주변에 SNS나 입으로 정보를 퍼뜨려라. 대부분의 사람들은 2년에 한 번씩은 이사에 대한 고민을 하기 때문에 가까이 있는 사람들에게 집을 팔 수도 있다.

9_ 양도소득세 등은 특히 계산을 잘하고, 필요 경비 공제 부분을 꼼꼼하게 체크하자.

양도소득세 계산

세율

o 주택을 1년 미만으로 소유하고 양도했다면 과세 표준 금액의 40%를 세금으로 내야 한다.

o 주택을 1년 이상 2년 미만 소유하고 양도했다면 일반 세율을 적용한다.

o 2년 이상 보유한 주택 또한 일반 세율을 적용한다.

과세 표준은 다음 페이지 표와 같다.

1200만원 이하 6%

4600만원 이하 15%(누진 공제 1,080,000원)

양도소득세 계산하기

양도가액 − 취득가액 − 필요경비 − 장기보유특별공제 − 기본공제 = 과세표준

(과세표준 X 세율) − 누진공제액 = 양도소득세

양도차익=양도가액−취득가액−필요경비

	양도가액	건물을 매도한 금액 (실거래가액)
−	취득가액	건물을 매입한 금액 (실거래가액)
−	필요경비	취득세, 법무사비, 중개수수료, 공사비 등의 비용
−	장기보유특별공제	양도차익 x 공제율
−	기본공제	1인당 1년에 1회 부동산을 매도할 때 250만원 공제
=	과세 표준	
*	양도소득세	(과세표준액 x 세율) − 누진공제액

세율

구분	과세 표준액	세율	누진 공제액	
2년 이상 보유자 (일반세율)	1200만원 이하	6%	−	2014년 1월 1일 기준
	1200만원 초과~4600만원 이하	15%	108만원	
	4600만원 초과~8800만원 이하	24%	522만원	
	8800만원 초과~1억 5000만원 이하	35%	1490만원	
	1억 5000만원 초과	38%	1940만원	
단기 주택 보유자	1년 미만 주택	40%	투기지역 내 10% 추가과세	
	2년 미만 주택	6~38%		
다주택자	양도세 중과제도 폐지	6~38%		
1주택자 (비과세 요건)	1주택자 보유 기간 : 2년 이상 (기존 주택 처분 기간 : 3년 이내)	대체 취득 : 기존 주택 취득 후 1년 후에 취득하는 경우에 한해 처분기간 3년 인정		2012년 6월 9일 기준

장기 보유 특별 공제율

구분	과세표준액	다주택
3년 이상 4년 미만	24%	10%
4년 이상 5년 미만	32%	12%
5년 이상 6년 미만	40%	15%
6년 이상 7년 미만	48%	18%
7년 이상 8년 미만	56%	21%
8년 이상 9년 미만	64%	24%
9년 이상 10년 미만	72%	27%
10년 이상	80%	30%

8800만원 이하 24%(누진 공제 5,220,000원)

1억 5000만원 이하 35%(누진 공제 14,900,000원)

1억 5000만원 초과 38%(누진 공제 19,400,000원)

예를 들어, 만약 과세 표준 금액이 1억원이 나왔다면, '1억원×35%=3500만원'으로 계산하는 것이 아니라 아래와 같이 계산해야 정확한 세액이 나온다.

1200만원×6%=72만원

+ 3400만원×15%=510만원(4600만원 - 1200만원=3400만원)

+ 4200만원×24%=1008만원(8800만원 - 4600만원=4200만원)

+ 1200만원×35%=420만원(1억원 - 8800=1200만원)

=2010만원(산출 세액)

장기 보유 특별 공제율

장기 보유 특별 공제율이란 쉽게 말해 오래 집을 가지고 있었던 사람에게 세금 할인 혜택을 주는 것이다.

필요 경비

만약에 1년 미만 살고 주택을 판매해야 한다면, 양도소득세를 줄이기 위해 필요 경비(수선비)에 대한 세금계산서를 꼭 챙겨야 한다. 세금계산서에는 본인의 성명과 주민등록번호를 반드시 기재해야 하고 품목란에 실제 공사한 내용이 적힌 것을 교부받는다. 이때 시공 업체에게 부가가치세 명목으로 공사비의 10%를 추가로 주어야 한다. 부가가치세는 물건을 매입하는 모든 경우에 대하여 국세청이 10%의 세금을 소비자에게 매기는 것이다. 즉, 물건을 구입했을 때 소비자가 세무서에 내야 하는 세금을 업체가 대신 받아서 내는 것이다. 인테리어 공사비도 마찬가지이다.

○ **자본적 지출** 소득세법 제97조(양도 소득의 필요 경비)의 내용은 다음과 같다. 거주자의 양도 차익을 계산할 때 양도 가액에서 공제할 필요 경비는 다음 각 호에서 규정하는 것으로 한다. 소득세법 시행령 제67조 자본적 지출이라 함은 사업자가 소유하는 감가상각 자산의 내용 연수를 연장시키거나 당해 자산의 가치를 현실적으로 증가시키기 위하여 지출한 수선비를 말하며, 다음과 같은 지출을 포함한다.

① 본래의 용도를 변경하기 위한 개조

② 엘리베이터 또는 냉난방 장치의 설치

③ 빌딩 등의 피난 시설 등의 설치

④ 재해 등으로 인하여 건물, 기계, 설비 등이 멸실 또는 훼손되어 자산의 본래 용도로서 이용 가치가 없는 것의 복구

⑤ 기타 개량, 확장, 증설 등 ① 내지 ④와 유사한 성질의 것

자본적 지출은 필요 경비에 포함되어서 양도소득세를 줄일 수 있는 지출을 말한다. 자본적 지출에 포함되는 공사는 △주택의 이용 편의를 위한 발코니 새시(건물), △방 등 확장 공사비(건물), △난방 시설 교체비(건물), △토지 조성비(토지), △산림 복구 설계비(토지)를 말한다. 이 외의 공사는 필요 경비에 반영되지 못한다.

예를 들어 2억원의 주택을 매입한 후 5000만원의 수리비가 들었다고 가정해 보자. 이 주택을 1년 이전에 2억 8000만원에 매매했다. 이럴 경우, 표면적으로는 3000만원이 남은 것 같지만, 양도소득세를 내고 나면 200만원의 손해를 본다.

왜냐하면 (280,000,000원 − 200,000,000원)×40%=32,000,000원, 즉 3200만원을 세금으로 내야 하기 때문이다.

필요 경비로 적용되는 공사 부분에 대해 세금계산서를 받아 놓지 않으면 세무서에서는 당연히 8000만원의 수익이 남은 것으로 판단한다. 그러므로 필요 경비 부분에 대한 공사 세금계산서를 꼭 받아 두어야 한다.

○ **수익적 지출** 정상적인 수선 또는 경미한 개량으로 부동산의 가치를 상승시킨다기보다는 부동산 본래의 기능을 유지하기 위한 유지비를 말한다. 즉 아래의 수익적 지출에 해당하는 공사 비용은 필요 경비에 포함되지 않으므로 양도소득세 신고 시 공제할 수 없다.

① 벽지 또는 장판 교체 비용

② 싱크대 또는 주방 기구 교체 비용

③ 외벽 도색 작업

④ 문짝이나 조명 기구 교체 비용

⑤ 보일러 수리비

⑥ 옥상 방수 공사비

⑦ 하수도관 교체 비용

⑧ 오수 정화조 설비 교체 비용

⑨ 타일 및 변기 공사비

⑩ 파손된 유리 또는 기와의 대체

⑪ 재해를 입은 자산에 대한 외장 복구

⑫ 도장 및 유리의 삽입

세금계산서

세금계산서에 성명, 주민등록번호 그리고 품목을 적어야 하는데 품목에 수익적 지출 내용을 적으면 필요 경비 공제를 받지 못한다. 그런데 사실 대부분의 공사가 자본적 지출이 아닌 수익적 지출이라는 사실도 미리 알아 두자.

전자세금계산서

공급자	등록번호	607-86-	종사업장 번호			공급받는자	등록번호	605-85-	종사업장 번호	
	상호	주식회사 테라디자인	성명	이종민			상호		성명	
	사업장	부산광역시 연제구 법원로					사업장	부산광역시 부산진구 신천대로		
	업태	서비스	종목	디자인컨설팅			업태	숙박	종목	여관업
	이메일						이메일	@naver.com		
							이메일			

작성일자	공급가액	세액	수정사유	비고
2014/01/20	140,000	14,000		

월	일	품목	규격	수량	단가	공급가액	세액	비고
01	20	내부보수				140,000	14,000	

합계금액	현금	수표	어음	외상미수금	
154,000					이 금액을 (영수)함

세금계산서에 성명, 주민등록번호 그리고 품목을 적어야 하는데 품목에
수익적 지출 내용을 적으면 필요 경비 공제를 받지 못한다.
대부분의 공사가 자본적 지출이 아닌 수익적 지출이라는 사실도 미리 알아 두자.

집의 가치를 높이는 홈스테이징 전략, 어떻게 세울까?

홈스테이징은 매우 가시적인 작업이다. 다시 말해서 겉모양을 잘 보이게 하는 일이라는 뜻이다. 어떻게 보면 홈스테이징은 매우 쉽고 간단하다. 그리고 효과 또한 분명하다. 최근 내가 홈스테이징을 해 준 고객은 집을 3000만원이나 더 받고 매매에 성공했다.

집이 팔리게 하기 위해 내가 홈스테이징을 제안했을 때, 바로 받아들인 사람은 단 한 명도 없었다. 예를 들어, 내가 매도인에게 벽지를 바꾸거나 바닥재를 교체한 후 집을 매매할 것을 권한다고 치자. 그러면 사람들은 대체로 "아니 왜 그런 일을? 곧 팔 집에 왜 돈을 들여야 하나요? 집을 살 사람이 할 일 아닌가요?"라고 되묻곤 한다.

중개인들은 물건 확보와 부동산 중개 관련 법, 서류 작성 등에 대해서만 배웠기 때문에 부동산을 팔기 위해 어떤 준비를 해야 하는지 잘 모를 수도 있다.

홈스테이징을 이해하고 싶다면 구매자가 제품의 가격을 결정한다는 사실을 하나만 반드시 기억하자. 보통, 판매자는 집을 팔 때 그들이 내놓은 매매가에 가격이 결정된다고 믿지만, 사실은 시장이 가격을 정한다. 주택은 사는 사람이 지불하고자 하는 금액만큼의 가치가 있을 뿐이다. 물론, 주택 소유자가 시장 상황을 고려하지 않고 터무니없이 높은 가격에 집을 내놓는 경우도 있다. 이럴 경우 결국 가격이 떨어질 때까지 구매자를 찾지 못하는 경우도 있고, 오히려 처음부터 적정한 가격에 내놓았을 때보다 더 낮은 가격에 거래되는 경우도 있다.

홈스테이징은 부동산업의 일부이며, 향후에는 그 중요성이 더해질 것이다. 단언컨대, 한 번이라도 해 보았다면 홈스테이징이 거래 가격을 높여 준다는 새로운 사실을 알게 될 것이다. 이뿐이 아니다. 인식에도 변화가 온다. 즉, 홈스테이징된 자신의 집을 보면서 많은 물건을 갖추지 않고도 살아갈 수 있는 심플한 삶에 대해 다시 한 번 생각하게 될 것이다.

나는 이제부터 집의 가치를 높여 주는 홈스테이징뿐 아니라 삶의 질 또한 높여 주는 홈스테이징에 대해서 이야기하려고 한다.

구매자의 마음을 사로잡는 홈스테이징

부동산에 집을 내놓기 전 먼저 생각해 보자. 당신은 정말 집을 팔기 원하는가? 그렇다면 당신은 이제 집을 상품으로 생각해야 한다. 그리고 집을 최고의 가격에 팔고자 한다면 팔고자 하는 집이 최대한 매력적으로 보여야 한다. 다른 상품과 마찬가지로 집도 옆에 있는 다른 제품보다 더 돋보여야 손님을 끌 수 있는 것이다.

이 지점에서 홈스테이징이 중요하다. 당신 집의 벽지는 낡았으며, 거실 벽에 덕지덕지 무엇인가 붙어 있다면? 가전제품이 지저분한 상태로 진열되어 있고, 방문 손잡이나 전등 스위치가 망가져 있다면? 오래된 장판이 들떠 울퉁불퉁한 채로 방치되어 있는 데다 청소마저 깨끗이 되어 있지 않다면? 집을 사기 위해 당신 집에 발을 들여놓은 사람은 어떤 인상을 갖겠는가? 가장 먼저 찌든 삶이 떠오를 것이고, 덩달아 심란해질 것이다. 설령 집의 가격이 마음에 들더라도 우선 더 좋은 집이 있는지 알아보기 위해 당신 집을 떠날 궁리를 하게 될 것이다.

홈스테이징은 홈인테리어가 아니다. 인테리어가 공간에 개인적 취향을 더하는 것이라면 홈스테이징은 탈개인화이다. 다시 말해서, 홈스테이징은 당신의 개성이나 취향이 아니라 살 사람의 눈에 띄게 공간을 연출하는 일이다. 그러므로 인테리어는 선택이지만, 홈스테이징은 필수이다.

홈스테이징이 필수인 이유는 구매자에게서도 찾아볼 수 있다. 사실 집을 구매하는 과정은 사람을 매우 지치게 만든다. 그런 만큼 대부분의 구매자는 주택 구입 직후 뭔가를 하고 싶어 하지 않는다. 그들의 체력은 고갈되었고, 자금도 없다. 그들은 잠시라도 편히 쉬고 싶어 한다. 이럴 때, 당신의 집이 깨끗하고 편안하게 연출되어 있다면 구매자는 즉시 반응을 보일 수밖에 없다.

주택을 내놓기 전에 미리 짐을 싸 두라

대부분의 경우 집주인은 주택 매매 계약을 한 후 짐을 싼다. 하지만 홈스테이징을 고려한다면 그 반대가 맞다. 즉, 주택을 내놓기 전에 이삿짐을 미리 싸 두어야 한다. 그리고 짐은 지하실 혹은 창고에 보관하도록 하자. 그런 공간이 없다면 창고를 잠시 임대해도 된다. 이삿짐을 보관해 주는 창고 임대업이 매우 활성화되어 있으니 인터넷으로 쉽게 찾을 수 있다. 만약 이도저도 여의치 않다면 짐을 될 수 있는 대로 최대한 박스에 담아 깔끔하게 쌓아 두고, 큰 물건은 방의 한쪽 구석에 두어라.

대신, 당신의 생각은 곧 구입할 새집에 가 있어야 한다. 짐을 넣어 둔 박스에는 새로 이사할 집의 방 이름을 표시해 두라. 아직 집을 마련하지 않았다면 상상력으로 공간을 만들면 된다. 어쨌든 당신은 앞으로의 일에 대해서만 생각하라. 그러면서 현재 집의 매매 가격을 최대한으로 높일 홈스테이징에 집중하라. 그러면 당신의 새집에 투입할 수 있는 자금을 더 확보하게 될 것이다.

당신이 살아가는 방식과 집을 파는 방식은 다르다

홈스테이징의 기본은 매우 간단하다. 청소, 정리 그리고 페인트칠이다. 청소와 정리는 그렇다 쳐도 페인트칠까지 해야 되나 하는 생각이 들 것이다. 하지만 분명히 말하건대, 그 효과는 확실하다.

○ 청소하라

누구든 끈적끈적한 주방 바닥에 서 있어 본 경험이 있을 것이다. 양말이 들러붙는 듯한 느낌이 드는 그곳 말이다. 그런가 하면 기름으로 두껍게 코팅된 가스레인지 주변을 만져 본 적이 있으리라.

사실, 주방만큼 집의 상태를 잘 보여 주는 곳은 없다. 종종 그 집의 주방을 보면 그 집 전체를 예상할 수 있다. 구매자는 당연히 깨끗한 집을 잘 관리된 집이라고 여긴다. 더러운 집에 들어오면 그 집의 진짜 가치를 고려할 여지도 없이 빨리 나가고 싶어 한다. 물론, 집주인은 자신의 주방이 더럽다고 생각하지 않을 수도 있다. 왜냐하면 자신의 삶이 그런 환경에 익숙하기 때문이다. 바쁘다 보니 미처 치우지 못하고 방치된 경우도 있다. 그러나 집을 팔고자 한다면 먼저 완벽하게 청소하라. 주방을 시작으로 방, 거실, 욕실, 현관 등을 청소하라. 주택 외부의 경우 외부 벽, 데크, 차고 진입로를 철저히 청소하라. 특히 먼지 낀 창문은 밖을 내다 볼 수 없게 할뿐더러 집에 대한 좋지 않은 인상을 남기기 일쑤다. 지금 바로 창문을 청소하라. 자신의 집이 더러운지 아닌지 모르거나, 제대로 청소를 했는지 모르겠다면, 까다로운 친구를 불러 그에게 지적해 달라고 부탁하자.

냄새 나는 집은 절대 안 팔린다

주택의 악취 테스트를 실시해 보라. 집에 개, 고양이, 오래된 카펫, 곰팡이 혹은 흡연자가 있다면 반드시 악취를 제거해야 한다. 특히, 독특한 향료가 많이 들어간 이국 요리를 즐기는 사람이라면 악취 제거는 필수이다. 그 집에 사는 사람은 너무 익숙해서 그 냄새를 감지하지 못할 수도 있지만 취향이 다른 사람들은 그 냄새에 깜짝 놀랄 수도 있다.

커튼과 카펫을 세탁하라

커튼과 카펫 또한 집주인은 잘 모르지만 타인이 볼 때는 지저분할 수 있다. 그러니 꼭 세탁한 후 달아 놓자. 커튼을 아예 없애 버려도 좋다. 특히 어둡고 무거운 커튼은 방을 좁아 보이게 만든다. 채광을 좋게 만들면 집이 더 넓고 훤해 보인다.

잡동사니를 없애라

잡동사니의 경우, 생길 때는 하나씩이지만 결국에는 쌓이면서 공간을 메워 버린다. 게다가 잡동사니는 혼란을 증가시키며 공간 또한 잠식한다. 이제, 잡동사니 없는 집을 만들어 보자. 대부분의 주택은 너무 많은 잡동사니를 쌓아 둔 채 부동산 시장에 나온

★ 내부 잡동사니

지나치게 많이 꽂혀 있는 책, 방에 어질러져 있는 옷, 잡다한 소품, 필요 이상 많은 가구, 많은 화분, 쌓여 있는 신문이나 잡지, 주방 조리대에 놓여 있는 많은 가전제품, 어지러운 책상, 방치된 신발, 지나치게 많은 가족사진, 여기저기 놓여 있는 각양각색의 쿠션, 화장대 위에 늘어선 각종 화장품 등

★ 외부 잡동사니

지나치게 많은 정원 가구, 데크에 놓인 수많은 화분, 낡은 바비큐 장비, 죽은 채 마당에 방치된 식물, 안 쓰는 벽돌, 잔디에 깐 돌, 페인트 통, 비료 통 등

★ 잡동사니 처리 방법

① 버리라. 매우 힘든 일이지만 가장 바람직한 방법이다.
② 이삿짐으로 싸라.
③ 장소를 임대해서 보관하라.
④ 자선 단체에 기부하라.
⑤ 다락에 보관하라.
⑥ 지하실 가장자리를 활용하라.

다. 주방만 보더라도 전자레인지, 믹서기, 커피.토스트 기계, 미니 오븐 등으로 꽉 차 있다. 홈스테이징을 할 때에는 꼭 필요한 가전제품 외에는 모두 없애거나, 이삿짐으로 포장하라. 공간은 그 자체로 에너지를 가지고 있다. 구매자는 복도에 서서 각 방의 기운을 느낀다. 그들은 잡동사니가 너무 많은 방에는 들어가려고 하지 않는다. 왜냐하면 에너지가 분산되어 있기 때문이다. 당신이 할 일은 각 방을 홈스테이징함으로써 에너지를 증가시키고 집중시키는 일이다.

효과적인 잡동사니 제거를 위해서는 한 번에 방 하나씩 해결하라. 이때 마음속으로 방에 있는 모든 가구를 공중에 올려 보라. 그러면 공간 그 자체가 보일 것이다. 당신 집의 구매자 또한 그런 공간을 보기 원한다. 자유스러운 흐름과 넓은 공간을 목표로 삼으라. 그러면 방이 더욱더 커 보일 테니 말이다.

지나치게 많은 가구가 문제

대부분의 집에는 가구가 필요 이상으로 많다. 생활에는 도움이 될 수 있으나 집을 팔 때는 도움이 안 된다. 홈스테이징을 할 때, 가구 3-4점은 버리라. 정리하고 없애는 것이 홈스테이징의 기본이다. 이것은 집을 시원하게 개방시키는 효과가 있다.

○ **벽을 비우라**

벽에 그림이나 사진, 포스터가 많이 붙어 있는 방은 한두 점을 제외하고 모두 없애자. 못 자국도 메우자. 모든 공간을 둘러보며 붙어 있는 것들을 깔끔하게 정리하라. 집을 살 사람은 당신의 그림이 아니라, 집을 보고 싶어 한다.

○ **컬러**

모든 집에는 장점이 있다. 컬러는 장점을 부각시키는 요소이다. 도색은 홈스테이징에서 가장 비용이 덜 드는 방법이다. 필수불가결한 조건은 아니지만, 어쨌든 도색은 매물로 나온 다른 집보다 훨씬 예쁘게 보일 수 있는 아이템이다. 그러므로 집을 내놓기 전에 집의 컬러를 단순화하기 위한 도색을 고려하라. 다만, 블루컬러의 침실과 화려한

꽃무늬 벽지는 주인이 살고 있을 때는 괜찮을지 모르지만, 집을 팔 때는 불리하다. 집에 컬러를 입힐 때는 각 방을 심플한 색으로 연출하되 일관성이 있어야 한다. 즉, 너무 알록달록하게 칠하지 말라는 말이다. 벽과 카펫의 컬러가 강렬하거나 방마다 다르다면 도색은 필수이다. 최고의 벽 컬러는 알아차리지 못할 정도로 은은한 색감이다. 도색이 여의치 않다면 최소한 낙서나 얼룩을 지우도록 하자.

갈색톤 벽에 흰색 왕관 몰딩(서양 신전 같은 분위기가 나는 문양의 몰딩)은 대체로 좋아 보인다. 방이 밝을수록 무채색을 쓰자. 집안 바닥과 어울리는 안전한 컬러를 선택하자. 보통 흰색을 추천한다. 벽이 하얀색이면 다른 부분의 컬러 선택 범위가 넓어지기 때문이다. 또한 따뜻한 계열의 화이트는 차가운 화이트보다 사람을 붙잡는 힘이 있어 좋다. 이뿐 아니라 대부분의 가구는 화이트 계열의 벽에 잘 어울린다.

모든 페인트 컬러는 기본색에 배합 공식에 따라 제조되는데, 페인트를 구입하기 전에 기본색이 무엇인지 확인할 수 있다. 대부분의 페인트 회사는 샘플집을 제공하는데, 이를 활용하여 자신의 집에 맞는 페인트를 선택할 수 있다. 이 덕분에 구매자는 향후 자신이 살 공간을 더 구체적으로 상상할 수 있게 된다.

공간별 홈스테이징

당신의 집을 찬찬히 관찰해 보라. 이때, 당신 눈에 보이는 대상은 모두 당신이 통제할 수 있는 부분이다. 특히 거실, 주방, 욕실은 구매자가 집을 구할 때 가장 중점을 두는 곳이다. 하지만 완벽한 매매를 위해서 당신은 모든 방을 다 홈스테이징하는 게 좋다.

다만, 홈스테이징을 시작하기 전에 이런 생각을 해 보자. 즉, 홈스테이징을 마친 후 집을 팔 때 나는 어떤 광고 문구를 쓸 것인가? 이렇게 광고 문구를 염두에 두면 홈스테이징의 방향이 잡히게 되며, 자신의 집이 가진 독특한 특징 또한 재발견해 낼 수 있다.

① 구매자의 입장에서 방의 입구에 서 보라. 들어가고 싶은가 그렇지 않은가? 만약 당신조차 들어가고 싶지 않다면 구매자는 두말할 필요 없다.

② 홈스테이징 포인트를 결정하라. 스스로에게 질문해 보자. "구매자는 이 방을 어떻게 활용할까?" 만약, 침실이라면 당연히 침대가, 거실은 아름다운 아트월이 포인트이다. 이러한 포인트를 중심으로 홈스테이징을 계획하라.

③ 포인트를 정했다면 각 방의 홈스테이징 계획을 세우라. 이때, 계획이란 변동 불가능한 것이 아니라 수정 가능하다는 점을 염두에 두자. 계획은 당신이 행동에 착수할 수 있도록 해 준다는 장점이 있다. 처음 계획한 홈스테이징의 느낌이 마음에 들지 않는다면 계속 수정해 보자.

④ 잡동사니를 정리하라. 방 전체에 걸려 있는 모든 물건들을 제거하라. 액자, 거울 및 기타 소품을 모두 없애고 그 방의 뼈대를 살펴보자.

⑤ 물건을 상자에 담아 분류하라. 불필요한 물건은 필요한 사람에게 주거나 팔라. 다만, 일부 물건은 홈스테이징 과정에서 다시 사용될 수도 있다는 점을 잊지 말자.

⑥ 일부 가구를 없애거나 다른 방으로 옮기라. 이때의 기준은 이렇다. 즉, '방이 복잡한 느낌을 주는가?' 그렇다면 가구를 주저 없이 꺼내야 한다.

⑦ 꺼낸 가구 중에서 재활용할 것을 결정하라. 그리고 나머지는 버리라.

⑧ 당신이 원하는 방식대로 가구를 배열하라. 당연한 말이지만 가구가 적을수록 공간은 넓어진다. 가장 넓어 보이고 개방적으로 보일 때까지 여러 가지로 시도해 보라. 처음보다 최대 두 배는 넓어 보일 것이다.

⑨ 소품으로 방을 다시 꾸며 보자. 다른 방에서 가져온 소품 또는 물건을 활용해서 방을 다시 꾸며 보는 것이다. 멋진 집 사진을 찾아보거나, 잡지라도 한 권 사서 참고하자. 홈스테이징의 핵심은 창의성이다.

⑩ 다시 한 번 방 입구에 서 보자. 이제 들어가고 싶은 마음이 생기는가? 그렇지 않다면 다음의 질문을 해 보자. 추가로 해야 할 일은 무엇인가? 더 없앨 물건은 없는가? 잊어버리고 안 갖다 놓은 물건은 없는가? 블라인드 날개는 바로 놓여 있는가? 전기선은

보이지 않는가? 당신 마음에 들 때까지 생각, 또 생각해 보라. 지인을 불러 조언을 들어도 좋다.

내부 공간 홈스테이징

○ 거실

구매자는 넓은 거실을 선호한다. 커피 테이블을 포함한 모든 테이블을 치우자. 그런 다음 '3의 규칙' 혹은 '고중저'의 규칙으로 다시 장식하자. '3의 규칙'이란 3개의 물건 혹은 홀수가 가장 보기 좋다는 의미이다. 커피 테이블 위에 한 권 혹은 세 권의 잡지만 올려놓자. 재떨이는 치우라. 쿠션도 하나 혹은 세 개만 남겨 두자. 바닥에 놓인 음향 장비도 없애자. 가족사진은 미리 이삿짐 박스에 넣으라. 생화를 말려서 만든 드라이플라워는 무리한 장식을 했다는 느낌을 주고 공간을 좁아 보이게 만든다. 철지난 추억만이 깃든 것이라면 과감하게 버리자.

구매자의 시선
공간의 크기와 조도에 깊은 인상을 받는다.
좁고, 복잡해 보이는 방은 싫다. 복잡한 방은 에너지가 부족하다. 어지러운 물건들을 없애면 에너지는 회복된다.

○ 주방

구매자는 주방을 가장 중요하게 여긴다. 당신이 집을 살 때도 마찬가지였을 것이다. 싱크내에 나와 있는 그릇, 복잡한 창가, 요리책이 수북이 놓여 있는 선반 등은 구매자의 시선을 분산시킨다. 그러니 3개월 동안 쓰지 않았던 물건은 모두 치우자.

대부분의 가정은 주방에 너무 많은 소형 가전제품이 있다. 없애자. 다른 사람을 주거나 미리 이삿짐으로 싸 두자. 당신이 정말로 소중히 여기는 앤틱 그릇 세트, 예쁜 머그컵, 아기자기한 조미료 용기 세트 등을 모두 없애라. 이것들이 구매자의 시선을 분산시킨다. 당신은 주방을 파는 것이지 당신의 소품을 파는 것이 아니다.

타일, 테이블의 손상된 부분을 수리하라. 타일에 얼룩이 있다면 광택제로 제거하라.

병, 캔 등의 용기는 없애고 그 자리에 사과나 레몬이 담긴 유리그릇을 놓자. 또한 쿡탑, 후드, 오븐을 청소하자. 휴지통을 비워 주방의 냄새를 제거하자.

냉장고 벽에 덕지덕지 붙어 있는 각종 사진과 자석, 그림, 요리법 등을 모두 떼어 내라. 냉장고 벽에는 아무것도 없는 것이 좋다. 아쉽다면 화목한 가정이 연상될 정도의 자녀 그림 한 개 정도만 남겨 두자. 당장 꼭 필요한 것이 있다면 냉장고 측면에 붙여 두자. 물론, 냉장고 위도 치워야 하며, 냉장고 속도 구매자가 열어 볼 수 있으니 깨끗하게 비워 두자.

주방의 창문 및 벽도 깨끗해야 한다. 필요하다면 페인트칠을 하자. 적은 투자로 높은 효과를 볼 수 있다. 식탁에서 불필요한 의자를 치우자. 주방이 훨씬 넓어 보인다. 우리는 공간을 파는 것이지 가구를 파는 것이 아니다.

싱크대를 항상 깨끗하게 비워 두자. 주방의 수도꼭지는 깨끗이 닦고, 부드럽게 작동되도록 고치자. 수도꼭지를 틀었을 때 시원하고 깨끗한 물이 나온다는 느낌을 주라. 세제, 수세미, 그릇 물 받침대, 행주 등은 수납장에 보관하라. 집이 팔릴 때까지 주방을 언제나 깨끗하게 유지하자. 집을 살 구매자 혹은 중개인이 언제 올지 모르기 때문이다.

○ 다용도실

복잡한 다용도실은 저장 공간이 부족하다는 인상을 준다. 그러니 다용도실의 빈병, 용기 등을 모두 없애자. 선반 위를 깔끔하게 정리하자. 쓰지 않는 물건은 다 버리자.

○ 부부 침실

부부 침실은 집의 신속한 매매를 돕는 또 하나의 중요한 공간이다. 부부 침실 홈스테이징의 목표는 명확하다. 즉, 당신이 만들어 놓은 침실을 완전히 해체하여 구매자를 위한 침실로 바꿔야 한다. 우선, 가족사진을 모두 치우자. 매일 침대를 정리하자. 새 침대 시트를 구매하는 것도 도움이 된다. 새 침대 시트는 당신이 이사 갈 집에서 사용하면 된다.

테이블, 공간 박스 등은 꼭 필요한 것만 빼고 모두 없애자. 책, 잡지 등은 없애거나 침대 밑에 보이지 않게 두자. 항상 은은한 음악을 틀어 두자. 선반 혹은 침실 벽에 있는 모든 여분의 물건은 없애자.

○ 욕실

욕실은 청결함이 생명이다. 반짝반짝 윤이 날 때까지 닦고 또 닦자. 물때도 곰팡이도 없어야 한다. 세면대, 변기, 샤워부스, 거울, 비누 용기 등은 모두 빛이 날 정도로 깨끗해야 한다. 일반적인 욕조 가장자리, 세면대 앞쪽, 변기 뒤쪽에 꽤 많은 물건들이 놓여 있다. 꼭 필요한 화장품, 빗, 향수 등만 용기에 담아 두고, 나머지는 안 보이는 곳으로 옮기라. 변기 뚜껑을 닫아 놓고 집이 팔릴 때까지 휴지통을 수납장에 넣어 두라. 믿기지 않겠지만 변기 뚜껑과 휴지통은 구매자에게 미묘하게 영향을 준다. 한마디로 말해서 집이 너저분해 보일 수도 있다는 뜻이다.

조화를 이루는 타월을 걸어 두라. 공간의 컬러와 어울리는 타월로 코디네이션을 하면 좋다. 적절한 타월이 없다면 구입하라. 집이 팔릴 동안 그 수건을 걸어 놓고, 나중에 새 집에서 사용하라. 적은 투자로 높은 효과를 얻을 수 있는 팁이다. 예쁜 타월은 구매자가 집을 좋게 보는 시각적 도구이다. 원래 쓰던 수건은 다른 방에 숨겨 두라. 바닥에 목욕물이 잘 고이는 부분이 있는지 점검하라. 이런 부분들은 집을 내 놓기 전에 점검해야 한다. 샤워기, 욕조 등에 곰팡이나 갈라진 금 등이 있는지 점검하여 수리하라.

○ **다이닝룸**

식탁이 있는 다이닝룸은 가능하면 넓어 보이도록 하자. 식탁은 작은 게 좋다. 식탁보가 있다면 치우고 다른 곳에 보관하라. 의자 중 최소한 두 개는 창고에 넣어 두라. 보통 식탁 의자는 네 개. 너무 많아 보인다. 하지만 다이닝룸이 큰 경우는 예외이다. 큰 다이닝룸에는 큰 식탁이 비율에 맞다. 모든 다른 공간과 마찬가지로 불필요한 물건을 숨기거나 없애라. 수납장에는 몇 개의 그릇만 전시하자. 찬장이나 옷장 위에 있는 화초를 없애라. 천장이 낮아 보이기 때문이다. 모든 귀중품이나 그릇, 컵 같은 깨지기 쉬운 물건들은 미리 짐을 싸 두자. 팬던트가 잘 작동되는지 확인하라. 빛의 조절이 가능한지도 확인하자. 지금 당신은 모두가 부러워하는 다이닝룸을 만들고 있다고 생각하라. 구매자는 잘 갖추어져 있는 공간을 선호한다. 테이블을 놓고 문 앞에 서서 넓은 공간이 확보되어 있는지 확인 또 확인하라.

○ **자녀 방**

아이들은 홈스테이징을 좋아한다. 신이 나서 적극적으로 홈스테이징에 참여한다. 아이들은 짐 싸는 것을 돕기도 하고, 큰 동물 인형이나 장난감, 옷 등을 다른 사람들에게 나누어 주기도 한다. 우선, 침대 시트를 제거해서 더 깔끔하게 보이도록 한다. 포스터가 붙어 있던 곳에 새로 페인트를 칠하자.

○ **기타 침실**

여분의 방은 특별한 게스트룸 혹은 호텔 룸처럼 보이도록 홈스테이징하자. 이불을 접어 시트가 드러나게 하자. 침대 위에 책을 펴 놓고 컵, 컵받침 그리고 꽃병을 올려놓은 트레이를 갖다 놓자. 잡동사니를 없애자. 먼지를 털고, 청소기를 돌리고, 창과 창틀을 청소하자. 벽은 중성 컬러로 칠하자. 당신이 원색을 아무리 좋아한다 하더라도 말이다. 침실이 더 넓어 보이기 위해서 가구를 재배치하고 다른 방으로 가구를 옮기는 것도 고려하자.

○ 세탁실

세탁실은 어둡고 우울한 경향이 있다. 조명이 제대로 켜지고 또한 확실히 밝은지 확인하라. 비누와 세제의 개수를 줄이고 수납장에 숨겨 놓거나 선반에 깔끔하게 정리하라. 카운터와 세면대는 언제나 청결하고 비어 있게 하자. 구매자에게 집에 널려 있는 빨랫감을 보이지 말자. 옷걸이 또한 예쁜 흰색 플라스틱 옷걸이로 교체하자.

구매자의 시선
세탁실이 쾌적해 들어가고 싶은 마음이 드는 것을 좋아한다.
빨랫감이 눈앞에 걸려 있는 것을 좋아하지 않는다.

○ 지하실

적절히 홈스테이징만 하면 지하실도 특별한 공간이 된다. 그러므로 지하실이 넓고 깨끗하고 이용 잠재력이 높은 곳으로 만들어 보자. 천장과 벽에 틈이 있으면 수리하라. 제습제, 소독제, 흡착제 등을 사용하여 냄새와 곰팡이를 제거하라. 환기를 위해 창을 열어 두라. 배수로를 청소하자. 모든 조명 시설이 작동되는지 확인하고, 추가로 전등을 설치하여 공간을 밝게 하자. 개인 물품은 없애자. 지하실을 보관 공간으로 쓰고 있다면 물품을 한쪽 모퉁이에 제한해서 보관하자.

구매자의 시선
구매자, 특히 남자는 지하실의 이용 잠재력에 대한 구상을 좋아한다.
예를 들면 영화 감상실, 공방, 당구대 등을 위한 공간을 꿈꾸게 된다.
지하실에 곰팡이, 습한 냄새, 침수 흔적, 쓰레기 더미가 쌓여 있으면 당연히 싫어한다.

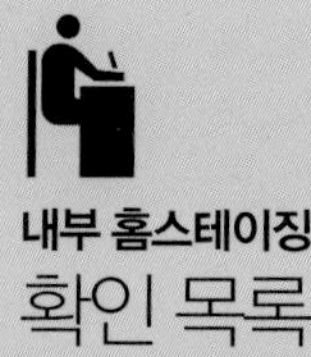

내부 홈스테이징
확인 목록

✔

☐ 각 방의 입구에 서서 구매자의 관점으로 방을 보자.
집이 팔릴 때까지 없어도 되는 물건은 어떤 것일까를 생각하자.

☐ 모든 조명 장치가 잘 작동하는지 확인하라. 전구가 망가진 경우 교체하고 밝기를 높이라.
어두운 복도나 코너의 조명은 더욱 중요하다.

☐ 벽, 천장의 틈을 수리하거나 페인트칠하라. 이 일은 쉬우면서도 동시에 효과가 큰 작업이다.

☐ 커튼과 블라인드는 낮 동안 열어 두어 빛을 들이고, 밖이 보이게 하라.
난방 및 냉방을 위한 추가 비용도 집을 팔 때는 감수해야 하는 비용이다.

☐ 소파 위에 있는 쿠션의 개수를 줄이자. 낡고 불필요한 덮개와 담요도 없애자.

☐ 당신이 사랑하는 화초를 냉정히 바라보자. 그들은 언제나 관리해 주어야 한다.
공간을 위해서는 줄일 수도 있다. 만약 화초가 건강해 보이지 않는 상태라면 없애거나 지인에게 주라.

☐ 공간을 넓게 하기 위해서 탁자, 의자 등 큰 가구는 없애자.

☐ 당신의 집에서 시선을 분산시키는 모든 물건들은 이삿짐 상자에 미리 넣어 두자.

☐ 책꽂이에 있는 책의 수를 줄이자.

☐ 선반, 피아노, 테이블 등에 있는 가족사진을 치우자.
구매자는 자신의 가족이 사는 모습을 그리려 할 뿐 당신 가족의 모습을 보고 싶어 하지 않는다.

☐ 모든 방의 벽에 걸려 있는 사진, 그림의 수를 줄이자. 대신 큰 액자 하나 혹은 작은 액자 세 개를
한 쪽 벽에 걸어 두자. 모든 액자는 여성의 평균 눈높이에 걸려 있어야 한다.

☐ 집이 팔릴 동안 항상 음악을 틀어 놓자. 듣기 좋은 라디오 방송, 재즈 등이 좋고 하드락이나 슬픈 노래는 금물.

☐ 냄새나는 집은 절대 팔리지 않는다. 과도한 음식이나 담배, 동물, 세탁물, 곰팡이 냄새는 구매자를 내쫓는다.
냄새 때문에 문제리면 탈취제, 소독제를 사용하고, 창문은 항상 열어 두도록 하자.

☐ 창문의 구석구석을 항상 청소하고 잘 열리는지 확인하자. 만약 이중창의 잠금 장치가 망가졌다면 교체하자.

☐ 작은 소품이 집을 어지럽게 한다. 축구공보다 작은 소품은 모두 없애자.

☐ 모든 어두운 코너에 램프를 켜 놓자. 전구의 밝기를 점검하자.

☐ 부서진 모든 것을 수리하자. 구매자는 이 집의 관리 상태가 좋다고 생각할 것이다.

☐ 가구를 다른 방으로 옮기는 것을 두려워하지 말자.

외부 홈스테이징을 하기 전에 당신 집을 길거리에서 바라보자. 지붕 물받이 파이프가 너덜대지는 않는가? 마당의 상태는 어떠한가? 현관은 새로 페인트칠해야 하지 않을까? 이런 관점에서 집을 바라보면 당신은 몇 년 동안 보지 못했던 광경을 보게 될 것이다. 당신은 자신의 집을 객관적인 눈으로 평가해야 한다.

구매자는 정직하고 심지어 냉정하기까지 하다. 그들은 집이 마음에 들어서 계약서에 도장을 찍는 그 순간까지 어떤 애정도 없이 당신의 집에 대해 평가할 것이다.

대부분의 경우, 집을 구입한 후부터 집주인이 집의 외부를 보는 경우는 거의 없다. 아침에 집을 나서서 차를 타고 일터로 간다. 집에 돌아와서는 대문이나 현관문을 열고 그대로 안으로 들어가 버리곤 한다. 집 외부가 다른 사람에게 어떻게 보일지를 생각해 볼 여지는 거의 없다.

그러나 이제 당신은 집을 팔고자 한다. 당신은 길 건너편으로 가서 자동차에 앉은 자세로 집을 보아야 한다. 왜냐하면 바로 그 지점에서 중개인은 잠재 구매자에게 차 안에서 당신의 집에 관해 설명할 것이기 때문이다. 그러면 그 고객은 그 자리에서 차에 내려 집을 자세히 볼지 아니면 그냥 다른 곳으로 이동하자고 얘기할 것이다.

만약 구매자가 차에서 내리지 않는다면 당신은 집을 팔 기회를 결코 가질 수 없다. 대문의 페인트가 벗겨져 있고, 마당 화단에 잡초가 무성하다면 당신의 집은 이미 경쟁력에서 크게 뒤처지게 된다. 내부가 아무리 좋더라도 말이다. 그러므로 집의 모두를 홈스테이징하자. 당신의 집이 넓은 부지에 있든 좁은 부지에 있든 홈스테이징이 필요하다. 모든 부분에 신경을 쓰자. 홈스테이징의 핵심은 집 전체를 상품화하는 것이니 말이다.

페인트, 지붕, 배수관 등의 상태를 점검하자. 정원의 나무를 손질하자. 쓰레기통이나 잘라진 나뭇조각을 치우자. 식물 주변에 제멋대로 자라난 모든 잡초를 제거하고 자갈이나 조경용 천으로 뿌리 덮개를 해 주자. 잔디를 깎고 비료를 주라. 데크에 있는 물건들을 정리하라. 덜 끝낸 정원 작업이 있다면 빨리 마무리하자.

경기가 좋을 때 홈스테이징은 더 큰 이익을 남기며 경기가 좋지 않은 때는 다른 집보다 당신 집을 훨씬 빨리 팔리도록 해 준다. 홈스테이징은 많은 돈을 쓰는 일이 아니다. 홈스테이징은 쉽고 재미있으며 창의적인 활동이다. 분명히 비용이 발생하지만 창의적인 아이디어가 가장 큰 투자이다. 그리고 당신이 주목해야 할 것은 집을 팔 때 당신이 얻을 미래의 이익이다.

○ 전체 조경(잔디, 나무)

자신의 집 외부를 전체적으로 진지하게 보자. 조경도 마찬가지이다. 조경은 구매자의 심리에 중요한 영향을 미친다. 몇 년 전 심은 나무가 이제는 지붕 위까지 자랐는가? 그늘이 되어 주었던 포도나무가 이제는 음침한 분위기인가? 식물은 생각보다 빨리 자라기에 때로는 얼마나 컸는지를 객관적으로 느낄 수 없을 때가 많다. 이제 손질을 하자. 이것이 구매자를 빨리 부르는 방법이다. 그것만으로도 집은 벌써 훨씬 좋아 보인다. 나무를 지면에 닿을 정도로 지나치게 자를 필요는 없다. 대부분의 경우 약간의 가지치기만 해도 효과를 볼 수 있다. 다만, 모든 나무를 집의 창문 아래 높이까지 가지치기 하자. 그래야 집이 잘 보이고 빛이 방으로 들어간다. 이렇게 하면 집 안에서 보이는 바깥 풍경도 좋아진다. 식물은 위에서 아래로, 나무는 아래에서 위로 손질하면 된다. 나무는 집에 있어서 액자와 같은 역할을 한다. 잘 다듬어져 있지 않으면 나무는 집을 스산하게 혹은 어둡게 할 수 있다. 빛이 충만한 집은 구매자가 가장 원하는 조건이다. 구매자는 항상 빛이 잘 들어오는 밝은 집을 요구한다. 그들은 따뜻하게 집안으로 맞이해 주는 빛을 원한다.

죽은 나무나 꽃은 집에 불운을 가져오는 듯한 느낌을 준다. 모두 버려야 한다. 그리고 잔디, 담쟁이, 각 나무의 흙 덮개를 잘 마무리 하자. 주택 판매에 정말 큰 도움이 된다. 깔끔한 마무리는 자신의 집이 얼마나 잘 관리되었는지를 아주 잘 말해 주는 요소이다.

○ 페인트

현재 외부가 어떤 색인가? 결론적으로 말해서, 외벽의 컬러는 끌리는 색, 구매자를 맞이할 수 있는 색이어야 한다. 추천하는 컬러는 화이트, 크림, 베이지, 라이트 그레이 혹은 소프트 옐로우이다. 반면 브라운 등의 어두운 컬러는 집을 더 작아 보이게 한다. 혹은 페인트 가게에 가서 샘플이나 여러 컬러를 제안해 놓은 팸플릿을 보고 아이디어를 얻을 수 있다. 즉, 팸플릿에 있는 컬러를 집의 벽에 갖다 대 보고 전체 모습을 상상해 보자. 단, 외벽 컬러는 3가지 이하로 쓰라. 집의 벽 상태를 보고 전체적으로 페인트칠을 하자. 예산이 충분치 않다면 현관, 창문 가장자리, 낙수 홈통만이라도 칠하자.

○ 현관문

집이 깔끔하고 좋은 상태로 보이도록 하기 위해 현관을 페인트칠하거나 컬러를 바꾸자. 현관은 집의 입구이다. 즉 구매자가 꾸밀 미래의 집 입구이다. 또한 현관 페인트칠은 가장 적은 돈이 드는 부분이다. 구매자는 현관에서 첫인상을 받게 되고, 앞으로 자세히 집을 볼 것인지 결정한다.

○ 현관 입구

현관 옆에 컬러를 더하라. 우리는 구매자가 집에 집중할 수 있게 해야 한다. 입구를 너무 복잡하게 하는 사철나무, 관목을 없애자. 또한 밖에서 볼 때 진입로를 막는 나무 등을 없애자.

○ 지붕

지붕 및 지붕 배수관에는 쓰레기나 이끼가 없도록 하자. 지붕 높이에 있는 나뭇가지 치기를 잘 해서 지붕에 동물, 곤충, 나뭇잎 등이 올라가지 못하게 하자.

○ 담장

담장은 수리가 잘되어 있어야 한다. 필요하면 수리하고 페인트칠을 해야 한다.

○ 데크, 포치(현관 위 지붕)

간혹 작은 변화가 집 전체 이미지에 큰 변화를 일으키곤 한다. 데크, 포치를 청소하고 페인트칠을 하면 먼지, 이끼, 곰팡이를 제거할 수 있다. 그리고 매일 쓸자. 공간이 넓어 보이도록 하기 위해 물건들을 줄이자. 만약 야외 가구가 있다면 매력적인 휴식 공간으로 연출해 보자. 테이블 및 화덕 주변에 앉을 곳을 마련하자. 그러면 구매자는 그 공간이 유용하다는 것을 바로 알게 된다. 이것이 홈스테이징의 본질이다.

○ 차로, 인도 등

포장된 자동차 진입로의 청소 상태를 확인하고 기름얼룩을 제거해야 한다. 자동차 진입로에 틈이 있으면 수리하자. 돌로 포장된 진입로의 경우 잡초를 뽑고 다시 돌을 놓는 작업을 하면 훨씬 신선한 인상을 줄 수 있다.

○ 차고

차고는 잘 청소해서 정돈되어야 한다. 차고 일부 혹은 전체 공간을 물품 보관을 위해 사용하는 것은 괜찮지만 늘 정리 정돈되어 있어야 한다. 차고의 작업대는 잡동사니 없이 깨끗해야 한다. 그래야 구매자가 앞으로 자신이 작업하고 있는 모습을 상상할 수 있다. 집이 팔릴 동안 차고의 문은 항상 닫아 두자. 차고를 창고로 사용하고 있지 않다면 차를 차고에 보관하자.

홈스테이징한 주택 전시하기

여러분이 좋아하는 매장에 간다고 생각해 보자. 그 매장은 어떤 모습인가? 어떤 음악이 흘러나오는가? 그곳에 들어서면 어떤 기분이 드는가? 오래 있고 싶은 기분, 무언가 홀가분한 기분이 들지 않는가? 홈스테이징한 집에도 이런 분위기를 연출해야 한다. 구매자, 부동산 중개인가 바라는 정서에 맞추어야 한다.

이제 홈스테이징을 마무리했다면 매일 그 상태를 유지할 수 있도록 하자. 그래야 효과가 있다. 만약 당신이 좋아하는 매장을 갔는데, 조명이 꺼져 있고, 여기저기 옷이 널려 있다면 들어가고 싶은 마음이 사라질 것이다. 집도 마찬가지이다. 집을 시장에 내놓았다면 적절한 조명, 음악 그리고 손님이 편하게 다닐 수 있는 넓은 공간은 필수이다. 그래야 구매자는 정서적으로 당신의 집을 자신의 집으로 생각할 뿐 아니라 자신의 집으로 만들고 싶어 한다.

○ 좋은 전시의 예

항상 조명을 켜 둔다. 밝은 집이 넓어 보인다.

커튼, 블라인드를 모두 걸어 놓는다. 단, 바깥 경치가 좋지 않은 경우는 예외. 구매자는 눈에 보이는 대로만 받아들인다.

항상 음악을 틀어 둔다. 방문객이 언제 올지 알 수 없기 때문이다. 듣기에 무난한 라디오 채널을 맞추고 낮은 볼륨을 유지시키자. 집이 2층 이상이면 각 층에 있는 라디오가 모두 같은 방송이 나오도록 맞추자. 하드록이나 슬픈 노래는 금물.

화장실 변기 뚜껑은 항상 닫아 둔다.

휴지통을 숨겨 놓는다. 쓰레기통은 유용한 용기이지만 보기에는 좋지 않다. 주택을 팔든 그렇지 않든 쓰레기는 싱크대 아래, 수납장 안쪽 등 보이지 않는 곳에 치워 두자. 쓰레기통을 청소하는 것도 중요하다. 집의 판매 유무와 상관없이 쓰레기통을 매일 청소하자. 집을 사고자 하는 사람들은 아주 많은 대상에 미묘한 이유를 단다. 때로는 그들이 왜 집이 마음에 들지 않는지 이유를 모를 정도이다. 만약 그들이 쓰레기통을 본다면 무의식적으로 그 집이 잘 관리되지 않았다는 느낌을 받을지도 모른다.

차고 문을 닫아 둔다. 대부분의 경우 차고 안은 보기 좋지 않다. 차고 안팎에 심하게 얼룩이 있다면 새로 페인트칠을 하자.

차고 내부 바닥을 항상 닦고 세정제를 이용해서 청소한다. 차고 안에 작업대가 있다면 물건들을 다 치워 둔다. 가치가 높은 집일수록 차고 안에 보이는 것이 없어야 한다.

주차 공간을 치워 둔다. 주차 구역에는 차량 외에 아무것도 있으면 안 된다. 구매자는 주차 공간에 차를 세우면서 집주인의 삶을 모두 살핀다. 따라서 그곳에는 눈에 보이는 것이 아무것도 없어야 한다. 쓰레기통, 장난감, 나무더미 등이 있다면 보이지 않는 곳으로 옮긴다. 구매자의 눈에 보이는 것에 따라 집은 매력적으로 보일 수도, 불쾌하게 보일 수도 있다. 우리는 사소한 것도 중요하게 생각해야 한다.

잠재적인 구매자에게 개인적인 시간을 주자. 중개인이 집을 구경시키기 위해 걸음을 멈출 때 그들로부터 거리를 두어야 한다. 구매자는 당신의 집과 사랑에 빠질 수 있는 공간이 필요하다. 당신의 참견 없이 집에 대해 중개인과 이야기할 시간을 주라. 단, 구매자가 집을 구경하는 동안 건넬 질문에 대해서는 즉시 대답해 줄 수 있는 스토리가 있어야 한다. 그들이 당신에게 다가오게 하라. 당신이 먼저 다가가지는 말라. 구매자가 당신의 집에 애정을 느끼면 당신에게 질문을 할 것이고, 그때 당신은 흔쾌히 대답하면 된다.

집이 팔릴 동안 홈스테이징한 주택 권리는 매우 중요하다. 집에 애완동물이나 아기가 있을 경우에 특히 그러하다. 당신은 집이 팔릴 때까지 어떻게 해야 할지에 관한 계획을 세워야 한다. 그 기간은 잠시일 뿐 곧 새 집으로 이사할 것이기 때문에 너무 깊게 고민할 일이 아니다. 또한 자기 혼자 다 해야 한다고 생각하지 말고, 가족 구성원 모두를 참여시켜 재밌는 일로 만드는 것이 중요하다.

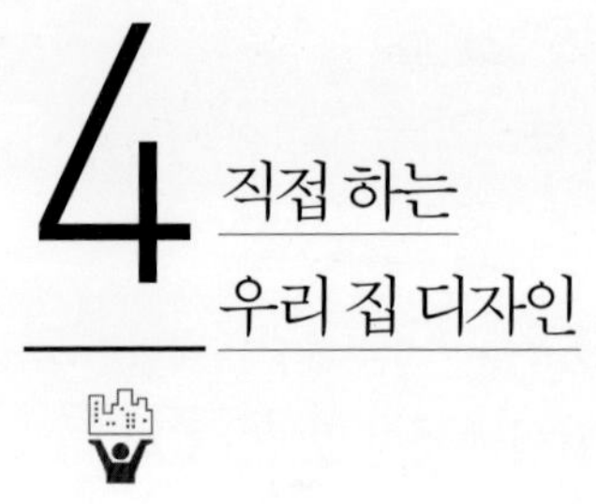

4 직접 하는
우리 집 디자인

사람들에게 주택 디자인을 직접 해 보라고 권유하면 모두 의아해 한다. 그럴 정도로 주택 디자인은 전문가의 영역이라고 굳게 믿고 있다. 하지만 어렵게 생각하지 말자. 그냥 종이에 생각나는 대로 쓱쓱 그려도 된다. 인터넷에서 근사한 집 사진을 다운받아도 된다. 물론 무료 프로그램으로 PC화면에 그려도 된다. 이렇듯 주택 디자인은 어렵지 않다. 해보지 않았기 때문에 엄두를 내지 않는 것이다.

사람들에게는 오래된 꿈이 하나씩은 있다. 초원 위의 하얀 집이라든지, 창문이 달린 다락방이라든지, 잔디 있는 마당 넓은 집……. 사람들 마음속엔 자신이 살고 싶었던 집이 한 채씩은 있다. 그걸 그리는 게 바로 주택 디자인이다. 자신의 꿈을 이야기하면 할수록 꿈은 좀 더 구체화되고 끝내는 실현되곤 한다. 마음속에 지었던 자신의 집 또한 표현하면 할수록 구체화된다. 그리고 이렇게 구체화해야 자신의 집에 더욱더 애착이 가고, 가정이 하나가 되며, 실제 공사 또한 수월하게 진행된다.

당신 마음속에 지어졌던 예쁜 집을 이제 다양한 방법으로 그려 보자. 그리고 또 그리면 그야말로 마법처럼 어느 날 그 집 앞에 서 있는 당신을 발견하게 될 것이다.

디자인과 설계의 필요성

아파트, 빌라, 맨션 같은 공동 주택의 경우

인테리어는 디자인과 설계가 반드시 필요하다. 하지만 아파트 같은 공동 주택은 대개 구조 변경 없는 공사가 진행되기 때문에 설계 도면까지는 필요 없을 수도 있다. 하지만 목공사가 들어가는 인테리어의 경우 디자인에 대한 조감도는 있는 것이 좋다. 예를 들면, 아트월, 등박스 등이 시공 후 어떤 모습일지를 확인할 수 있는 무언가가 필요하다. 그 표현 방법이 연필로 스케치한 것일 수도 있고, 사진일 수도 있고, 잡지에서 찢은 것일 수도 있다. 공사 후의 모습을 상상할 수 있으면 된다. 노련한 목수들은 사진이나 스케치만 보고도 목작업 형태를 그대로 재현할 수 있다.

왼쪽_ 아트월
오른쪽_ 등박스

단독 주택

앞으로 5년, 경매하고 리모델링하라
직접 하는 우리 집 디자인

상업 공간

단독 주택이나 상업 공간의 경우

공동 주택과는 달리 단독 주택이나 상업 공간 등은 디자인뿐 아니라 설계 도면도 반드시 필요하다. 대부분 벽을 없애거나 새롭게 세우는 구조 변경이 이루어지기 때문이다. 특히, 구조 변경을 많이 하는 단독 주택은 평면도가 없으면 실제로 공사를 하면서 비용이 늘어날 수 있다. 도면 없이 시공을 진행하다 보면 공사 중 변경 사항도 많이 생기고, 어떤 공사 부분이 견적에 포함되었는지를 두고 건축주와 시공자 간에 시비가 생길 수도 있다. 그래서 단독 주택과 상업 공간 등은 반드시 설계 도면을 작성한 후 견적서를 산출하고 시공을 진행해야 한다. 다만 상업 공간은 인테리어 디자인이 매출에 절대적인 영향을 미치므로 비용이 좀 들더라도 전문 업체에 맡기는 편이 유리하다.

설계의 흐름

현장 방문 → 설계 계약 → 요구 사항 상담 → 주택 실측 → 실측 도면 작성 →

평면 설계 → 1, 2차 도면 수정 → 설계 확정 (평면, 입면) → 견적서 작성

인테리어를 DIY로 한다면

'디자인 → 대략적인 실행 비용 계산 → 직접 시공 관리'의 순으로 진행하면 된다. 자신이 직접 공사를 하기 때문에 분쟁의 소지는 당연히 없으며, 최소한의 준비만하고 시작해도 된다.

인테리어 업체 선정 시

'상담 → 디자인 → 상담 → 설계도 확정 → 견적서 → 시공 업체 선정 → 시공 → A/S'의 순으로 진행한다. 디자인비와 설계비를 아끼려다가 시공비에서 몇 배의 손해를 볼 수도 있다. 업체마다 디자인이 서로 다를 경우 견적가를 비교하는 것이 현실적으로 불가능하다. 그러므로 신뢰할 만한 디자인 업체를 선정한 후 충분한 상담을 거치고, 확실한 도면이 완성되면 그 도면으로 시공 견적서를 의뢰하자. 최종적으로는 가장 합리적인 가격을 제시한 시공 업체를 선정하면 된다.

주택의 트렌드는 어떨까?

프로방스 스타일

자연스럽고 소박한 유럽 시골 마을의 풍경과 모던함이 결합된 스타일이다. 자연스러운 색상을 기본색으로 하고, 파스텔톤 색상으로 포인트를 살린 게 특징. 30-40대 주부

프로방스 스타일

엔틱 스타일

들이 많이 선호한다.

엔틱 스타일

'시대에 뒤떨어진'이란 뜻으로 쓰이는데 보통은 옛날의, 고대의, 고풍, 고대 미술, 골동품이라는 뜻이다. 예스러운 분위기를 자아내는 빛깔과 무늬로 표현한다. 한마디로 엔틱은 낡음의 테마를 빌린 고풍스러운 스타일이다. 주로 가구 제품으로 엔틱 분위기를 연출한다. 주변에 엔틱 가구 매장들이 있지만 가격이 대체로 고가이다. 50-60대가 선호한다.

모던 스타일

근대 양식을 의미한다. 1890년경부터 1910년까지 유럽에 퍼진 아르누보의 또 다른 명칭이기도 하다. 1900년경부터 쓰인 개념으로 오늘날에도 프랑스 등에서 일반적으로 널리 쓰이고 있다. 군더더기 없이 심플한 디자인과 화이트컬러가 주종을 이룬다. 현재 인테리어 디자이너들이 가장 많이 적용하는 스타일이기도 하다.

클래식 스타일

세미클래식, 럭셔리클래식, 네오클래식, 로맨틱클래식, 모던클래식 등으로 나누기도 한다. 일반적으로 19세기까지의 양식을 총칭해서 클래식이라 부른다. 클래식 스타일은 서양의 전통적인 양식으로 기품 있고 웅장하며 화려하다. 전체적으로 고급스러운 이미지를 만들어 낸다. 엔틱 스타일처럼 전통을 고수하고 정식적인 것을 좋아하는 계층, 사회적으로 안정적인 계층의 사람들이 선호한다. 과거 궁전 등에서 주로 사용한 양식이다. 유럽의 클래식 인테리어는 각 시대의 귀족 문화가 고전 양식으로 되어 오늘날까지 이어져 온 것이다. 현대에 와서는 옛것에 대한 향수와 귀족적 신분의 표현으로 쓰인다. 클래식 스타일은 장식의 강도에 따라 다양한 양식으로 나누어졌다.

104 앞으로 5년, 경매하고 리모델링하라
직접 하는 우리 집 디자인

미니멀 스타일

장식이나 컬러를 배제하면서 고도로 축약된 정신세계를 극도의 절제미로 표현하는 스타일이나. 미니멀 스타일의 주거 공간은 최대한 간단하고 간결하게 디자인을 하지만 필요한 요소는 모두 갖춘 인테리어이다. 최근에는 근본적, 자연적인 것에 대한 관심이 높아져 자연 친화적 요소를 공간에 도입하고 있다. 미니멀 스타일은 화이트 컬러에 직선이 강조된다. 주로 건축, 미술 등의 예술 작가들이 선호하는 스타일이다.

젠 스타일

　자연주의 흐름과 맞물려 전 세계적으로 주목을 끌고 있는 스타일이다. '젠'은 '선禪'의 일본식 발음. 선의 아름다움과 절제미, 그리고 심플한 스타일을 추구하는 것이 특징이다. '젠'은 장식을 철저히 배재하고 최대한의 간결함을 표현한다는 점에서는 미니멀 스타일과 같으나, 자연주의적이라는 면에서 블랙과 화이트의 모노톤으로 날카로운 이미지를 표현한다. 젠 스타일은 서양인들이 동양에 대해 갖는 신비적인 오리엔탈리즘이 동양의 선 철학과 결합되었다. 젠 스타일은 자연주의 흐름과 맞물려 젊은 층뿐만 아니라 장년층에게도 널리 사용된다. 마치 한지 위에 묵으로 그림을 그린 것 같은 느낌이 난다.

젠 스타일

퓨전 스타일

분명한 선을 가지고 지켜 왔던 모든 장르의 벽을 무너뜨리고, 예술뿐만 아니라 의식주 전반에 다양한 영향을 끼친 스타일이다. 지금까지의 유행한 차가운 미니멀리즘에서 탈피해서 복합적이고 로맨틱한 방향으로 바뀌고 있다. 사실 퓨전스타일은 딱히 어떤 스타일이라고 말하기 어렵다. 어떤 스타일에 갇혀 있었던 디자인의 한계를 무한히 넓힌 스타일이라고 생각하면 된다.

퓨전 스타일

컨트리 스타일

앞으로 5년, 경매하고 리모델링하라
직접 하는 우리 집 디자인

컨트리 스타일

클래식 스타일이 귀족의 생활양식에서 생성된 것이라면, 컨트리 스타일은 농민의 생활양식에서 전승되어 온 것이다. 클래식한 인테리어가 귀족적인 것에 대한 동경이라면, 컨트리 스타일은 서민들의 삶 속에 녹아 있는 민속적인 것에 대한 향수라고 할 수 있다. 친근한 자연 소재를 사용하여 꾸미지 않은 멋스러움과 편안함을 주는 스타일이다. 주택 인테리어뿐만 아니라 최근에는 아파트 인테리어에도 많이 적용된다.

내추럴 스타일

심플한 공간에 나무, 벽돌, 돌 등 자연적인 소재를 살린 인테리어를 말한다. 자연적인 소재는 사용자에게 따뜻한 느낌의 공간을 제공한다. 최근에 많이 사용되고 있는 고벽돌 같은 것도 대표적인 내추럴 스타일의 자재이다. 비교적 저렴하게 공간을 연출할 수 있다.

로맨틱 스타일

로맨틱 스타일은 우아한 공간을 연출하는 곡선형 몰딩과 여성스럽고 부드러운 가구가 배치된다. 곡선 패턴의 아트월과 크리스털 느낌의 조명 등으로 우아하고 로맨틱한 분위기를 만든다. 주로 10-20대 여성들이 선호하는 스타일이다. 쉽게 표현하면 공주님 방을 떠올리면 된다.

에스닉 스타일

에스닉은 민속적이라는 표현이다. 에스닉 스타일이라고 하면 민속적이고 토속적인 아름다움을 표현하는 것이라 볼 수 있다. 오렌지나 검은빛이 감도는 붉은 색, 짙은 바다 빛이 떠오르는 에스닉 스타일은 색의 강렬함 때문에 여름에 잘 어울린다. 에스닉 스타일은 화려하고 강렬한 색상과 독특한 무늬로 만든 자연 소재 소품의 사용이 큰 특징이다. 너무 이국적이어서 실제 생활에 응용하기에는 부담스럽기도 하지만 조금만 적용해 보면 멕시코나 아프리카에 온 듯한 독특함을 향유할 수 있다. 에스닉 스타일은 일반 대중보다는 마니아층이 선호한다.

에스닉 스타일

북유럽 스타일

최근 북유럽 스타일 열풍이 불고 있다. 북유럽 스타일은 스칸디나비아 반도에 위치한 세 국가(노르웨이, 스웨덴, 필란드)의 스타일을 말한다. 북유럽 스타일은 인테리어뿐만 아니라 살림 도구, 의상 등에 광범위하게 퍼져 나가고 있다. 목재의 질감을 최대한 살리기 위해 장식을 최소화하는 것이 일반적이지만 지금은 많이 혼합되어서 구분하기 힘들기도 하다.

어떤 그림을 그려야 할까?

평면도

건축물을 바닥면에서 약 1m 정도의 높이에서 수평 절단한 것을 위에서 바라보는 형식의 도면이다. 평면도는 설계에서 제일 중요한 동선(이동 경로)과 구조를 파악하기 좋은 도면이다. 상업 공간이나 주택 공간에서는 전기도, 설비도를 추가적으로 그려야 시공할 때 어려움을 겪지 않는다. 주택 평면도의 스케일은 1/50이 가장 일반적이고, 1/25, 1/100, 1/200 스케일도 사용된다. 여기서 스케일 1/50은 실제 건물의 크기에서 50배 축소해서 그린다는 의미이다.

전개도(또는 입면도)

전개도는 4면의 공간을 한 장의 종이에 일렬로 펼쳐보이도록 만드는 작업이다. 인테리어에서는 주로 실내 벽면 디자인 부분을 표현하기 위해 그린다. 중요한 공간, 변화가 있는 공간에 마감 재료, 창과 문의 위치·치수 등을 표현하면 된다. 가구 상세도, 부분 상세도 등이 있다. 주거 공간에서는 주로 아트월, 등박스, 콘솔, 안방, 주방 가구 디자인에는 꼭 입면도를 그리는 것이 좋다. 상업 공간과 주택 리모델링에서는 전체를 전개도로 표현한다. 전개도에 컬러를 표현하면 더욱 좋다. 1/50 스케일이 가장 일반적이다.

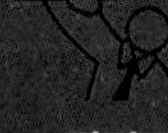

평면도

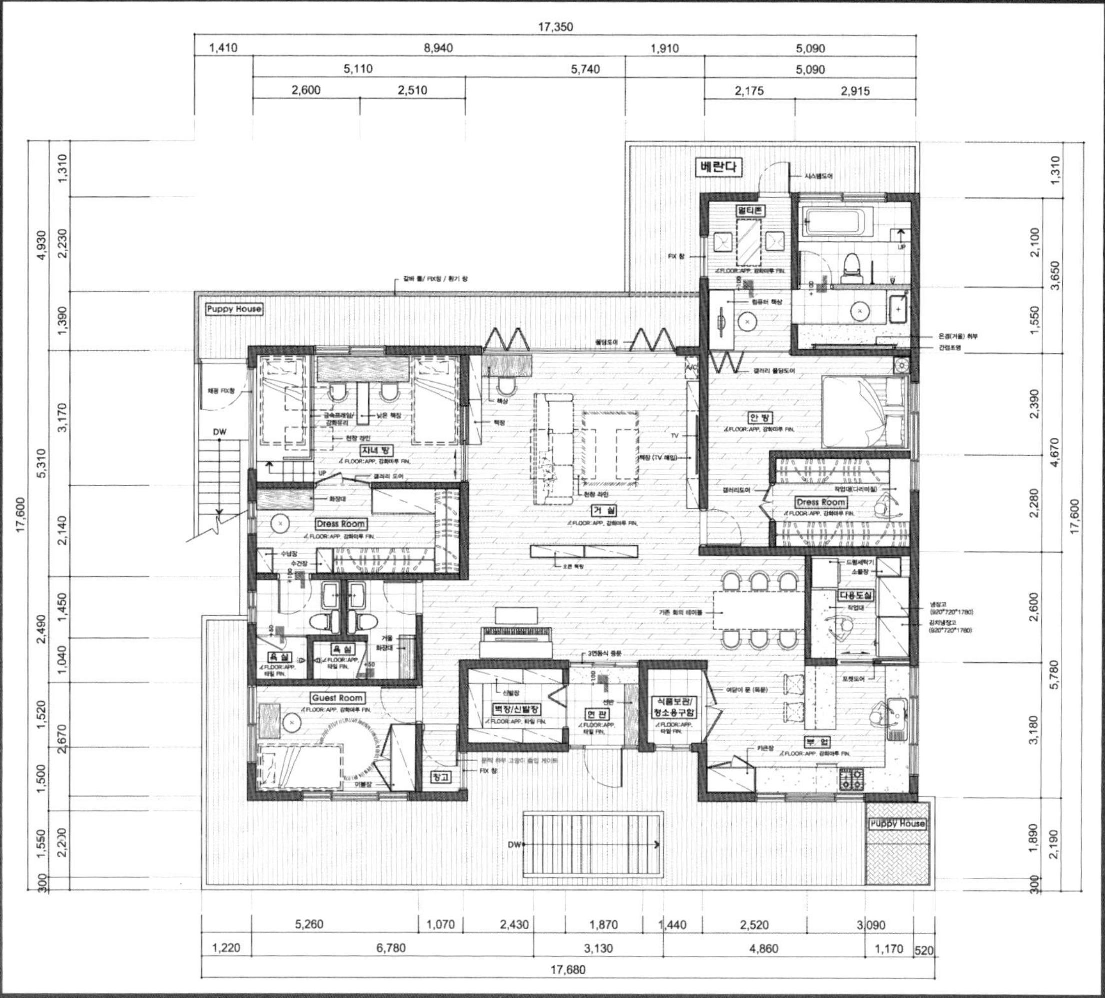

건축물을 바닥면에서 약 1m 정도의 높이에서
수평 절단한 것을 위에서 바라보는 형식의 도면

전개도

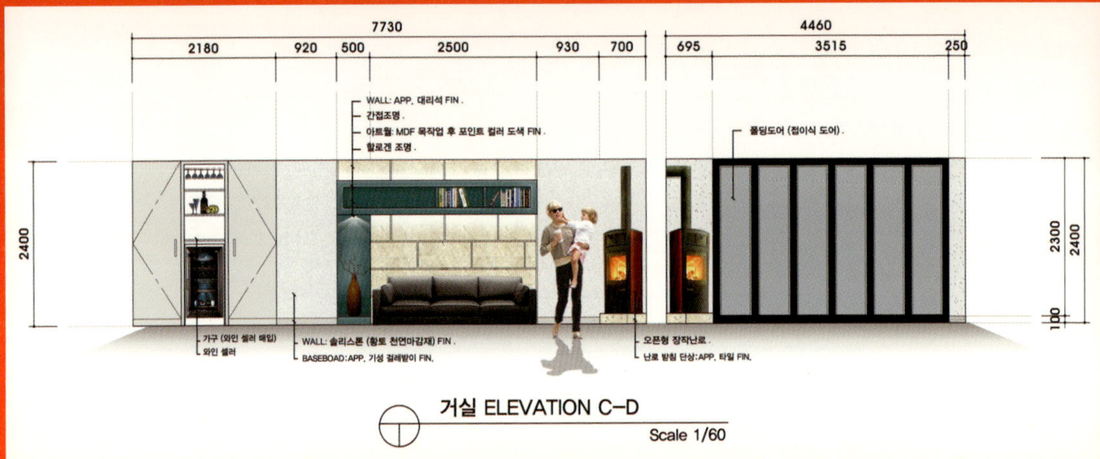

4면의 공간을 한 장의 종이에
일렬로 펼쳐보이도록 만드는 작업

투시도

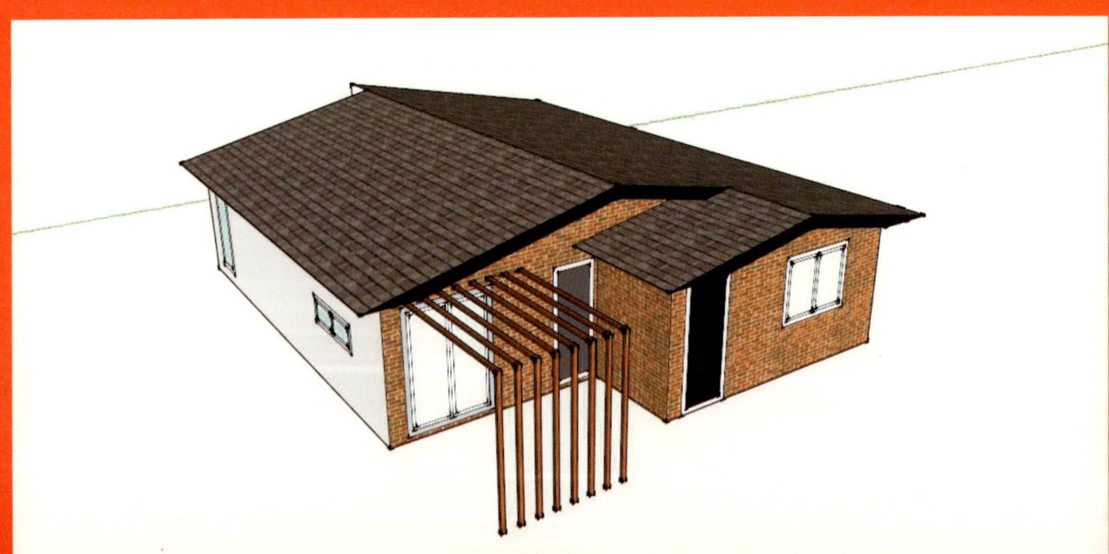

설계된 공간을 최종 시공했을 때
완성된 모습을 예상한 그림

투시도

설계된 공간을 최종 시공했을 때 완성된 모습을 예상한 그림을 투시도라 생각하면 된다. 기본적으로 건축, 인테리어에서는 평면도와 입면도를 오토캐드라는 프로그램으로 구현하고, 맥스라는 프로그램으로 투시도를 그린다. 하지만 이렇게 하면 작업 시간이 오래 걸려 여러 가지 어려움이 따른다. 최근에는 평면도와 입면도뿐 아니라, 투시도까지 쉽게 표현해 내는 3D 프로그램이 많이 개발되었다.

무엇으로 디자인할까?

오토캐드

전 세계적으로 가장 많이 사용되는 프로그램이다. 구체적인 상세 도면까지 표현이 가능하다. 주로 평면도, 입면도를 표현해 낸다. 국내 건축, 인테리어 설계자들은 대부분 오토캐드를 사용하기 때문에 어느 컴퓨터에서든 도면을 보고 싶다면 반드시 오토캐드를 사용해야 한다. 사실 인테리어 표현을 위한 더 좋은 프로그램이 있지만, 연동 문제 때문에 어쩔 수 없이 사용하는 경우도 있다. 기업체에서 설계를 한다면 가장 기본적으로 다루어야 하는 프로그램이다.

아키캐드

국내에서는 잘 알려지진 않았지만, 개인적으로는 건축, 인테리어 프로그램 중에 가장 뛰어나다고 생각한다. 평면도, 입면도, 투시도가 한 번에 해결되고, 다루기도 비교적 간단하다. 유럽에서는 건축 설계 부분에서 가장 많이 사용되는 프로그램이다. 하지만 프로그램 가격에 대한 부담이 큰 편이다.

코비아키·에센·자이로

국내에서 개발된 3D 프로그램이다. 가격이 저렴한 편이고, 배우기도 쉽다. 평면도, 입면도, 투시도, 견적까지 한 번에 해결된다. 최근에 나온 자재들로 표현도 가능하다. 하지만 상세 표현에는 한계가 있다. 인테리어, 건축 설계 모두 가능하다.

스케치업

구글에서 운영하는 세상에서 가장 다루기 쉬운 3D 프로그램. 프로그램도 무료로 다운 받는다. 놀이하듯 쉽게 배울 수 있고, 재질 표현도 V-레이 프로그램으로 연동하면 멋지게 표현할 수 있다. 처음에는 건축 모형 표현을 위해 사용되었지만, 지금은 정말 다양하게 사용되는 놀라운 프로그램이다. 검색란에 스케치업이라 치면, 쉽게 다운 받을 수 있다. 단, 건축에 관련된 행정 문서로 사용하기에는 부적합하다.

펜슬(디자인 DIY)

개인적으로 우리 집을 디자인 하고자 한다면 펜으로 평면도와 입면도를 얼마든지 표현해 낼 수 있다. 여기에 대한 답이 있는 것은 아니다. 도면도 결국은 의사소통의 도구이

펜슬(디자인 DIY)

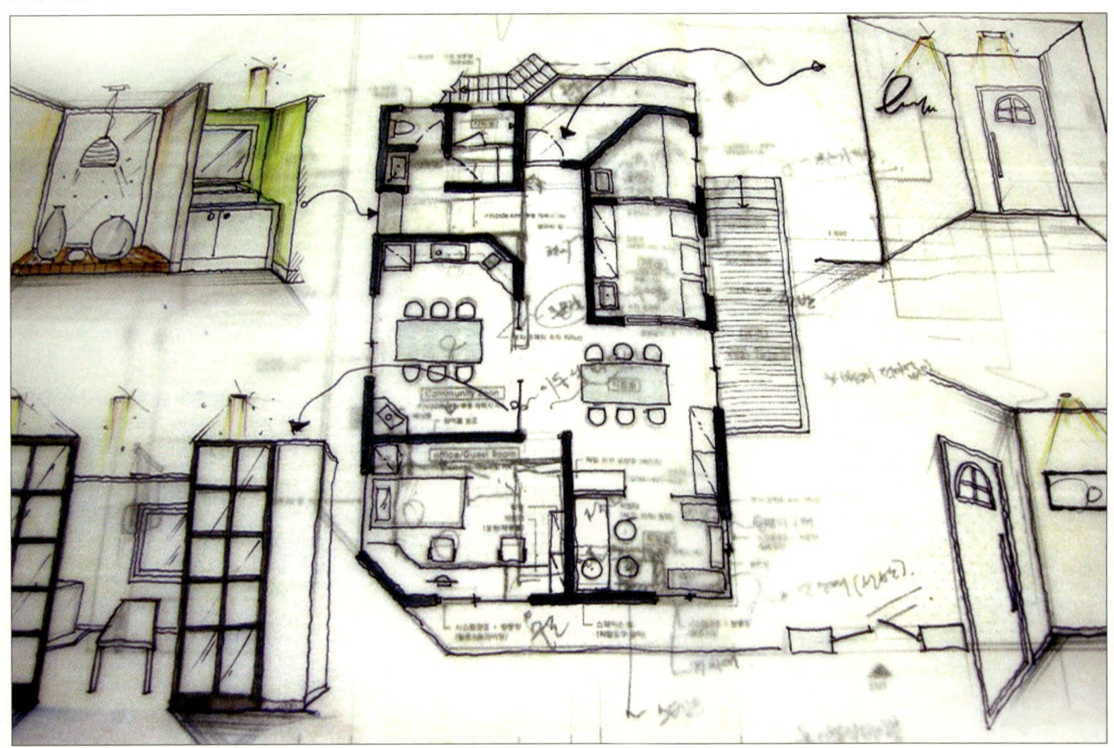

다. 시공하는 사람들과 의사소통만 가능하다면 아무리 못 그린 그림일지라도 괜찮다. 펜과 색연필로 얼마든지 나의 공간을 아름답게 표현해 보자. 의사소통은 잡지에 실린 사진 한 장으로도 가능하다. 쉽게 생각하자. 사실 컴퓨터로 집을 설계한 역사는 얼마 되지 않았다. 컴퓨터 프로그램 없이도 충분히 표현할 수 있다.

알아 두면 편리한 디자인 치수

단위 정리

계량에 관한 법률에 따라 2007년 7월 1일 이후의 공식 문서에는 평 대신 m^2을 공식 문서에 사용해야 한다.

1m=100cm=1000mm이다. 만약 설계 도면에 별도의 단위 표시가 없다면 단위가 mm(밀리미터)라고 생각하면 된다.

1평=3.3058m^2이고, 1m^2=0.3025평이다. 우리나라 사람들은 아직 평 단위에 익숙해서 m^2로 표시되어 있을 때 면적을 파악하기 힘들다. 그럴 때 아래와 같이 곱하면 서로 호환이 된다. 자주 사용되니 가급적 기억해 두자.

$$[\ \text{㎡} \times 0.3025 = \text{평}\ ]$$

$$[\ \text{평} \times 3.3058 = \text{㎡}\ ]$$

인체 치수

1200
390
220
580
900
480
650
1400
1700
740
840
720

H
1.2H
H
0.25H
0.4H

각 행위별 높이

좌고
899-883
어깨
592-534
눈
788-721
430-390
의자좌
451-442
557-543
머리
899-883
팔꿈치
270-252
눈
788-721
400-350
안락의자좌
단위(mm)

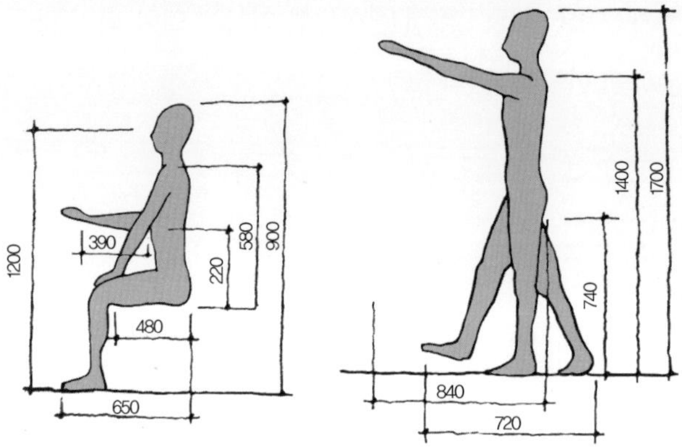

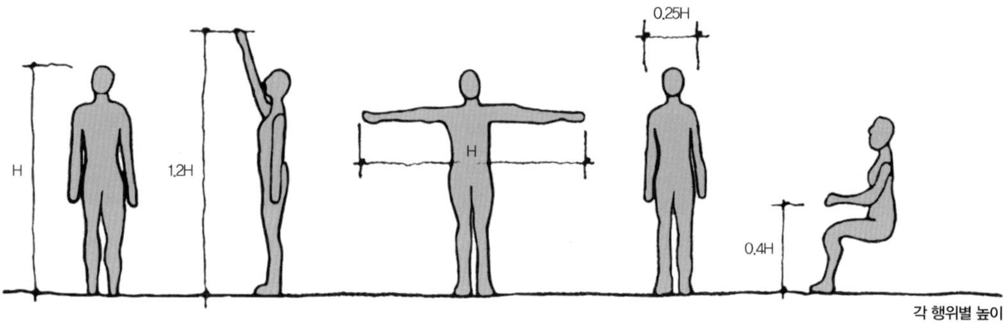

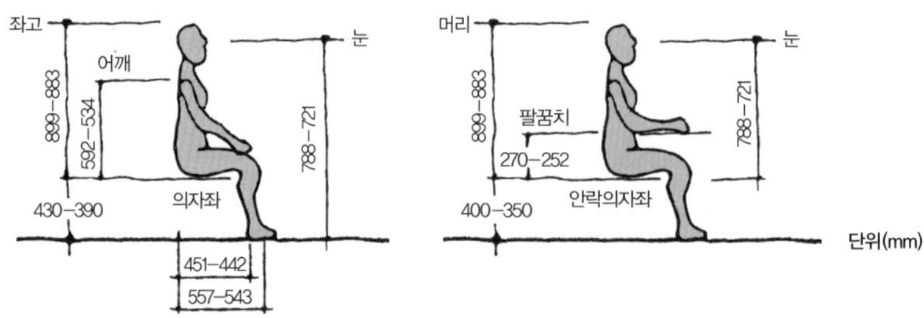

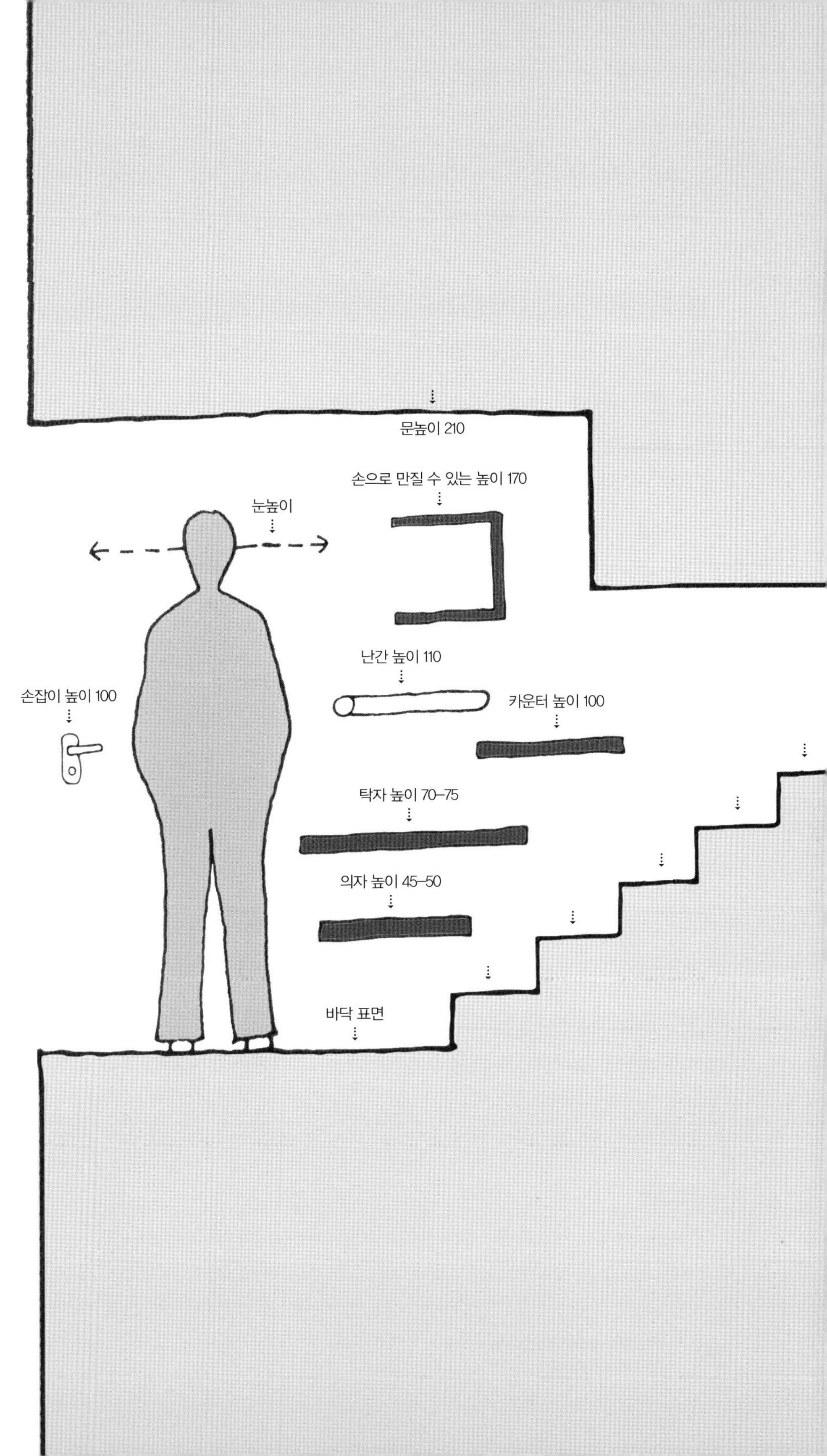

문높이 210
손으로 만질 수 있는 높이 170
눈높이
난간 높이 110
카운터 높이 100
손잡이 높이 100
탁자 높이 70–75
의자 높이 45–50
바닥 표면

가구 치수

○ **식탁** 1인당 식사에 필요한 넓이는 보통 가로 600mm, 세로 350mm 정도이다.

○ **의자** 좌판과 식탁의 높이 차이는 280-300mm 정도가 적당하다.

○ **침대**

종류	폭	매트리스 길이
싱글	900–1000	1950–2050
새미 더블	1200	2200–2300
더블	1350–1500	2200–2300
킹	1600–1800	2200–2300

전자 제품 치수

전자 제품의 치수도 반드시 체크해야 한다. 특히 양문형 냉장고나 드럼세탁기의 경우 치수를 파악하지 않고 설계를 진행했다가 낭패를 보는 경우도 있다. 공사 완료 후 다용도실에 세탁기가 안 들어가 문을 떼어 낸다든지, 냉장고가 내부 계단에 걸려 주방에 옮겨 놓지 못해 창틀을 뜯고 내부로 들여놓는 사례들이 종종 있다. 용량이 큰 전자 제품을 중심으로 치수를 미리 파악해 두자.

컬러가 인테리어를 좌우한다

색에 대한 여러 가지 이론들이 있다. 하지만 그 이론들은 인테리어 디자인에서 꼭 알아야 할 필요는 없다. 이 책에서는 이론보다 공간별로 실제 적용하는 이미지를 중심으로 이야기 하고자 한다. 이 느낌이 자연스럽게 이해되면, 우리 집에 칠하고자 하는 컬러를 제대로 고를 수 있다.

색의 감정

○ **온도감** 저채도, 저명도는 찬 느낌이 강하며, 무채색인 경우 저명도는 따뜻한 느낌을

주고 고명도는 찬 느낌을 준다. 난색계의 적색은 자극적이고 동적이며, 한색계의 청색은 조용하며 정적이다. 녹색, 자주색, 황록색 등의 중간색은 중성적인 느낌을 가지는 중성색이다. 난색은 따뜻함을 느끼게 하는 적색, 주황색, 황색 등의 색상들로서 팽창, 진출성이 있으며, 생리적, 심리적으로 느슨함과 여유를 가지게 된다. 한색은 차가움을 느끼게 하는 청록, 청, 청자색 등의 색상들로서 이들 색상은 수축, 후퇴성이 있으며 생리적, 심리적으로 긴장감을 느끼게 된다.

- **중량감** 고명도는 가볍게 느껴지고, 저명도는 무겁게 느껴진다.
- **강약감** 고채도는 강한 느낌, 저채도는 약한 느낌을 준다.
- **경연감** 난색, 저채도, 고명도의 색상은 부드러운 느낌이 난다. 한색, 고채도, 저명도의 색상은 딱딱한 느낌이 난다.
- **속도감** 파란색 계통은 시간의 단축, 시원한 느낌이나, 속도감이 낮다. 적색 계통은 지루함, 싫증, 피로감, 속도감이 높다. 고명도 색상은 빠른 느낌을, 저명도 색상은 둔한 느낌을 준다.

공간과 부위별 색채계

주거의 색채 계획은 기본적으로 대비가 강하지 않도록 해야 한다. 주택은 휴식과 안정을 위한 공간이며, 많은 시간을 머무는 공간이므로 너무 유행을 따르면 금방 싫증이 난다. 따라서 대비가 너무 강하지 않게 온화한 배색을 사용해서 전체적으로 따뜻한 느낌이 들도록 색채 계획을 세우는 것이 좋다.

색채 계획을 세울 때는 먼저 주조색을 결정하고 보조색을 한두 가지 사용한다. 그리고 주목을 끌기 위해 강조색을 한두 가지 활용해서 전체적으로 색상 수가 많지 않도록 한다.

실내의 각색은 개인적인 취향을 고려하는 것보다 통일된 색조를 갖도록 하는 것이 좋으며, 기능면을 고려해야 한다. 그리고 넓은 공간은 저채도로, 좁은 공간은 고채도로 한다.

공간과 부위별 색채 계획

1. 천장은 흰색 또는 가능한 한 이에 가까운 밝은 색이 좋고 실내의 조명 효율을 높이

컬러 용어

★ 대비

서로 다른 두개의 색이 동시적으로나 계속적으로 배열될 때, 상호의 특질이 한층 강하게 느껴지는 현상을 말한다.

★ 채도

색의 맑고 탁함, 순수한 정도를 말한다. 고채도는 색의 순도가 높은 것이며 저채도는 순색에 무채색의 느낌이 조금 섞인 상태를 말한다.

★ 명도

색의 밝고 어두운 정도를 말한다. 고명도는 색이 밝은 명도를 말하고, 저명도는 색이 어두운 명도를 말한다.

★ 난색

따뜻함을 연상하게 만드는 색으로 편안함, 포근함, 유쾌함을 느끼게 하는 색채이다. 주로 빨강, 주황, 노랑 계열이 따뜻한 느낌을 주는 색이다.

★ 한색

차가움을 연상하게 만드는 색이다. 일반적으로 초록, 파랑, 보라색과 그 유사색이 한색에 속한다.

★ 조도

장소의 밝기를 말한다. 단위는 룩스(lux)로 쓰고 기호는(lx)이다.

는 색이 좋다. 벽과 동색계로 할 때는 벽보다 명도가 높은 쪽이 무난하다.

2_ 천장 몰딩은 천장 색과 맞추는 것이 자연스럽고, 지나치게 눈에 띄는 색은 몰딩에만 시선을 집중시켜 다른 곳을 못 보게 만든다.

3_ 벽은 천장보다 조금 무겁게 보이게 하기 위해 맑은 중간색으로 하는데, 가급적이면 흰색이나 순색은 피한다.

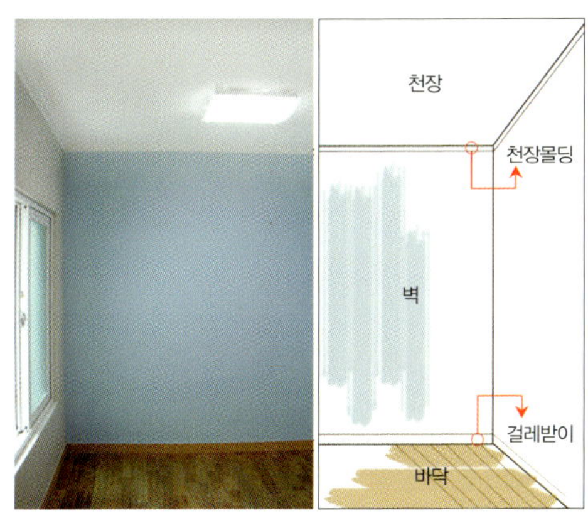

4_ 걸레받이는 벽과 같은 계통의 색이나 그보다 명도가 낮은 진한 색을 사용하여 방의 형태와 바닥 면적의 스케일감을 명료하게 해야 한다. 바닥 색과 맞추는 것도 자연스럽다. 벽체 디자인에 자신 있으면, 과감하게 천장 몰딩과 같은 색을 사용하면 벽체에만 시선을 집중시킬 수도 있다.

5_ 바닥은 조금 진한색이 안정감이 있다. 명도는 아래로 갈수록 낮게 해야 하기 때문이다. 반대로 반사율은 보통 천장〉벽〉가구〉걸레받이〉바닥 순으로 하면 좋다.

6_ 주방은 식욕을 돋우는 난색 계통을 선택한다. 만약 다이어트를 원하면 과감하게 한색 계통을 선택하라. 식욕 저하로 살이 빠진다.

7_ 거실은 안정감을 주는 약간 어두운 색을 쓴다. 대신 천장 조도를 조절할 수 있다면 필요 시 공간을 밝게 만들 수도 있다. 거실은 가족이 하루 일과를 마치고 쉼을 얻는 장소이지만, 손님을 맞이하는 공간이기도 하다. 개인의 취향보디는 편안한 휴식처가 되었으면 하는 개인적인 바람이다.

8_ 욕실은 반사광이 심하므로 저채도의 색이 적합하다.

9_ 안방은 편안한 잠자리에 들 수 있도록 따뜻한 느낌의 색을 선택하면 좋다. 지나치게 많은 포인트는 숙면을 방해한다. 물론 방은 개인마다 취향이 달라서 개성대로 선택하면 된다.

10_ 아이 방은 전체적으로 연두색 계열과 하늘색 계열이 무난하다. 물론 색은 개인마다

앞으로 5년, 경매하고 리모델링하라
직접 하는 우리 집 디자인

선호도가 다르다. 하지만 만약 우리 아이가 차분한 성격이라면 운동 신경을 발달시켜 주는 노란색 또는 교감 신경계를 자극하는 빨간색 등 밝은 원색이 좋다. 또는 학습의 분위기를 만들어 주고 싶다면, 파스텔톤이나 아이보리, 베이지 등 차분한 색상의 벽지를 사용해도 좋다.

주택 설계의 기본

내부 공간

공동 주택인 아파트와는 달리 단독 주택은 구조 변경이 비교적 자유롭다. 옛날 구조를 최근의 경향에 맞게 구조 변경을 해 보자.

1_ 독립된 거실 공간을 확보한다. 예전에 거실은 단순히 방으로 지나가는 통로의 역할이었다. 하지만 지금은 매우 중요한 공간이 되었다. 거실에서 아이들이 마음껏 뛰어놀 수 있는 공간을 고민해 본다.

2_ 주방을 공간의 중심에 놓는다. 온 가족이 함께 모여 쉴 수 있는 넓은 주방을 만들어 모두 함께 가사를 돕게 한다. 그리고 거실과의 연결이 자연스럽게 설계한다.

3_ 욕실을 넓게 만들고 별도의 샤워 공간을 만든다. 방 - 드레스룸 - 건식 세면대 - 욕실의 흐름이 편리하다.

4_ 주택의 높은 층고를 활용하여 복층 공간이나 다락방을 민든다.

5_ 지하 공간의 유용한 활용에 대해 고민해 본다.

6_ 최소 아파트 정도 수준으로 단열 설계를 한다.

앞으로 5년, 경매하고 리모델링하라
직접 하는 우리 집 디자인

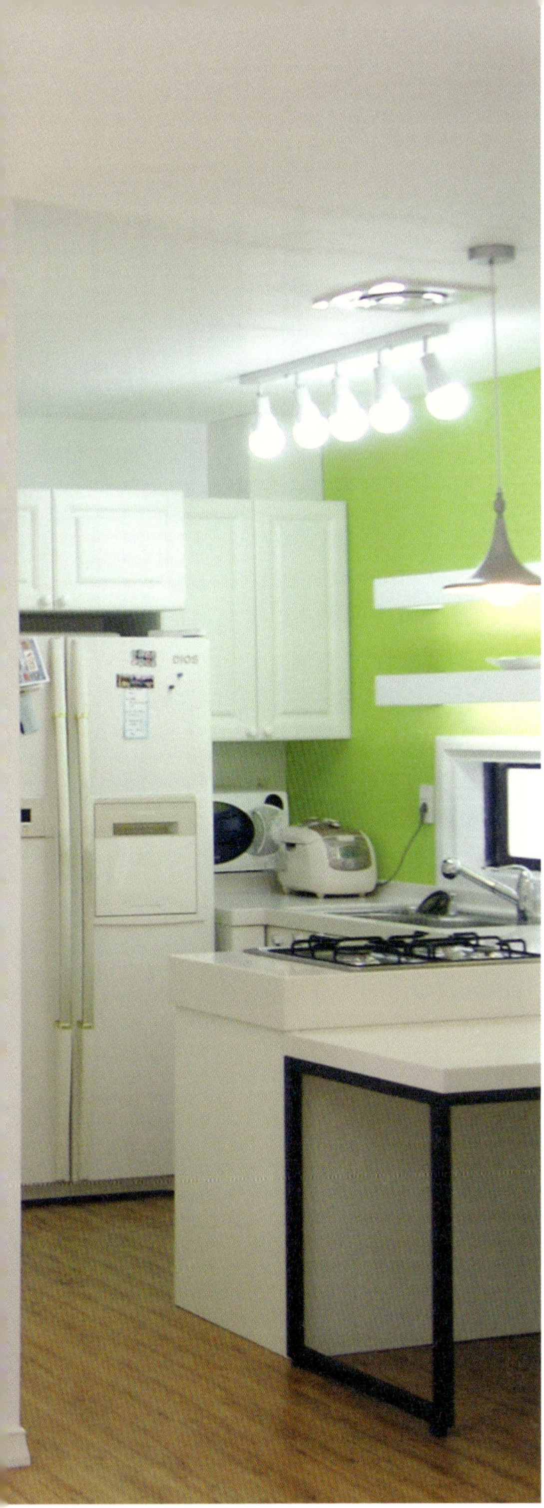

왼쪽 _ 시공 후
오른쪽 _ 시공 전

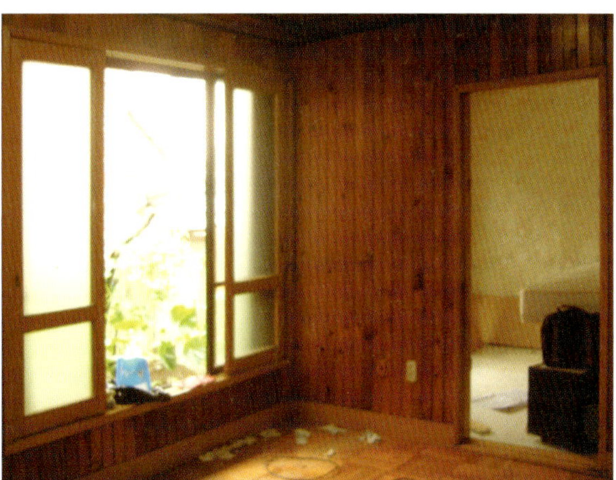

거실 전면 | 비용 절감을 위해 거실 전면에 조적(블럭)으로 책꽂이를 만들었다. 또한 책꽂이에 어울리도록 거실의 포인트 컬러를 진회색으로 결정했다. 거실 안쪽에 있던 활용도 떨어지는 작은방을 없애고 거실을 시원하게 넓혔다.

주택 공사를 하면서 고객들이 가장 신경 쓰는 부분이 바로 주방이다. 그런 만큼 주방은 디자이너들이 가장 많은 시간을 투자하는 곳이기도 하다. 집의 주된 기능이 휴식이라면, 주방은 유일하게 업무를 보는 곳이기 때문에 작업 동선과 작업 공간 등을 충분히 고려해서 디자인한다.

원래 방 2개와 거실, 화장실, 주방으로 구성되어 있던 주택 2층의 모습이다. 가족의 생활 패턴을 고려하여 하나의 방과 욕실 그리고 넓은 가족실로 재설계하였다.

위_시공 전
아래_시공 후

좁고 낡은 거실을 전면적으로 리노베이션했다. 현관문 맞은편에 있던 작은방의 벽체를 허물어 거실 공간을 넓게 확보했다. 현관문을 철문으로 교체하고, 마당으로 통하던 창을 폴딩도어로 설치했다. 거실 바닥 또한 나무무늬 장판으로 하여 따뜻한 느낌을 주었다. 현관 앞에 포인트 조명을 설치해 거실의 간접 조명 역할을 하도록 했다.

위_시공 전
아래_시공 후

앞으로 5년, 경매하고 리모델링하라
직접 하는 우리 집 디자인

왼쪽 _ 시공 후
오른쪽 _ 시공 전

노후 주택의 경우 방의 위치나 크기 때문에 활용도가 낮은 곳이 많다. 현관 바로 오른쪽에 붙어 있던 작은 방의 벽체를 허물고 거실과 합친 사례이다. 아파트에서는 느낄 수 없는 시원함이 돋보이는 공간이다. 아트월에는 특별한 디자인 요소 대신 베이직 컬러 페인팅을 하여 세련미를 가미했다. 아트월 맞은편 붙박이 책장이 거실의 포인트 디자인 역할을 충분히 할 수 있기 때문이다. 한쪽 벽면 전체를 장식장과 수납이 가능한 공간으로 디자인하되, 다소 지저분해 보일 수 있는 물건을 보관할 수 있도록 집 전체의 분위기에 맞추어 도어를 디자인했다. 주방으로 통하는 문에는 갤러리 폴딩도어를 두어 공간을 분리하면서도 시각적으로 소통할 수 있도록 설계했다.

외부 공간

단독 주택은 마당이라는 특별한 공간이 존재한다. 그러므로 마당을 최대한 활용할 수 있도록 내외부 공간을 연출한다.

1_ 마당에 거실 높이만큼 데크를 설치하고 거실에 폴딩도어를 설치해서 거실에서 마당까지 자유롭게 다닐 수 있도록 한다. 폴딩도어를 개방하면 내외부가 하나의 공간이 된다.

2_ 나무와 식물을 심는 장소를 마련해서 직접 길러 보면 아이들뿐만 아니라 어른들의 정서에도 좋다.

3_ 어닝을 이용해 햇빛을 조절하고, 외부 마당에서 바비큐 파티를 할 기구들을 설치한다.

4_ 경사 지붕, 평지붕의 형태를 고민해 보고, 만약 평지붕이라면 방수 설계를 꼼꼼히 한다.

마당으로 통하던 창을 폴딩도어로 설치했다.
시멘트로 마감되어 있던 마당 바닥을 천연 잔디와 데크로 시공했다.

1층 거실과 마당 사이에 아이들의 놀이공간을 만들었다. 맨발로 다닐 수 있도록 바닥을 데크로 시공했다. 데크는 물에 젖을 때를 대비하여 시공 후 오일 스테인 처리를 하였다.

1층에는 부모님이, 2층에는 젊은 부부가 함께 사는 공간이다. 2층 주택을 구입 후 부모님을 모시고 산다면 서로 간의 프라이버시는 존중되면서, 함께 공존할 수 있는 공간을 만들 수 있다. 2층 베란다에서도 도심 속 전원주택을 누릴 수 있는 주택을 디자인했다

좁고 허름한 대문을 철거하고 원목 재질의 큰 대문을 설치했다. 마당 안쪽에는 주차 공간도 확보해 놓았다. 시멘트칠이 벗겨져 흉했던 건물 외벽을 부목으로 둘러 깔끔하게 마감했으며, 담장이나 옥상 난간 등은 화이트 컬러 페인트로 통일해 산뜻함을 강조했다

위_시공 전
아래_시공 후

마당 안쪽에서 골목 쪽으로 늘어지던 나무를 베어내고, 화이트 컬러로 베이스를 잡았다. 주변 집
들과 확연히 차이가 나기 때문에 마을의 명소로 자리 잡았다는 후문이 들려왔다.

위_시공 전
아래_시공 후

전체적으로 화이트 컬러 페인팅을 하고, 방부목으로 포인트를 주었다. 옥상의 활용도를 높이기 위해 계단을 새로 제작하였으며, 안전성을 높이기 위해 난간을 설치했다.

설계 업체에서 꼭 받아야 할 문서

평면도, 전개도, 전기도 등의 설계도면과 시공방법 설명서(시방서)를 받아야 한다.

시공방법서(시방서)

철거, 설비, 미장, 방수 등 전체 공정에 대한 시공 방법을 설명한 서류를 뜻한다.

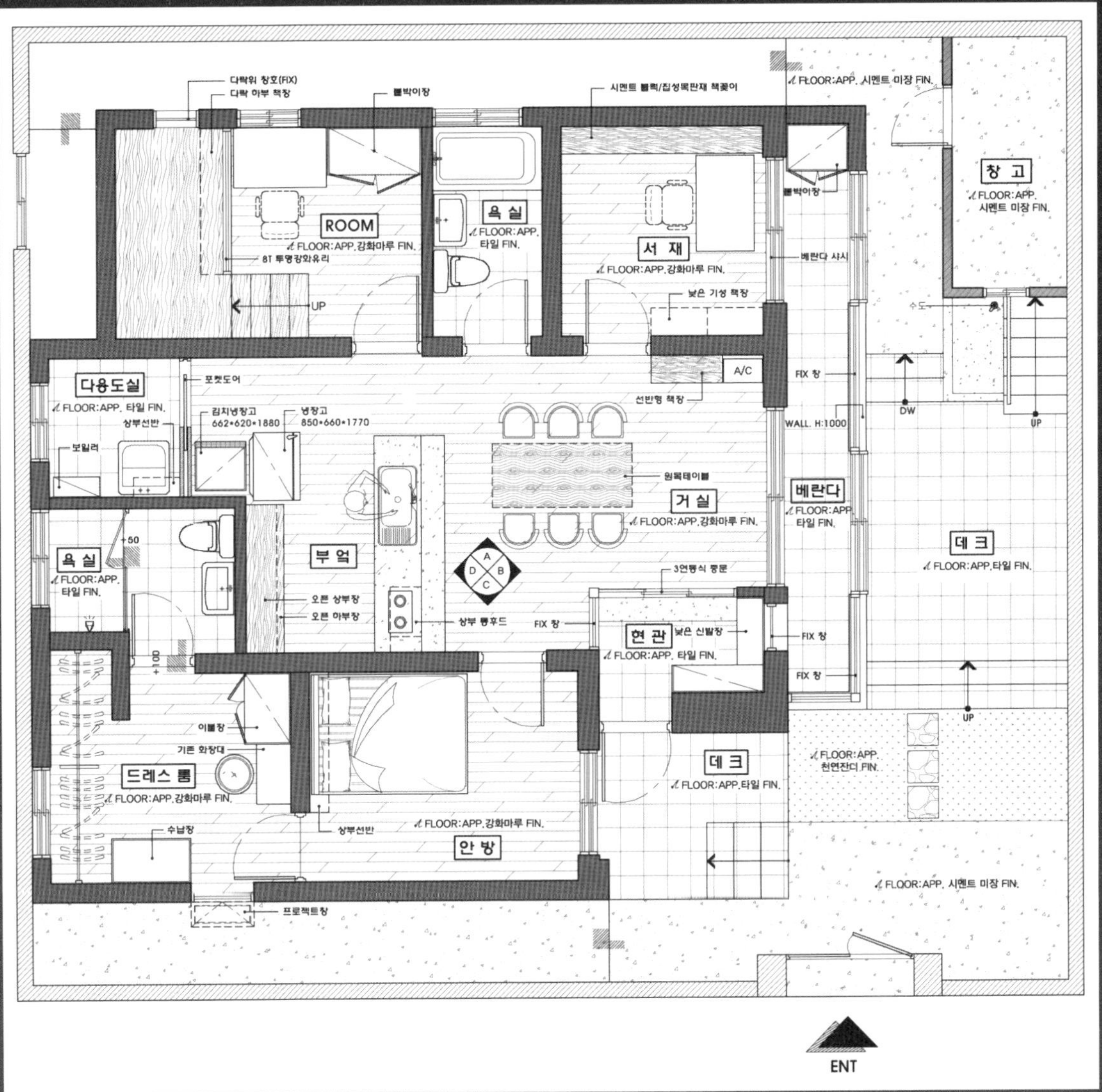

다락위 창호(FIX)
다락 하부 책장
블박이장
시멘트 블럭/집성목판재 책꽂이
FLOOR:APP. 시멘트 미장 FIN.

창 고
FLOOR:APP.
시멘트 미장 FIN.

ROOM
FLOOR:APP. 강화마루 FIN.
8T 투명강화유리

욕 실
FLOOR:APP.
타일 FIN.

서 재
FLOOR:APP. 강화마루 FIN.

블박이장

베란다 샤시

낮은 기성 책장

UP

수도

다용도실
FLOOR:APP. 타일 FIN.
포켓도어
김치냉장고
662*620*1880
냉장고
850*660*1770
상부선반

선반형 책장
A/C

FIX 창

WALL. H:1000

DW

UP

보일러

원목테이블

베란다
FLOOR:APP.
타일 FIN.

데 크
FLOOR:APP. 타일 FIN.

욕 실
FLOOR:APP.
타일 FIN.
+50

부 엌

거 실
FLOOR:APP. 강화마루 FIN.

오픈 상부장
오픈 하부장

상부 렌지후드

3연동식 중문

FIX 창

상부 렌지후드

현 관
FLOOR:APP. 타일 FIN.
낮은 신발장

FIX 창

FIX 창

UP

이불장

기픈 화장대

드레스 룸
FLOOR:APP. 강화마루 FIN.

데 크
FLOOR:APP. 타일 FIN.

FLOOR:APP.
천연잔디 FIN.

수납장

상부선반
FLOOR:APP. 강화마루 FIN.

안 방

프로젝트창

FLOOR:APP. 시멘트 미장 FIN.

ENT

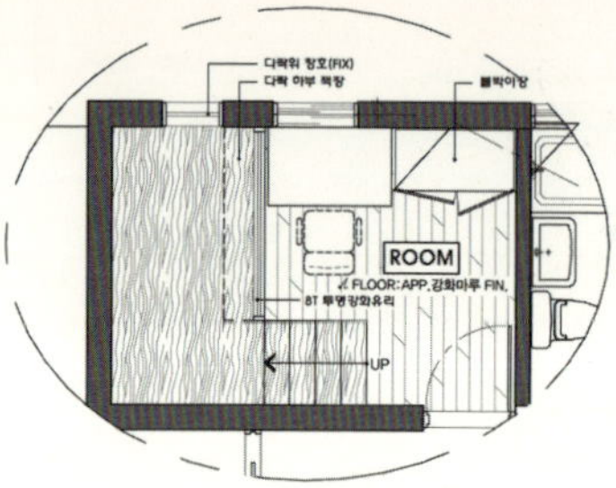

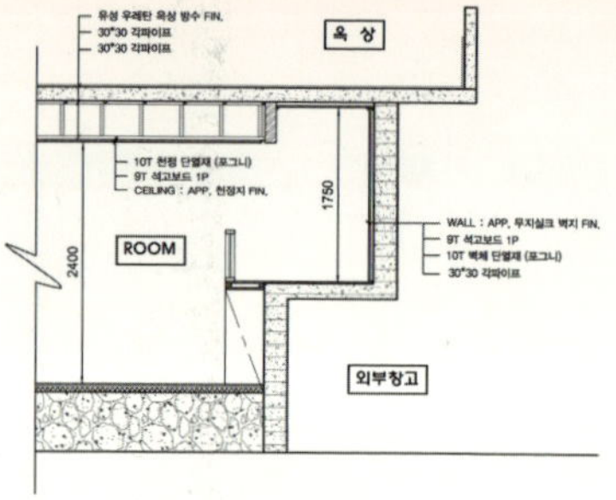

ROOM 단면도
SCALE /N.S

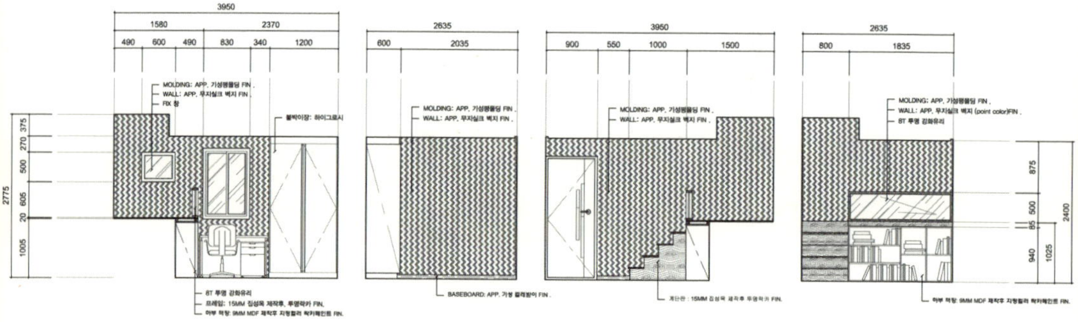

ROOM ELEVATION
SCALE /N.S

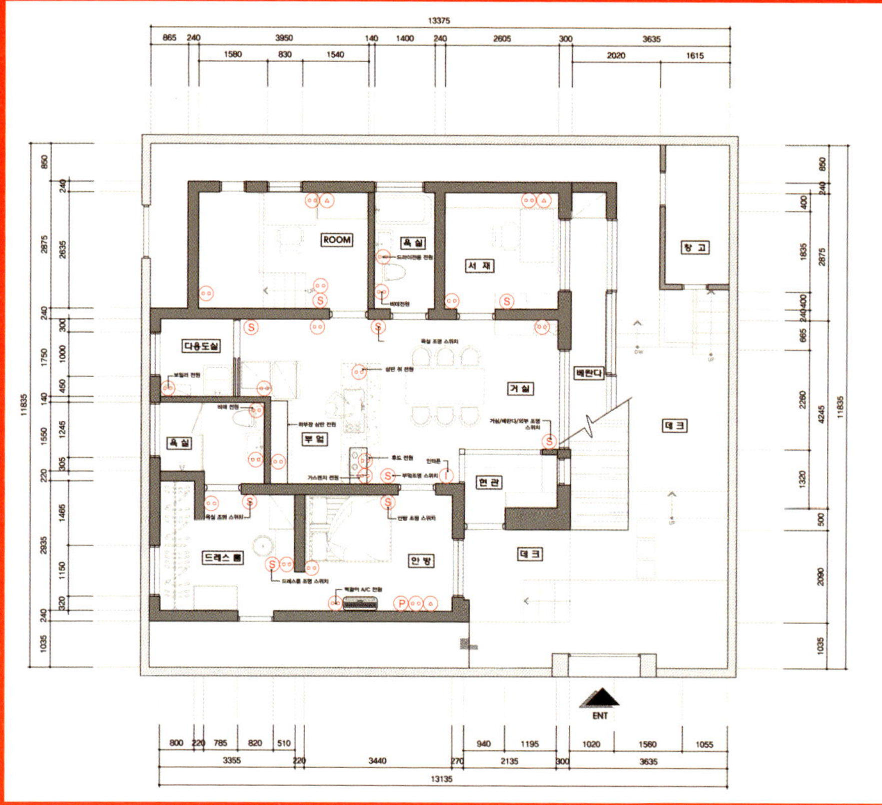

1F 콘센트 위치 도면	
기 호	명 칭
⊙⊙	콘센트
S	스위치
△	랜선
P	전화기
I	인터폰
T	TV

SCALE   1/80

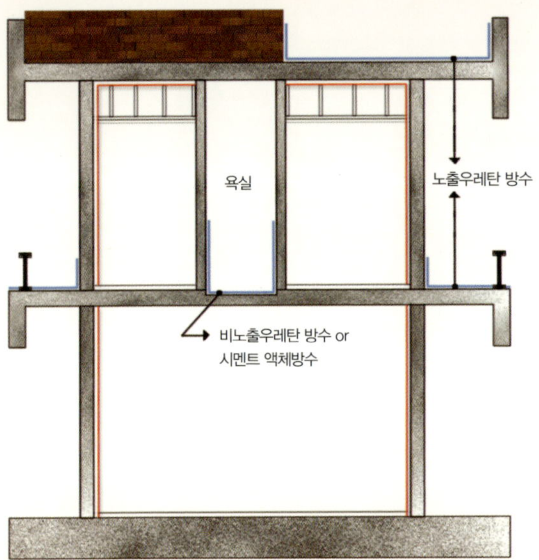

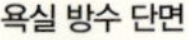

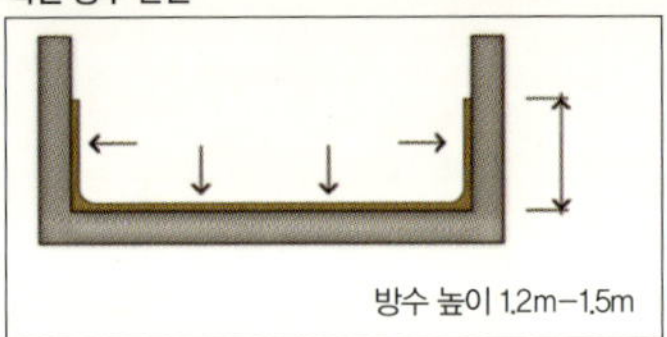

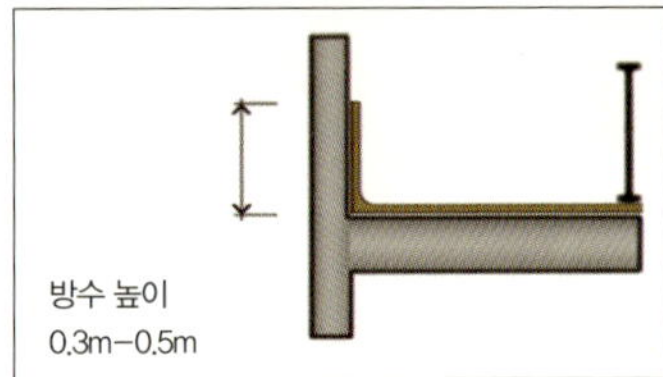

1. 방수면 청결
2. 종류별 방수
3. 코너 부분 크렉 주의

내가 직접 할 수 있는 공사는?

몇 가지 공구만 있으면 집 주인이 직접 할 수 있는 공사가 있다. 솜씨가 없더라도 인터넷 조금만 찾아보면 직접 공사할 수 있는 용기도 생긴다. 내 집 디자인과 마찬가지로 이 또한 우리와 너무 먼 세계만은 아니다. 조금씩 해 보면 실력이 늘고, 그렇게 늘어난 자신감으로 어느 날은 집도 한 채 지을 것 같은 생각이 들 것이다. 일단, 어떤 공구가 있고, 어디에 쓰는지 알아보자. 그리고 시간이 날 때마다 공구 밀집 지역을 둘러보며 직접 만져 보고, 작동도 해 보면 완전히 새로운 세계가 열리고 있음을 눈치 채게 될 것이다.

○ **전동 드릴, 십자 드라이버, 일자 드라이버** 나사를 조이거나 풀 때 사용한다. 충전식 전동 드릴이 사용하기 편하고 다양하게 사용되지만 힘이 조금 약하다. 위생 기구를 달기 위해 콘크리트 벽에 구멍을 낼 생각이라면 일반 전동 드릴이 낫다. 십자 드라이버는 나사를 미세하게 조일 때 유용하고, 일자 드라이버는 콘센트 커버 등을 벗겨 낼 때

사용된다.

- **실리콘, 실리콘총** 벽면과 싱크대 상판 접합부나 욕조 테두리에 유성 실리콘을 사용하고, 페인트 공사에는 주로 수성 실리콘을 사용한다. 꼭지를 적당히 잘라 내고 살짝 눌러 주면 좀 더 편하게 실리콘 작업을 할 수 있다.

- **글루건** 글루건은 순간적으로 접착이 필요할 때 사용한다. 하지만 장기적인 접착력은 약하다. 만약 걸레받이 몰딩을 친다면 먼저 실리콘(장기적인 부착을 위해)을 뒷면 가운데에 바르고 나시 가장자리에 글루건(순간적인 접착을 위해)을 바른 후 5초 안에 바로 붙여야 한다.

- **못, 망치, 대패** 못과 망치는 기본적인 공구이다. 못 제거를 할 수 있는 망치는 철거 공사를 할 때 유용하다. 대패는 목재문이나 목재 창호를 손질할 때 자주 사용된다.

- **스패너(몽키)** 상수도, 하수도 설비 배관을 풀거나 조일 때 꼭 필요하다. 손잡이 부분이 짧으면 좁은 공간에서 작업할 때 능력을 발휘한다.

- **그라인더, 커터칼, 톱** 그라인더는 목재, 금속, 시멘트 미장 등을 절단할 때 매우 자주 사용된다. 하지만 매우 위험하므로 충분한 주의를 요한다. 실리콘을 제거하거나 기타 재료를 자를 때 칼을 사용한다. 전동 톱이 있으면 좋겠지만, 가격이 비싸고 위험할 수도 있으니 간단한 절단은 일반 톱을 사용하자.

- **줄자** 가구나 전자 제품의 치수, 방과 창문의 길이를 재기 위해서는 반드시 있어야 한다. 5m 정도의 줄자면 충분하다.

- **붓, 헤라** 페인트 공사를 위해서는 좋은 붓을 늘 구비해 놓아야 한다. 사용한 후에는 깨끗이 씻어 보관한다. 유성 페인트를 사용했으면 시너(신나)에 씻어 말리고, 수성 페인트를 사용했으면 물에 씻어 말린다. 헤라는 페인트 시공 면을 처리할 때나 페인트 뚜껑을 열 때 사용한다.

- **칼블럭(PVC앵커), 나사** 욕실에서 거울이나 수건장 등을 달기 위해서는 칼블럭이 꼭 필요하다. 우선 드릴로 벽면에 구멍을 낸 후 칼블럭을 밀어 넣고 나사를 조이면 된다.

페인트칠하기(내부·외부)

페인트칠은 비교적 쉬운 작업처럼 보이지만 사전 지식이 없으면 낭패를 볼 수도 있다. 물론 페인트칠을 한 번만 해 보면 금세 익숙해진다. 그래서 보통 한 번 페인트칠을 해 보면 다음에는 정말 잘할 것 같은 기분이 들기도 한다. 우선, 페인트의 종류에 대해 알아보자.

○ **유성 페인트** 희석시킬 때 시너(신나)를 혼합하는 페인트를 말하며 에나멜과 래커가 대표적이다. 에나멜은 주로 금속 재료를 칠하는 데 사용한다. 그래서 주거 공간에서는 현관문, 발코니 난간, 금속 계단, 대문 등에 칠할 때 쓴다. 래커(락카)는 주로 목재에 칠한다.

○ **수성 페인트** 희석시킬 때 물을 혼합하는 페인트를 말한다. 내부 수성은 베란다 벽면 같은 내부에 주로 사용한다. 시멘트 미장면, 목재면, 벽지면 등 다양한 곳에 칠이 가능하다. 외부 수성은 아파트나 주택 등의 건물 외부 벽면에 칠을 하는 데 사용된다. 시멘트 미장 면이나 페인트 면에 주로 사용된다.

목재로 된 창문이나 방문에 페인트를 칠할 경우에는 반드시 대패질을 해 놓아야 한다. 왜냐하면, 페인트는 보통 3-4번 칠을 하는데, 그만큼 두께가 늘어나기에 마른 후 창문이나 방문이 틀에 끼어서 안 닫힐 수도 있기 때문이다. 그래서 틀과 문이 닿는 곳은 넉넉하게 대패질을 해 놓아야 한다. 창문은 유리 부분을 커버링 같은 것으로 미리 보호해 놓아야 하고, 방문은 손잡이 부분을 미리 감싸 놓아야 페인트칠하기 편하다.

발코니에 수성 페인트를 칠한다면 수성 롤러로 먼저 칠한 다음 마지막에는 유성 롤러로 칠하면 마감이 깨끗하다. 수성 롤러는 털이 많아서 벽면에 털 자국이 남기 때문이다. 코너 부분은 미리 붓으로 칠해 놓아야 빈틈없이 칠이 된다.

○ **페인트칠 시공 순서**

1_ 구멍 나거나 금 간 곳에 수성 실리콘이나 핸디코트로 먼저 메워 준다.

2_ 사포로 면을 부드럽게 문질러 준다.

3_ 젯소나 바인더로 도장 면을 골고루 발라 준다.

4_ 코너 부분을 붓으로 먼저 칠하고, 넓은 면은 롤러로 밀어 준다.

5_ 면이 깨끗하게 나올 때까지 3-4번 칠해 준다. 단, 한 번 칠한 곳이 마른 다음 두 번째 칠을 한다.

필름 부착하기

평균 미터당 5000-6000원 하는 필름의 재료비는 공사비에서 큰 비중을 차지하지 않는다. 하지만 인부를 부르면 공사비는 몇 배 이상 크게 상승한다. 그러므로 필름 부착을 직접 할 수 있다면 공사를 저렴하게 할 수 있다. 최근에는 싱크대 문짝을 필름으로 리폼하는 사례가 많은데, 만약 필름 기능공에게 의뢰해서 작업한다면 차라리 문짝을 교체하는 편이 비용이 덜 든다. 그만큼 인건비 비중이 높다는 말이다.

○ 필름의 주요 활용 범위

1_ 목공사 후에 페인트칠을 하는 대신 필름으로 시공

2_ 싱크대 또는 붙박이장 문짝을 필름으로 리폼

3_ 새시 틀을 필름으로 리폼

4_ 중문·문·문틀 등을 페인트 대신 필름으로 시공

5_ 기타 부분 수리 및 포인트 장식으로 활용

최근 대부분의 마감재는 필름으로 마감된 상태로 출시된다. 필름으로 마감된 재료의 리폼은 다시 필름으로 마감해야 한다. 필름으로 마감된 재료에 페인트칠을 하면 잘 벗겨지기 때문이다.

○ 필름 시공 방법

1_ 시공할 면의 먼지와 기름기를 깨끗하게 닦아 낸다.

2_ 실크 벽지, 모서리, 요철, 곡면 부분 등에는 반드시 필름 전용 프라이머를 먼저 칠해

서 접착력을 보강해 준다.

3_ 시공할 면보다 3cm 이상 여유 있게 재단해 둔다.

4_ 뒷면의 이형지(비닐)를 조금씩 벗겨가면서 기포가 잘 빠지도록 시트의 중심부에서 바깥쪽으로 상하좌우로 밀면서 붙여 나간다. 그리고 마른 걸레 등으로 한 번 더 힘 주어 밀어 준다. 이형지를 한 번에 벗겨내고 붙이면 실수할 우려가 있다.

5_ 시트지는 수축할 수 있으므로 이음매는 5mm 씩 겹쳐서 붙인다. 기포가 있거나 위 치가 틀어지면 필름을 조심스럽게 떼어 낸 후 다시 붙인다. 그래도 작은 기포가 생 긴다면 칼끝으로 칼집을 내고 공기를 빼 주면 된다.

6_ 마무리 부분은 자를 대고 칼로 잘라 낸 후 한 번 더 눌러 준다.

타일 붙이기

타일의 종류에 대해 알아보자. 세라믹타일은 흙으로 구운 타일을 말한다. 흔히 자기 질, 석기질, 도기질 타일을 모두 세라믹타일이라고 부른다. 타일 매장에 전시된 타일 대 부분이 세라믹타일이다.

벽타일은 400×250, 300×600mm 크기의 도기질 타일이 많고, 바닥타일은 200×200, 300×300mm 크기의 석기질 타일이 많다. 이런 크기가 가장 흔한 치수이다.

벽면 타일 시공은 일반인도 비교적 쉽게 할 수 있다. 하지만 바닥타일은 일반인이 시 공하기 힘들다. 왜냐하면 벽면은 평평한 편이지만, 바닥은 물이 하수도로 쉽게 흘러가도 록 조금 기울어 있기 때문이다.

타일은 기존 타일을 철거하지 않고 그 위에 덧붙이는 경우가 대부분이나. 흔히 덧방 시공이라고 한다. 하지만 기존 타일을 철거하고자 한다면 타일공을 부르는 게 낫다. 타 일 제거 후 타일 시공이 그리 쉽지 않기 때문이다.

○ **벽타일 시공 방법**

1_ 시공할 면에 구멍이 있다면 메우고 깨끗하게 처리한다.

2_ 타일본드를 벽면에 빗살무늬 형태로 골고루 발라 준다.

3_ 타일을 크기에 맞게 잘라 가면서 위에서 아래로 간격을 맞추어서 붙여 나간다. 타일을 자를 때는 타일 커터기를 이용하지만, 커터기가 없다면 그라인더를 이용한다.

4_ 다 붙였으면 3시간 이상 건조시킨다.

5_ 백시멘트에 물을 섞어 밀가루 반죽처럼 만든다. 치약과 같은 농도가 적당하다.

6_ 타일과 타일 사이의 줄눈에 반죽된 백시멘트를 꼼꼼히 채워 준다.

7_ 회색이던 백시멘트가 백색으로 변해가면 물에 적신 스펀지로 백시멘트를 부드럽게 닦아 낸다.

8_ 그 후 2-3번 더 닦아 내면 타일 시공이 완성된다.

벽지, 몰딩 붙이기

도배 작업을 쉽게 생각하는 사람들이 의뢰로 많다. 하지만 도배 공사는 결코 만만치 않은 작업이다. 특히 천장 도배 작업을 일반인이 깨끗하게 마무리하기란 거의 불가능하다. 도배는 업체가 워낙 많아 경쟁이 치열하다 보니, 자연히 견적 금액도 저렴한 편이다. 그러니 웬만하면 도배업체(지물포)에 맡기도록 하자. 일반 인테리어 업체보다 지물포(도배.장판 전문)에 가면 더 저렴하게 시공이 가능하다. 지물포는 매장 주인이 현장에서 직접 도배 작업을 하기 때문이다. 단, 지물포에 가기 전에 벽지 샘플을 미리 골라 두자.

지물포는 보통 재래시장 안이나 단독 주택가 주변에 많다. 웬만하면 벽지를 바르기 전에 천장 몰딩은 새로 시공하는 게 좋다. 아무리 좋은 벽지로 도배를 해도 몰딩이 허름하면 모양새가 좋지 않다. 몰딩을 새로 시공하는 게 부담스럽다면 페인트칠이라도 깨끗하게 하고 도배 공사를 하자.

데코타일 부착하기

바닥재 중 합판마루(온돌마루), 강마루, 강화마루 등의 마루 종류들이 많지만, 실제로 마루는 직접 시공하기가 어렵다. 하지만 데코타일과 장판은 일반인도 비교적 쉽게 시공이 가능하다. 데코타일은 마루보다는 저렴하고 모노륨보다는 표면이 튼튼하다. 마루처럼 한 장 한 장 붙여서 시공하는데 마루 느낌이 나는 데코타일은 분위기도 있어 보인다.

1_ 시공할 바닥면 청소를 깨끗이 한다. 먼지가 많으면 접착력이 떨어진다.

2_ 데코타일 전용 프라이머를 빗살무늬 형태로 골고루 최대한 얇게 발라 준다. 프라이
머를 두껍게 바르면 시공 후 데코타일 위로 본드가 빠져나온다.

3_ 출입구나 동선에서 가장 먼 곳에서부터 데코타일을 붙여 나간다. 벽과 부딪히는 끝
부분에 데코타일은 치수에 맞게 커터칼로 잘 자른 후 붙인다.

4_ 데코타일을 바닥에 다 붙였으면 모서리 부분에 실리콘을 발라서 마무리한다.

5_ 데코타일을 더 오래 사용하고 싶다면 그 위에 왁싱액을 한 번 발라 주면 좋다.

스위치 교체하기

도배를 해 놓고 나면 누렇게 변색되어 있는 스위치가 눈에 들어온다. 매우 눈에 거슬린
다면 교체해 보자. 다음과 같은 순서로 교체하면 된다.

1_ 본래 있는 스위치가 2등용 스위치인지, 3등용 스위치인지 잘 확인하고, 같은 개수
의 스위치를 구매한다.

2_ 분전반의 조명 차단기를 내린다.

3_ 일자 드라이버로 커버를 옆으로 밀어 제거하고 나사를 푼다.

4_ 분리해 놓은 전선을 새 스위치에 설치한다. 기존 스위치를 제거할 때 사진을 찍어
놓든지 테이프로 미리 번호를 매겨 놓아서 새 스위치에 설치할 때 반드시 전에 꽂
은 위치와 같은 곳에 꽂아야 한다. 3등용 스위치 이상이 되면 전선이 매우 복잡하
다. 만약 스위치 교체가 부담스러우면 커버만 교체해도 된다.

5_ 새 스위치의 나사를 조이고 커버를 설치한다.

콘센트 교체 방법

1_ 본래 있는 콘센트가 1구용 콘센트인지, 2구용 콘센트인지 잘 확인하고, 같은 개수
의 스위치를 구매한다.

2_ 분전반의 콘센트 차단기를 내린다.

3_ 일자 드라이버로 커버를 옆으로 밀어 제거하고 나사를 푼다.

4_ 분리해 놓은 전선을 새 콘센트에 연결한다. 전선이 바뀌어 버리면 누전의 위험이 있다. 기존 콘센트를 제거할 때 사진을 찍어 놓든지 테이프로 미리 번호를 매겨 놓아서 새 콘센트에 설치할 때 반드시 전에 꽂은 위치와 같은 곳에 꽂아야 한다.

5_ 새 콘센트의 나사를 조이고 커버를 설치한다.

조명 교체하기

조명만 교체해도 집이 넓고 훤해 보인다. 조명은 램프 개수에 따라 2, 3, 4, 5, 6등 조명으로 구분하는데 욕실은 2등, 작은방은 3등, 안방은 4등, 거실은 5등 내지 6등을 많이 사용한다. 커버는 보통 아크릴이나 유리를 많이 사용한다. 조명의 수명은 램프에 있으니 좋은 램프를 사용하자. 조명은 한두 번만 해 보면 누구나 쉽게 달 수 있다. 예전에는 니퍼로 전선 비닐을 없애고 전선을 겹쳐서 비닐 테이프를 감았지만, 요즘은 연결 단자에 그냥 꼽기만 하면 된다. 물론 분전반(두꺼비집)에 있는 조명 차단기를 반드시 내리고 설치해야 안전하다.

○ **조명 교체 방법**

1_ 분전반에서 조명 차단기 스위치를 내린다. 혹시 헷갈리면 전체 차단기를 내린다.

2_ 조명 커버를 벗기고, 램프도 빼 놓는다.

3_ 전선 연결 단자를 뽑아내고 조명 몸체의 나사를 푼다.

4_ 새 조명 몸체는 나사를 박아 천장에 고정시키고 전선을 꽂는다.

5_ 차단기를 다시 올리고 빛이 들어오는 것을 확인한다.

6_ 조명 커버가 있다면 설치한다.

바닥재는 평당 공사비를 알아보는 것보다 바닥 평수 산정을 잘하는 것이 더 중요하다.
예를 들어, 32평 아파트의 방3, 거실, 주방에 마루를 시공한다면, 아래와 같이 평수를 산정하면 된다.
참고로 분양 평수=전용 면적 + 공용 면적이다.

그래서 32평 아파트는 32평(분양 평수)=25평(전용 면적) + 7평(공용 면적)으로 계산한다.
보통 아파트의 공용 면적은 7평, 빌라는 4평, 단독 주택은 실평수이다.
32평(분양 평수) − 7평(공용 면적) − 4평(욕실/현관은 타일을 시공한다.)
=23평 (시공 면적)×1.1 (로스율 10%)
=23.1평 ≒ 24평 (실제 재료가 사용되는 양)

원리는 이렇지만 간단하게 분양 평수×0.75로 계산하면 된다. 즉, 32평×0.75=24평이 실제 재료가 사용되는 양이다.

욕실 교체하기

욕실 전체를 시공하게 되면 실제 공사비만 200만원 이상 든다. 이 말은 시공 업체에 맡기면 최소 230만원 이상의 견적이 나온다는 의미이다. 부담스럽다. 하지만 방법이 없는 것은 아니다. 인터넷에서 욕실 전문 업체를 찾아보면, 150-180만원 정도의 비용으로 공사를 해 주는 곳이 있다. 저렴한 이유는 물론 있다. 브랜드 없는 저렴한 재료를 사용하고 모든 공정을 다 시공할 수 있는 이른바 다기능공이 일을 하기 때문이다. 이런 업체를 이용하면 특별히 문제될 것은 없지만, 사실 2% 부족한 느낌은 있다.

○ 부분 욕실 공사

위생 기구만 교체할 때

변기, 세면대, 액세서리 등을 별도로 교체하는 것은 얼마든지 가능하다. 제품 설치 설명서를 잘 읽으면 된다. 특히 변기 물탱크 부속품은 소모품이므로 언제든지 교체할 수 있다. 휴지걸이, 비누걸이 등의 액세서리는 드릴로 구멍을 내고 칼블럭을 꽂아 나사를 조여야 한다.

천장재만 교체할 때

리빙우드, 돔천장 등 욕실 천장재도 별도로 교체가 가능하다. 리빙우드는 기존 리빙우드에 있는 나사를 풀고 제거한 후 새 리빙우드를 설치해도 된다.

타일만 교체할 때

타일만 별도로 시공하는 것은 불가능하다. 왜냐하면 타일을 설치하려면 먼저 위생 기구를 철거한 후 타일을 시공하고 다시 철거했던 위생 기구를 재설치해야 하기 때문이다. 차라리 욕실 전체를 새로 공사하는 편이 나을 수도 있다. 물론 기존 위생 기구를 철거하지 않고 타일을 시공할 수도 있겠지만 보기에 매우 좋지 않을 것이다.

타일 줄눈만 교체할 때

타일만 별도로 시공하기 힘들기 때문에 타일 줄눈만 새롭게 시공하는 경우도 있다. 왜냐하면 타일을 교체하는 대부분의 이유는 타일 줄눈이 지저분하기 때문이다. 기존 타일 줄눈을 헤라 등으로 제거하고 바닥 타일을 깨끗이 청소한 후 백시멘트를 새롭게 바르는 방식이다. 이것마 저 여의치 않다면 타일 줄눈 코팅제를 바르면 된다. 제품 설명서가 하라는 대로만 하면 된다.

욕실이 전체적으로 지저분할 때

욕실 코팅 업체를 이용하면 된다. 사실 바닥 타일, 변기, 세면대 등은 교체하기 때문에 욕실 코팅이라기보다는 새롭게 시공하는 거나 마찬가지지만 조금이라도 비용을 줄일 수는 있다.

배수구에서 냄새가 올라올 때

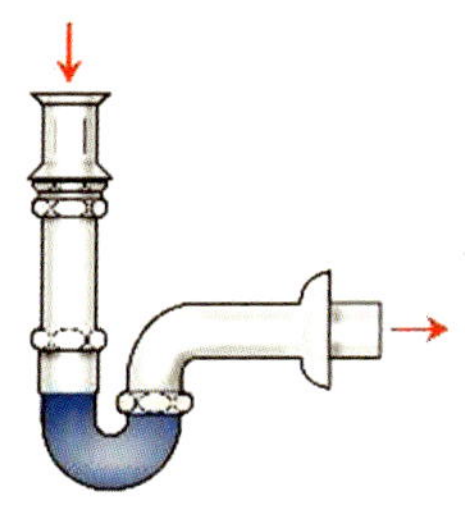

배수구에는 일정량의 물이 항상 채워져 있다. 이것을 봉수라고 하 는데 이 봉수가 배수구 밖에서 들어오는 냄새나 벌레를 차단해 준 다. 그런데 경매 등으로 오랫동안 집을 비워 둔 집에는 봉수가 말 라 버린다. 그러면 자연히 밖에서 좋지 않은 냄새가 올라온다. 해결 법은 간단하다. 물만 한 번 부어 주면 냄새가 안 난다. 하지만 유가(배수구) 자체에 봉수 기능 이 없는 제품이 있을 수도 있다. 만약 그런 제품이 설치되어 있다면 유가만 새롭게 고체하면 문제는 간단히 해결된다.

욕조 실리콘 교체할 때

곰팡이가 있는 기존의 욕조 실리콘을 커터칼로 제거하고 새 실리콘을 바른다. 이때 실리콘 바를 자리만 제외하고 욕조 위아래에 마스킹테이프를 먼저 붙인 후 실리콘을 바른다. 실리 콘이 마르고 나서 마스킹테이프를 제거하면 깨끗하게 처리되어 있을 것이다. 실리콘은 바른 후 손가락에 물을 묻히고 직선으로 한 번만 쭉 문질러 주면 전문가 부럽지 않은 마감이 된다. 하루 정도는 물을 사용하지 말아야 한다.

바닥 방수

기존 타일을 제거하고 방수액으로 방수 처리를 한 후, 비노출 우레탄 방수재를 한 번 더 작업하는 게 좋다. 결국 다시 타일을 붙여야 하니 바닥 누수는 비용 부담이 비교적 큰 편이다.

싱크대 리폼하기

주방의 중요성은 아무리 강조해도 지나치지 않다. 특히 주부에게 주방의 의미는 각별하다. 실제로 주방이 예쁘면 전세는 물론 매매 계약도 잘된다.

주방 전체를 바꾼다면 좋겠지만 역시 비용이 문제다. 하지만 방법이 있다. 60-80만원대의 최저가 싱크대를 설치하면 된다. 이런 장을 보통 막장 또는 도날드장이라고 하는데 실제로 경매 물건을 팔 때나 전세를 놓을 때 이런 싱크대를 설치하는 경우가 많다. 왜냐하면 하이그로시 이상의 제품은 최소 150만원 이상이라 가격이 부담스럽기 때문이다. 싱크대가 도저히 사용 불가능하다면 전체를 교체해야겠지만 그렇지 않다면 부분 수리도 가능하다.

○ 부분 리폼 방법

1_ **싱크대 문짝만 교체할 때** 싱크대는 문짝만 교체해도 새것처럼 보인다. 현관장이나 붙박이장도 마찬가지다. 이때 모든 문짝의 치수를 재고 주문해야 한다. 주변 싱크대 업체에 문의해 보면 된다.

2_ **싱크대 문짝만 리폼할 때** 원목이나 무늬목 문짝이라면 페인트칠도 가능하지만 고급 싱크대에 칠을 한다는 게 왠지 아깝게 느껴질 것이다. 게다가 하이그로시 등 기타 다른 문짝에는 칠이 안 된다. 그럴 때는 필름으로 리폼한다. 직접 필름을 붙인다면 저렴하게 싱크대를 리폼할 수 있지만 필름 시공자를 불러서 필름 작업을 한다면 차라리 문짝을 교체하는 게 낫다. 인건비 비중이 그만큼 크다는 뜻이다. 단, 직접 필름을 붙일 때 굴곡이 있는 문짝은 작업하지 않는 편이 낫다. 현실적으로 예쁘게 붙이기가 힘들기 때문이다.

3_ **싱크대 상판만 교체할 때** 싱크대 상판만 별도로 교체가 가능하다. 하지만 상판 교체 시에는 싱크볼도 같이 교체해야 하니 비용이 부담스러워진다.

4_ **싱크대 상판 리폼할 때** PT상판(라미네이팅 처리)은 리폼이 불가능하지만 인조 대리석 상판

의 경우 리폼이 가능하다. 인조 대리석의 스크래치나 상처 부위를 사포질하고 왁스를 바르면 새 상판처럼 깨끗해진다.

5_ **싱크대 상판과 문짝을 같이 교체할 때** 싱크대 상판과 문짝을 같이 교체하느니 차라리 싱크대 전체를 새로 설치하는 것이 현명하다. 실제로 싱크대 몸통은 견적에서 큰 비중을 차지하지 않는다.

6_ **문짝 손잡이 교체할 때** 싱크대의 손잡이만 교체해도 훨씬 예뻐 보인다.

○ **손잡이 교체 방법**

전동 드릴로 기존 손잡이 나사를 풀어 제거한다.

싱크대 문짝의 두께 치수를 재고, 문짝 두께보다 3mm 정도 더 긴 볼트를 구매한다. 물론 제거해 둔 기존 손잡이와 나사 구멍이 일치하는 새 손잡이도 같이 구매한다.

기존 자리에 새 손잡이를 설치한다.

입주해서 살기

집을 편안하게 쉴 수 있는 공간으로 만드는 일이 최우선이다. 그래서 실내는 빛을 반사할 수 있는 밝은 색을 칠하는 게 좋다. 또한 일반적으로 18-22℃의 온도에 60% 정도의 습도가 사람에게 가장 쾌적함을 준다는 사실을 잊지 말자.

자, 이제 공사가 다 끝났다면 이제 즐거운 마음으로 입주할 준비를 해 보자. 이때 무조건 입주할 게 아니라 몇 가지 점검을 해 두면 좋다.

입주 전 점검 리스트

1_ **입주 청소하기** 입주 청소는 당연히 해야겠지만 여러 가지 공사로 힘이 들었다면 그냥 청소 업체를 활용하자. 그 시간에 다른 일을 하는 게 나을 수도 있기 때문이다.

2_ **가구 구매하기** 소파, 의자, 책상 등의 가구는 공사 이후에 사는 것이 좋다. 공사 전에 구매

하면 크기와 컬러 배합에 문제가 있을 수도 있다.

3_ **전자 제품 구매하기** 전자 제품도 가구와 마찬가지로 공사 이후에 사는 것이 현명하다. 단, 빌트인 제품과 에어컨은 미리 제품을 고르고, 그 치수를 알고 있어야 한다. 공사 시 콘센트나 설비 위치를 미리 알고 작업해야 하기 때문이다.

4_ **상하수도 · 전기** 명의를 변경해야 한다.

5_ **도시가스** 설치 및 개통 신고를 한다.

6_ **전화 · 인터넷** 개통 신고를 한다.

7_ **커튼** 공사 이후에 창문 크기에 맞춰 커튼이나 블라인드를 주문 설치한다.

8_ **방범 업체 선정** 만약 방범 업체를 선정할 계획이라면 공사 전에 미리하자. 그래야 전선 작업을 일반 전기 공사와 함께 진행해 전선 노출이 되지 않도록 할 수 있다.

베이크 아웃

베이크 아웃은 꼭 한 번하고 입주하도록 하자. 베이크 아웃이란, 마치 오븐에 빵을 굽는 것처럼 공간을 데우는 일을 말한다. 베이크 아웃을 하면 새집이나 리모델링한 집 특유의 지독한 냄새나 눈을 따갑게 만드는 유독 물질을 제거할 수 있다.

○ **베이크아웃 방법**

1_ 사람이나 애완동물 그리고 식물이 없는지를 확인한다.

2_ 모든 문과 창문을 닫는다.

3_ 실내 온도를 최대로 설정하고 경우에 따라 보조 난방 기구도 사용한다.

4_ 매 24시간마다 문과 창문을 모두 열어 실내 공기를 완전히 환기시킨다. 필요하다면 환풍기를 사용한다.

5_ 냄새나는 곳이 없는지 철저히 확인한다. 만일 냄새가 남아 있으면 하루 더 열을 가한다. 보통 2-3번 실시하면 1년 정도 뿜어져 나올 독성을 없앨 수 있다.

사실 주거 공간은 결로, 누수 그리고 단열 문제만 생기기 않으면 살아가는 데 큰 불편함은 없다. 다른 문제는 비교적 쉽게 해결되기 때문이다. 아파트의 경우는 단독 주택에 비해 이런 문제점이 비교적 적기 때문에 이 책에서는 단독 주택의 결로·누수·단열을 집중적으로 다루고자 한다. 결로·누수·단열 문제는 일차적으로 생활의 불편함을 줄 뿐더러, 집을 팔거나 전세를 놓을 때도 문제가 된다.

결로와 곰팡이

○ 결로의 원인

비는 찬 공기와 더운 공기가 만날 때 발생한다. 결로 또한 마찬가지이다. 겨울에 자동차 내부 유리창에 물방울이 맺히는 현상을 생각하면 이해가 쉽다.

내부에 물이 생기면 곰팡이가 서식하기 좋은 환경이 조성된다. 곰팡이는 벽의 한 코너부터 번식하다가 결국 벽 전체로 번지게 된다. 더 심하면 곰팡이가 날아다니다 우리의 피부, 코, 입안으로 들어가게 된다. 아토피와 기관지염의 원인이 되기도 한다. 특히 어린아이를 둔 젊은 부부들은 겨울에 춥다고 환기를 거의 하지 않은 채 문을 꼭 닫아 놓는 경우가 많은데 이게 결로의 원인이 된다. 또한 따뜻하게 난방을 틀고, 건조하다며 가습기까지 틀어서 수증기를 방출시킨다. 이렇게까지 하는데 결로가 안 생긴다면 이게 더 비과학적일 것이다. 그렇기 때문에 결로를 단순히 설계자와 시공 업자의 잘못이라고 말할 수는 없다. 왜냐하면 결로는 환기를 잘 시키지 않는 생활 습관의 문제가 더 크기 때문이다.

창호의 성능이 떨어지는 예전의 집은 오히려 결로가 잘 생기지 않았다. 이른바 '외풍'이 불 정도로 단열 성능이 떨어져서 안팎으로 공기가 순환되었기 때문이다. 그런데 단열이 확실한 창호를 시공한 집에서는 오히려 결로가 생기는 경우가 많다. 환기에 문제가 생기기 때문이다. 누구의 잘못이든 결로가 있는 집에서는 오래 살기 힘들다. 결로는 몸의 건강뿐 아니라 정신 건강에도 해롭기 때문이다.

1 _ 외벽에 미세한 크랙이 있다면, 비올 때 물이 샌다는 것은 못 느끼지만, 습기가 공급되어 결로와 곰팡이를 유발할 수 있다.

2 _ 기본적으로 주택의 천장 부분은 통풍구가 있어야 밀폐된 천장 내부의 습도를 조절할 수 있다.

3 _ 벽이나 천장에 단열이 부족하면, 내외부의 온도 차이로 인한 결로가 벽에 발생하고 따라서 곰팡이가 번식하기 쉬워진다.

4 _ 1–3번 같은 문제가 없는데 방 한편에 곰팡이나 결로가 발생하면 환기를 자주 했는지 점검해 보아야 한다. 환기가 가장 중요하다.

결로 이해하기

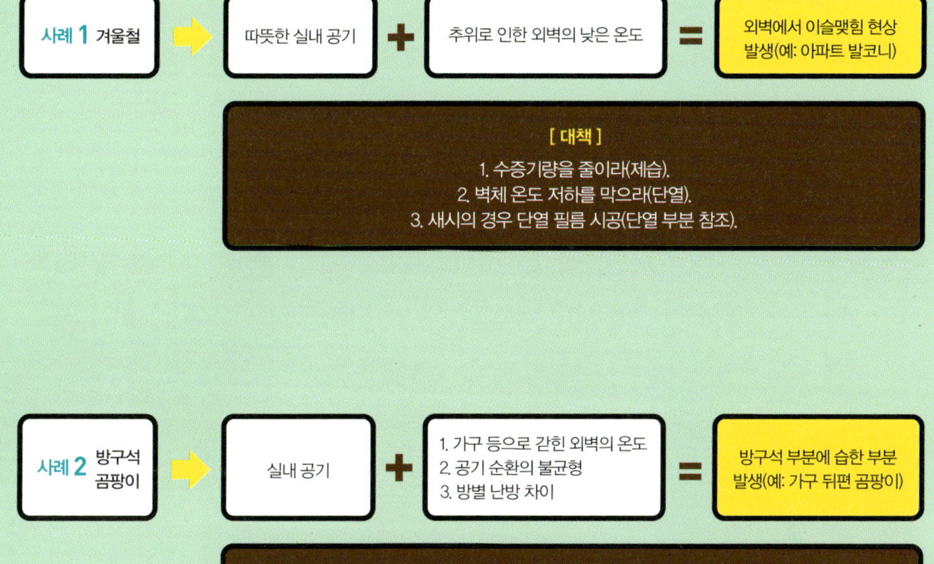

사례 1 겨울철
따뜻한 실내 공기
+
추위로 인한 외벽의 낮은 온도
=
외벽에서 이슬맺힘 현상 발생(예: 아파트 발코니)

[대책]
1. 수증기량을 줄이라(제습).
2. 벽체 온도 저하를 막으라(단열).
3. 새시의 경우 단열 필름 시공(단열 부분 참조).

사례 2 방구석 곰팡이
실내 공기
+
1. 가구 등으로 갇힌 외벽의 온도
2. 공기 순환의 불균형
3. 방별 난방 차이
=
방구석 부분에 습한 부분 발생(예: 가구 뒤편 곰팡이)

[대책]
1. 가구, 가전 설치시 공기의 순환 틈을 주라.
2. 선풍기 등을 이용한 주기적 공기 순환 실시.

1_ 도배 공사를 할 때

· 도배지를 교체할 때 문제의 부분에 방습지를 시공한다.

· 도배 전에 결로 방지 페인트를 충분히 바르고 말린 후 도배한다.

· 도배지가 붙은 단열 벽지를 이용한다.

2_ 벽체 하부에서 문제가 자주 발생한다면?

· 생활하면서 젖은 물건을 근처에 자주 두었는지, 또는 물이 뒤는 일이 없었는지 점검한다.

· 외벽이 아닌 내벽이라면 화장실 타일 부분에 크랙이 없는지 확인한다.

3_ 도장 공사를 할 때

· 우선 결로 방지 페인트를 두껍게 칠한다. 그 위에 마감 페인트를 칠한다.

4_ 단열 공사를 할 때

· 곰팡이를 제거한 후 단열재를 접착한다. 그리고 목공사로 마감한다. 아이소핑크, 스티로폼, 열 반사 단열재, 인슐레이션, 온도리, 포그니 등 두께와 기능면에서 다양한 단열재가 출시되고 있다. 꼼꼼하게 확인하고 단열재를 선택하면 된다.

5_ 환기 자주 하기

· 환기 설비: 동력 장치를 이용해서 천장 위쪽으로 집 전체를 환기시킨다. 창문이 없는 지하 내부 공간이나 아파트 욕실에는 반드시 환기 설비를 해야 한다.

· 자연 환기: 동력을 이용하는 것보다 자연 환기가 훨씬 효과가 좋다. 공기가 순환하도록 숨구멍을 내부에 만들어 주는 것이다. 물론 최고의 환기는 창문을 자주 열어 놓는 것이다.

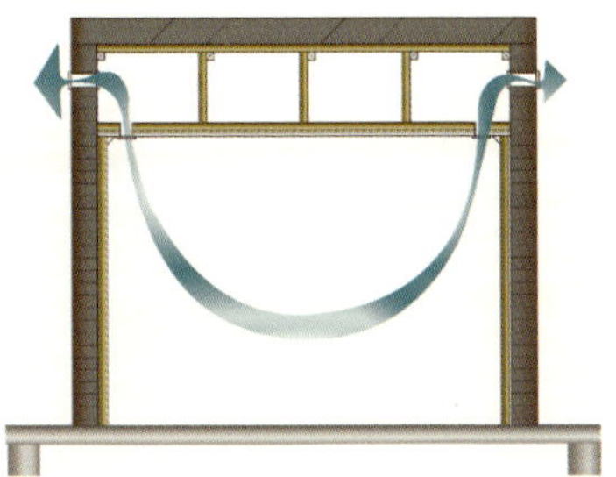

생활 속에서 결로와 곰팡이를 없애는 방법

1_ 창문을 열고 하루 3번 20분 정도 자연 환기를 시킨다.
2_ 습도를 60% 이하로 낮춘다. 물론 제습기를 이용해도 된다.
3_ 치약을 물에 타서 칫솔로 문지르면 불소 성분이 곰팡이를 제거해 준다.
4_ 환기를 시키면서 락스를 이용해서 닦아 낸다.
5_ 곰팡이에 베이킹 소다를 뿌리고 식초로 닦으면 된다.
6_ 물과 알코올을 4 : 1 비율로 섞어 뿌리면 곰팡이가 빨리 제거된다.
7_ 양초를 타일 줄눈에 칠하면 곰팡이가 늦게 번식한다.

누수와 방수

○ 누수의 위치

누수가 생기는 곳은 크게 네 군데로 분류할 수 있다.

1_ 옥상의 바닥, 난간(파라패트), 바닥과 난간의 이음매, 우수관 주변

2_ 건물 외부 벽체 크랙과 새시 이음매

3_ 욕실, 발코니, 다용도실 바닥

4_ 바닥 난방 파이프, 상하수도 배관 등

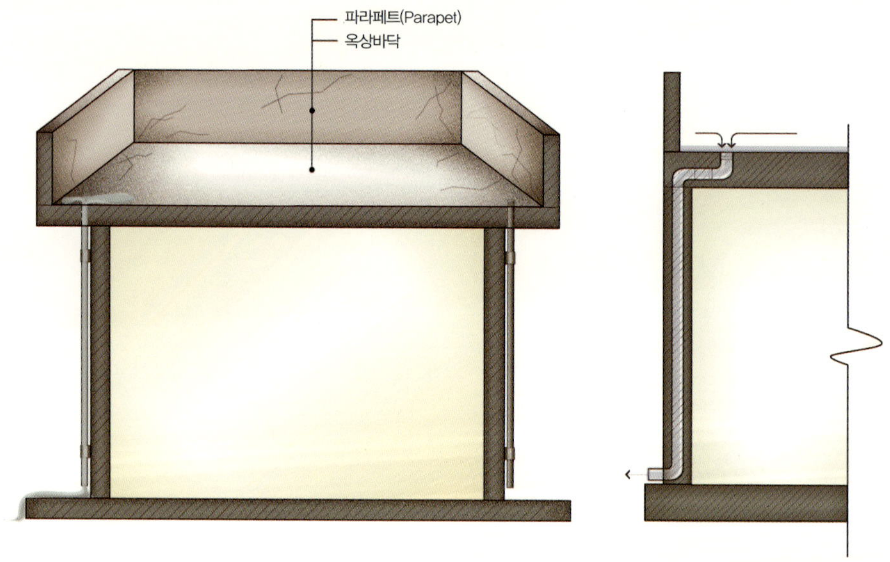

이 부분만 확인하면 누수는 잡을 수 있는데 말처럼 그리 쉬운 작업은 아니다. 우선 누수가 잘 일어나는 주요 부위를 확인하고 누수 공사를 결정하자. 누수가 오래되면 그곳에도 곰팡이가 서식하게 된다. 누수 역시 거주하는 사람의 몸뿐만 아니라 정신 건강에도 해롭다. 또한 누수를 오래 방치하면 건물 구조에도 나쁜 영향을 줄 수 있기 때문에 빨리 해결해야 한다.

일단, 누수가 발생했다는 확신이 들면 다음 순서로 원인을 찾아보자.

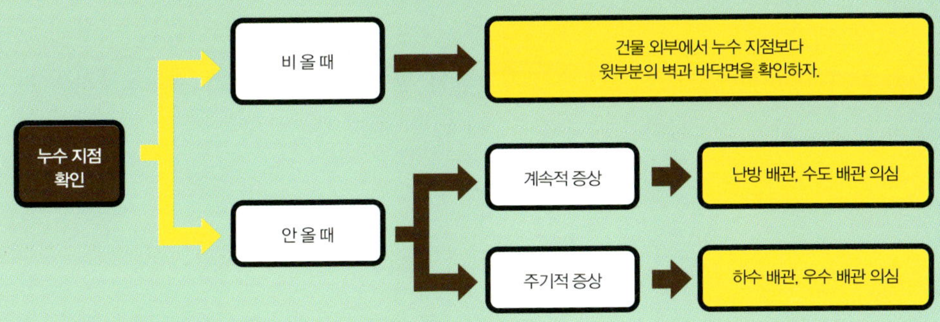

누수 해결 방법

위치	모양, 위치	마감 재료	보수 해결책
건물 외부	경사 지붕	기와	기와 보수 또는 기와 텍스 바르기
		슬레이트	PVC 슬레이트 교체, 덧시공
		콘크리트	우레탄 방수
		기와나 슬레이트 지붕은 신규 공사를 추천한다.	
		패널	패널 틈새 실란트 처리
	평지붕		우레탄 방수
	지붕	매립 우수관	기존 우수관 폐쇄, 외부 우수관 신설
	벽체	벽돌	틈새 사춤, 발수재 처리
		돌	
		드라이비트	틈새 실란트 처리
		미장벽	크랙 보수 후 도장 처리
건물 내부	바닥, 벽	난방 배관	누수 탐지, 수압 테스트 후 보수
		수도 배관	누수 탐지, 수압 테스트 후 보수
	바닥, 벽	하수 배관	누수 테스트 후 보수
		우수 배관	누수 테스트 후 보수
		화장실	타일 부분 틈새 보수
			방수 공사 실시

유기적인 철근 콘크리트

철근 콘크리트 건물은 당연히 움직이지 않는 무생물처럼 보이지만, 자세히 살펴보면 사람과 비슷한 특징을 갖고 있다. 사람이 여름에는 늘어지고 겨울에는 움츠러들 듯이, 철근 콘크리트도 여름에는 팽창하고 겨울에는 수축한다. 매년 이런 수축과 팽창을 반복하다 보면 건물에 균열이 생긴다. 그런데 균열 자체가 건물을 위험하게 만드는 것은 아니다. 그것보단 그 균열 사이로 물이 들어가는 것이 문제다. 물은 상온에서는 아무런 반응도 일으키지 않지만, 물이 얼게 되면 팽창한다. 균열 사이로 들어간 물이 팽창하면 건물의 균열을 더욱 촉진시키고 결국에는 붕괴되고 만다. 이렇듯 물은 참 무서운 존재인 것이다.

단열

유명한 건축가가 설계한 특별한 디자인의 건물이나, 최신 디자인 경향에 맞춘 멋진 내부 공간을 가진 집이 좋은 집의 필요조건일 수는 있지만 절대적인 조건은 아니다. 내가 건축학과에 입학했을 때 한 교수님이 건축가가 꼭 기억해야 할 건축의 3대 요소를 일러 주었다. 그 내용은 내가 지금까지로 유일하고 뚜렷하게 기억하는 것이기도 한데, 어쩌면 이것이 전부일 수도 있다고 생각한다. 그것은 바로 '구조', '기능', '아름다움'이다. 좋은 집은 튼튼한 구조가 최우선이고, 그 다음이 그 집의 역할에 맞는 기능이다. 그리고 마지막이 아름다움이다. 결국 좋은 집은 구조, 누수, 결로, 단열 등의 기능적인 문제가 없어서 편안하게 휴식을 취할 수 있는 곳이 되어야 한다. 아름다움은 그 다음 문제이다. 특히 오래된 주택은 단열 문제가 크다.

전기와 물

전기 전선과 물 배관은 사람의 혈관 같은 존재이다. 혈관에 문제가 생기면 큰 병이 생기듯이 주거 공간에서 물과 전기를 마음대로 사용하지 못하면 매우 불편해진다.

단열 위치
외부
내부
1. 외벽 두께 체크
(벽돌 200T + 단열재 50T + 마감재 6T = 310T 이상인지 확인)
2. 패널, 드라이비트 등의 요소가 있는지 확인
3. 창의 종류가 목재창, 알루미늄창이면 일반유리다.
1. 건물 내부의 외벽 마감재 체크
(미장벽일 경우 단열이 안 되어 있다고 생각하면 된다)
2. 지붕과 마주하는 천장 체크
(지붕 속을 볼 수 있는 곳을 찾아 확인한다)

[단열 위치별 이해도]

단열 위치
외벽
단열재 + 외부 마감재
외벽 단열 마감재
(드라이비트, 패널 등)

보호 모르타르
지붕 단열재(스티로폼)
지붕
스티로폼,
열반사 단열재 등
외벽 마감재
단열재
외벽체
건물 내부
외벽체
단열재
외벽 마감재
벽돌, 돌 붙임,
조적 미장 벽체 등

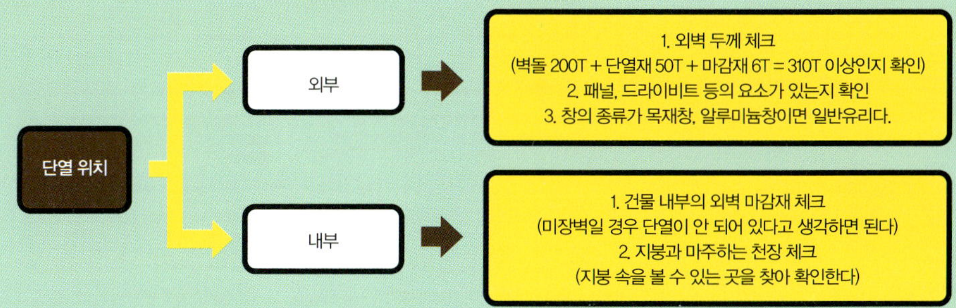

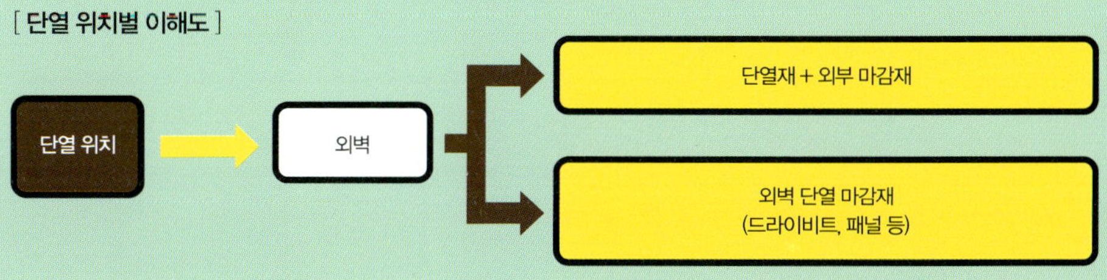

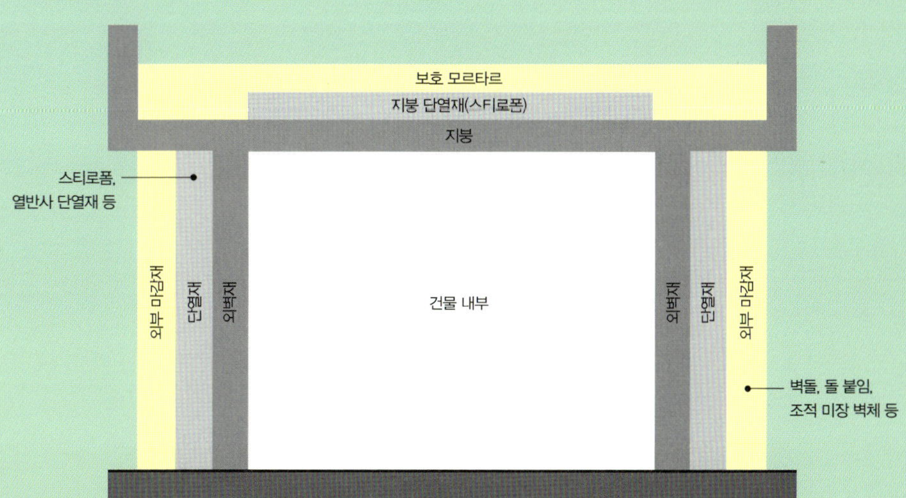

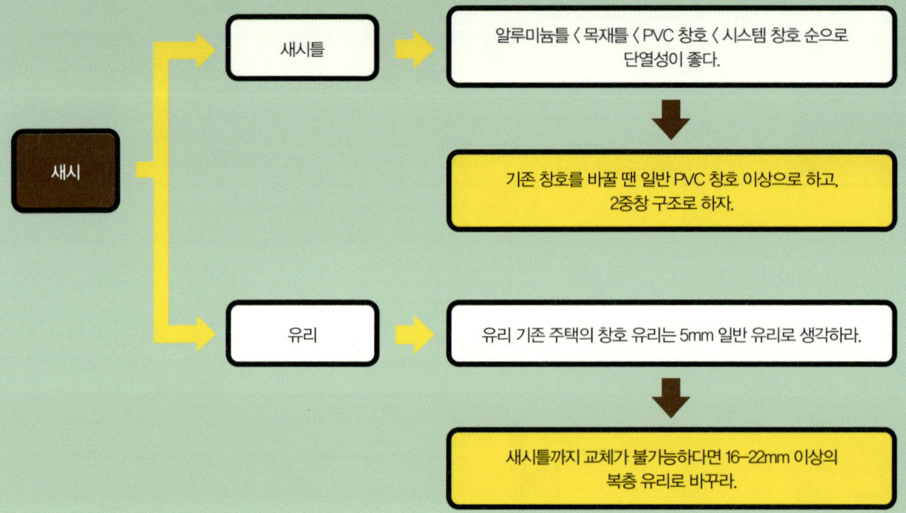

1_ 복층 유리 확인하는 방법
유리창 앞에서 라이터(촛불)를 켜 보자.
복층 유리라면 불꽃이 두 개로 보일 것이다.

2_ 새시의 기밀성(밀폐성) 테스트
방 안에서 바람이 불지 않도록 문을 닫는다.
새시 틈새 주변에서 라이터(촛불)를 켜고 불꽃의 흔들림을 본다.
기밀성이 낮은 새시는 불꽃이 조금씩 흔들릴 것이다.

3_ 기존 새시 단열 높이기
유리에 단열 필름(흔히 '뽁뽁이'라고 한다)을 붙인다. → 유리 단열성 증가
새시 틀에 방풍지를 붙인다. → 새시 기밀성 증가

내단열

> **1. 위치** 건물 내부에서 외부 공기와 마주하는 벽 또는 천장 부분에 한다.
>
> **2. 방법**
> 내단열 목공: 기본 외벽에 단열재 시공 + 목공 벽체 만들기
> 단열 벽지: ·외벽에 기성 단열 벽지 시공. 벽지 샘플이 적은 게 단점이다.
> 벽지용 단열재 시공 후 도배. 마감재 선택이 자유롭다.

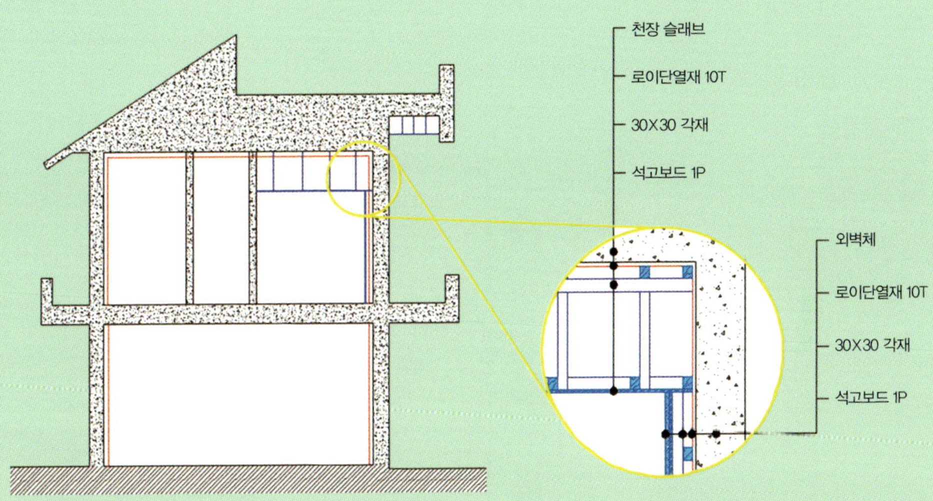

1 _ 내단열이 되어 있는지 확인하는 방법

건물 외벽에 손으로 두드렸을 때 딱딱한 돌처럼 느끼면, 내단열이 안 되어 있는 것이다.
건물 외벽에 손으로 두드렸을 때 나무 벽 느낌이면 내단열일 가능성이 크다.

2 _ 내단열 상태의 정도 파악하기

먼저 뜯어서 확인해 보자.
단열은 단열재를 빈틈없이 시공해야 효과가 있다. 단열재의 종류와 두께가 어느 정도인지 확인 가능하다.
단열재 확인은 인테리어 공사 전 필수 사항이다.

전기와 물

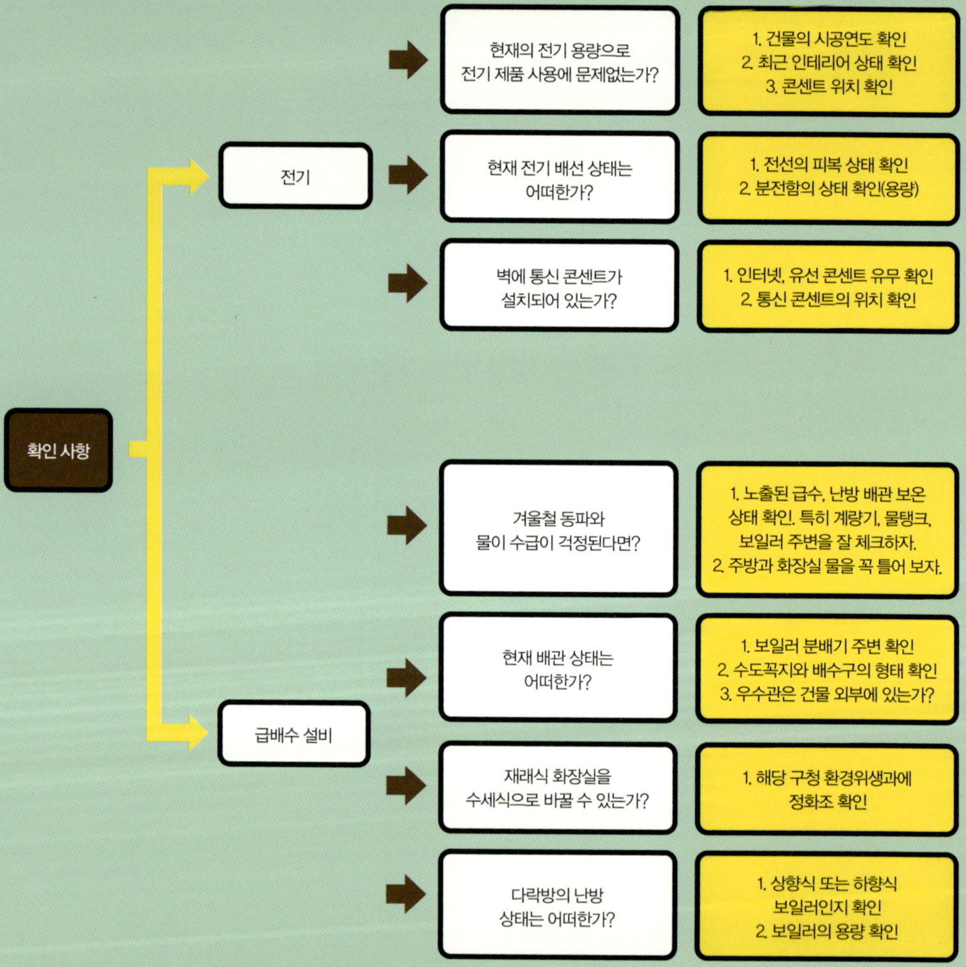

확인 사항

전기

현재의 전기 용량으로
전기 제품 사용에 문제없는가?

1. 건물의 시공연도 확인
2. 최근 인테리어 상태 확인
3. 콘센트 위치 확인

현재 전기 배선 상태는
어떠한가?

1. 전선의 피복 상태 확인
2. 분전함의 상태 확인(용량)

벽에 통신 콘센트가
설치되어 있는가?

1. 인터넷, 유선 콘센트 유무 확인
2. 통신 콘센트의 위치 확인

급배수 설비

겨울철 동파와
물이 수급이 걱정된다면?

1. 노출된 급수, 난방 배관 보온
상태 확인. 특히 계량기, 물탱크,
보일러 주변을 잘 체크하자.
2. 주방과 화장실 물을 꼭 틀어 보자.

현재 배관 상태는
어떠한가?

1. 보일러 분배기 주변 확인
2. 수도꼭지와 배수구의 형태 확인
3. 우수관은 건물 외부에 있는가?

재래식 화장실을
수세식으로 바꿀 수 있는가?

1. 해당 구청 환경위생과에
정화조 확인

다락방의 난방
상태는 어떠한가?

1. 상향식 또는 하향식
보일러인지 확인
2. 보일러의 용량 확인

○ **전기 설비**

오래된 주택의 경우 전기 배선의 용량은 공사 당시 전자 제품 수준보다 조금 높게 설정해 놓았을 것이다. 하지만 현재는 전자 제품 가짓수도 늘어났고, 용량도 크기 때문에 전선의 용량과 상태를 이에 맞추어 줘야 한다.

○ **급·배수 설비**

1_급수 설비(수도)

샤워나 설거지, 빨래를 할 때, 물 사용의 만족도는 수압과 관련이 있다. 배관의 동파 시 물이 들어 있는 급수 배관의 보온성을 확인하자.

2_난방 설비(난방 배관)

보일러와 분배기에서 볼 수 있는 배관으로 매립된 배관 상태를 추측할 수 있다.

3_배수 설비(우수)

최근의 강수 경향은 순간적으로 많은 양의 비가 내리는 식이다. 이런 비는 빨리 배수가 되어야 생활에도 큰 문제가 발생하지 않는다. 배관 지름이 큰 것으로 교체해야 한다.

4_배수 설비(오수)

건물 내부에 묻혀 있는 배관의 상태(연결, 균열 등)는 테스트 전에 확인하기 어렵다. 물을 부어서 테스트해 봐야 한다.

보안 문제

난복 수택의 가장 큰 문제는 보안 문제이다. 완전하게 해결할 수는 없지만 몇 가지 대안을 제안해 본다.

○ **블록 입구 조형물**

대학 정문이나 관광 단지 입구의 입간판처럼 단지 또는 골목 입구에 세워 두는 조형물을 말한다. 조형물 안의 공간이 특별한 공간으로 인식되어 외부인이 쉽게 출입하기 어렵다.

○ **바닥재를 다르게**

도로와 골목 입구의 바닥 재료가 다르면 외부인이 심리적으로 출입하기 부담스럽게 만든다.

○ **CCTV 설치**

사설 무인 보안 시스템을 설치한다. 만약 비용 문제로 무인 보안 시스템을 설치하기 어렵다면 골목 입주민 공동으로 함께 설치해 보자.

○ **담장 허물기**

도둑이 주택 내부로 침입하고 싶어도 왠지 이웃의 누군가가 볼까봐 침입하기 어렵게 된다. 아이러니하게도 담장은 높고 내부가 보이지 않는 집보다 차라리 담장이 없는 집 이 보안에 더 효과적일 수 있다.

공사의 흐름 이해하기

공사의 흐름을 이해해 두면 시간은 물론 비용까지 절약할 수 있다. 또한 시공 업자와 의 불필요한 마찰도 없앨 수 있으니 일거양득이다. 우선, 자세한 내용을 설명하기 전에 개략적으로 공사에는 어떤 게 있으며 어떻게 진행되는지 한눈에 파악해 보자.

공사에 앞서 먼저 주문해야 하는 자재들

보통 구조 변경이 없는 공동 주택 공사는 새시, 중문, 문·문틀의 크기 변경이 없으므 로 미리 자재를 주문할 수 있다. 새시, 중문, 문·문틀은 인테리어 공사 전반부에 시공이 되고, 주문 후 최소 4-5일의 시간이 소요되기 때문이다. 그러므로 시공 계약 후 바로 주 문하는 것이 일정 단축을 위해 좋다. 새시 업체를 부르면 치수를 재고, 새시 틀 공장에 틀 을 주문한다. 완성되면 유리 공장에 옮겨서 유리를 시공하고 실리콘이 마르면, 현장에 가져와서 시공한다. 중문, 문·문틀도 문 전문 업체를 부르면 치수를 재고, 문 공장에 주문을 한다. 완성되면 현장에 가져와서 시공한다.

철거 공사

아파트 같은 공동 주택의 인테리어 공사 철거물은 양이 그리 많지 않아서 직접 철거를 해도 된다. 폐기물은 1톤짜리 용달에 실어서 환경 폐기물 업체에 보내면 된다. 문·문틀, 싱크대, 현관장, 욕조, 위생 기구, 조명, 몰딩 등이 이에 해당한다. 그러나 바닥재가 온돌마루, 강마루, 원목마루라면 마루 철거 전문가에게 의

뢰한다. 왜냐하면 마루를 걷어내도 바닥에 남아 있는 에폭시 본드를 그라인더로 갈아 내야 하는데 일반인이 하기가 힘들기 때문이다. 새시는 안전을 위해 시공 당일 아침에 새시 업체에 철거까지 맡기는 것이 좋다. 특히 발코니 새시 철거 중에 철거 잔해물이 외부로 떨어지지 않도록 주의해야 한다.

설비 · 미장 · 방수(욕조 설치 포함)

설비 공사도 설비 업체나 설비공에게 맡긴다. 아파트 같은 공동 주택에서 난방 공사처럼 큰 공사를 하는 경우는 극히 드물다. 대부분 상·하수도 이동, 분배기 교체, 벽수전에서 입수전으로 이동, 욕실 라디에이터 철거 정도의

공사만 한다. 난방 공사, 중앙난방에서 개별난방으로 교체, 확장 공사 등은 공동 주택에서 비교적 큰 공사에 속한다. 그리고 욕조 설치를 설비 공사할 때 같이 하면 비용을 줄일 수 있으니 공사 시작과 동시에 욕조를 미리 주문해 놓자.

미장과 방수는 각각 전문 기능공에게 부탁하면 되지만, 미장공이 보통 내부 방수까지

1	철거 공사	새시, 중문, 문·문틀을 미리 주문해 놓는 것이 공사 기간을 줄일 수 있다.
2	설비, 미장, 방수	보통 설비공이 설비, 미장, 방수까지 모두 시공하는 다기능공이다
3	전기 공사	
4	새시 공사	
5	중문, 문·문틀	
6	목공사	
7	몰딩 공사	
목수가 철수하면 기본 공사는 끝난다. 현장 청소를 깨끗이 하고 마감을 준비한다.		
8	도장·필름	
9	타일 공사	
10	도배 공사	
11	바닥 공사	
마감 공사가 끝났다. 현장 청소를 깨끗이 하고 필요한 제품들을 설치한다.		
12	시스템 가구 설치	미리 주문한 싱크대, 붙박이장, 현관장 등을 설치한다.
13	조명 설치	전기 공사 때 시공해 놓은 전선에 조명을 설치한다.
14	위생 기구 설치	타일 공사 시에 시공한 타일 위에 위생 기구를 설치한다.
15	기타 마감	선반, 빨래걸이, 인터폰, 문 손잡이 등 기타 마감을 한다.

같이 한다. 그러므로 인건비를 더 줄일 수 있다. 특히 설비 기능공은 철거·설비·미장·방수 전체를 모두 시공하는 경우가 많기 때문에 설비 업체나 설비공에게 전체를 맡기면 일이 간편하다. 전체 바닥 미장을 해야 하는 난방 공사(엑셀 파이프 교체)가 아니라면, 공동 주택은 미장 공사량이 적은 편이다. 주로 크랙 보수, 베란다 바닥 높이 올리기, 문턱 제거 후 부분 미장 등만 하면 된다. 공동 주택의 내부 방수는 욕조 밑 방수, 욕실 바닥 전체 방수, 발코니 바닥 방수 등이 있다.

전기 공사

전기 공사는 전기 전문 업체나 전기공에게 맡긴다. 구조 변경을 하는 공사에서는 전기 공사 업체가 인테리어 철거부터 최종 마무리까지 현장에 출입한다. 그러나 구조 변경이 없는 공동 주택은 늦어도 목공사 공정까지만 전기를 마무리하면 된다. 공동 주택의 전기 공사는 조명 전선의 이동 혹은 추가, TV·인터넷·전화 콘센트의 이동 혹은 추가, 인터폰 이동 혹은 변경, 조명 스위치나 환풍기선 분리 등 비교적 간단한 공사들이다.

새시 공사

공사 당일 날 기존 새시를 철거한 후 미리 주문했던 새시를 시공한다. 혹시 당일 아침 사다리차를 써야 한다면 주차할 자리를 아침에 미리 마련해 놓는 것이 좋다.

인테리어 업체도 새시는 일반적으로 새시 업체에 하도급을 준다. 그러므로 직접 인테리어 공사를 한다고 해도 새시는 디자인과 색상을 선택하고 그냥 새시 업체에 맡기면 된다. 새시의 단열 성능은 유리가 좌우한다. 새시 틀은 업체마다 비슷한 수준이니, 꼭 브랜드 업체를 선호할 필요는 없다. 방충망은 기본적으로 포함되어 있다.

중문, 문·문틀 공사

문·문틀과 진행 방식이 같지만, 공사 중 통행의 편리를 위해 중문 틀 시공 후 문은 공사 마지막 날이나 이사 이후에 설치하는 것이 좋다. 최근에는 중문에 대한 수요와 디자인 수준이 높아져서, 중문만 별도로 생산 시공하는 업체도 늘고 있다. 일반 문 업체에 주문해도 된다.

주문해 놓은 문틀을 먼저 설치하고, 문은 다음에 설치한다. 문 업체 의뢰 시 제품과 색상만 선택하면 시공까지 알아서 해 준다. 만약 비용을 더 줄이고 싶다면, 문틀 치수를 직접 재고 제품 선택 후 업체에 제품만 주문한다. 완성된 제품을 현장까지 직접 운반해 와서 목수에게 시공을 부탁한다. 이렇게 하면 시공비를 줄일 수 있지만, 치수를 잘못 재면 책임은 주문 당사자에게 있다. 운반비도 고려해야 한다. 전문적으로 인테리어업을 할 생각이 아니면, A/S까지 염두에 두어 문 전문 업체에 전체를 맡기는 것이 좋다.

목공사(욕실 천장 포함)

목공사 하루 전이나 당일 아침에 필요한 자재를 현장에 운반해 놓고 미리 약속한 목수와 공사를 진행하면 된다. 공동 주택은 보통 단열재 공사, 신설 벽체 설치, 신설 천장 설치 같은 목공사가 대부분 없기 때문에 공사 일정이 짧다. 주로 아트월, 등박스 같은 디자인 작업과 일반 가구 제작 정도가 대부분이다. 욕실 천장 작업도 이때 같이 하면 비용을 줄일 수 있다. 목재 구입 시 리빙우드를 목재상에서 같이 구입하면 된다.

몰딩 공사

몰딩은 목재상에서 목 자재 구입할 때 같이 구입해서 현장에 미리 갖다 놓는다. 요즘은 몰딩만 전문으로 판매하는 곳도 있다. 디자인 및 일반 가구 목공사가 완료된 후 목수는 바로 몰딩을 설치한다. 주로 천장 몰딩, 코너 몰딩, 걸레받이 등을 설치하는데, 나중에 설치할 바닥

마감재가 마루면 걸레받이는 마루 시공자가 설치해 준다. 마루의 단가에는 걸레받이 설치비까지 포함되어 있다. 표면 마감재가 붙어 있는 기성 몰딩으로 목공사를 진행하면 공사비를 절감할 수 있다.

도장(페인트)·필름(시트) 공사

목공사가 끝나면 내부 페인트 공사를 진행한다. 페인트와 부자재는 페인트 가게에서 필요한 만큼 구매하고 도장 기능공은 그곳에서 소개받아도 된다.

자재량을 잘 모르겠으면 페인트 매장에서 현장에 대한 설명을 하면 알아서 잘 챙겨 준다. 발코니 도장 마감을 내부 수성 도장으로 하면 내부 도장과 같이 진행하고, 탄성 코트나 졸라톤 같은 도장을 할 경우에는 타일 공사 이후에 진행하는 것이 깨끗한 마감을 위해 좋다. 여자 도장공은 주로 내부 도장을 시공하고, 남자 도장공은 주로 외부 도장과 뿜칠 도장을 한다. 목공사가 끝나면 목재 부분을 페인트나 필름으로 마감한다. 페인트는 내부 도장 시 같이 진행하

면 된다. 필름은 필름 자재 업체에서 구매하고 기능공을 소개받는다. 최근에는 필름으로 싱크대 문짝, 방문, 새시 틀 등 다양한 곳을 리폼한다. 필름과 페인트를 잘 적용하면 인테리어 전체 공사비를 많이 줄일 수 있다. 그 이유는 필름이나 페인트를 사용한다는 것은 교체 공사를 하지 않는다는 것을 의미하기 때문이다. 특히 필름을 직접 시공하면 비용을 많이 줄일 수 있다.

타일 공사

타일 공사는 욕조를 설치 안 할 경우 욕조 밑 방수를 한 이후에 하고, 새 욕조를 설치할 경우에는 욕조를 미리 설치 후 시공한다. 타일 매장에서 각 공간에 들어갈 타일을 선정한 후 타일과 부자재를 현장에 미리 운반해 놓아야 한다. 타일공도 타일 매장에서 소개받으면 편리하다. 타일 무게 때문에 운반하기 쉽지 않으니 운반 기구를 잘 이용해야 한다. 타일공은 기능공과 보조공이 한 팀으로 움직인다. 일반적인 아파트의 타일 시공면은 욕실 벽·바닥, 주방 벽, 발코니 벽·바닥, 현관 바닥 등이다.

도배 공사

벽체 마감 방법에는 벽지나 페인트 등이 있지만, 대부분 벽지를 많이 선택한다. 도배 공사는 벽지를 선정한 후 벽지와 부자재를 미리 현장에 갖다 놓는다. 벽지를 구매한 매장에서 도배공을 소개받는다. 벽지는 인터넷 구매도 가능하고, 특별히 뮤럴 벽지는 인터넷 구매가 훨씬 저렴하다. 사실 도배 공사는 직영으로 공사를 진행하는 것보다, 집 주변 도배 매장(지물포)에 일괄로 맡기는 것이 여러 모로 편리하다. 치열한 가격 경쟁 때문에 직영이나 하도급이나 시공 가격이 비슷하다. 그리고 최근에는 벽지 대신 페인트로 벽체를 마감하는 사례도 늘고 있다. 페인트 벽체는 내부 도장 시 같이 진행하면 된다.

바닥 공사

바닥재는 주로 장판, 마루, 데코타일, 타일 등을 사용한다. 바닥재 대리점에서 평당 가격으로 시공해 준다. 보통은 대리점에서 제품만 선택하면 자재 운반과 시공까지 알아서

해 준다. 장판은 도배 공사하는 날 도배공에게 부탁해도 된다. 거실이나 방바닥을 타일로 할 경우는 타일 공사 시 같이 진행하면 된다.

데코타일은 마루와는 달리 시공 후 걸레받이 시공을 같이 하지 않는다. 그래서 몰딩 공사 시 걸레받이 시공을 미리 해 놓는 것이 깔끔하다. 일반적으로 모든 공사는 천장 - 벽 - 바닥 순으로 시공된다. 즉 도배 공사 후 바닥 시공을 하면 된다. 하지만 바닥재가 마루일 경우 깔끔한 마감을 위해 마루 시공 후 도배 공사를 진행하는 것이 깔끔하다. 인테리어는 공정보다 마감이 우선이다.

시스템 가구(빌트인 가전, 일반 가구 포함)

주방 가구 등 시스템 가구는 주문하고 현장에서 시공하기까지 4-5일 이상의 시간이 걸린다. 특히 유명 브랜드 제품은 더 많은 시간이 요구되기 때문에 미리 주문해 놓아야 이사 날짜를 맞출 수 있다. 일반적으로 시스템 가구는 인테리어 업체도 가구 업체에 하도급을 준다. 시스템 가구는 재질과 색상을 선택하고 그냥 맡기면 된다. 인테리어 업체나 시스템 가구 업체에서는 현장 실측을 하고 가구 입면도, 설계도, 견적서를 함께 제시한다. 주방 가구는 벽수전을 입수전으로 교체, 콘센트 추가, 후드 구멍 위치 변경, 가스관 이동, 타일 시공 등의 공사가 완료된 후 미리 주문해 놓았던 주방 가구를 시공한다. 요즘은 주방 가구에 쿡탑, 후드, 식기 세척기, 오븐, 냉장고 등의 빌트인 가전을 많이 설치하기 때문에 시공 전 현장을 미리 꼼꼼하게 점검해 놓아야 한다.

아파트 인테리어에서 주방 공사는 매우 비중이 높은 공정이다. 공간 전체의 분위기를 좌우하기 때문이다. 미리 주문해 놓은 붙박이장, 현관장 등을 설치한다. 기타 일반 가구들이 있다면 같이 설치하면 된다. 최근에는 방마다 붙박이장을 설치해서 수납공간을 많이 확보한다. 심지어 인테리어와 가구의 공사비가 5 : 5가 될 만큼 가구의 비중이 높아지고 있다.

조명 설치(콘센트·스위치 포함)

전기 공사가 잘 끝났으면 조명 설치는 큰 무리가 없을 것이다. 조명 매장에서 미리 주문해 놓은 조명 기구를 직접 설치하거나 전기공에게 의뢰하면 된다. 조명은 도매상에서 직접 구매하거나 인터넷으로 구매해도 된다. 요즘은 택배로 받아도 포장 기술이 좋아서 깨질 우려가 없다. 콘센

트·스위치도 조명 기구와 같이 시공 의뢰하면 된다. 조명과 콘센트·스위치는 설치 방법이 간단해서 직접 시공해도 된다.

위생 기구 설치(돔천장)

위생 기구는 변기, 세면대, 액세서리, 거울, 욕실장, 수전, 샤워기, 파티션 등을 말한다. 타일이 마감된 욕실에 위생 기구를 설비공에게 의뢰한다. 위생 기구는 타일을 구매할 때 같이 구입하면 된다. 인터넷 구매도 가능하다. 비전문가 중에 위생 기구를 설명서를 보면서 직접 시공하는 사람

도 많고, 위생 기구만 전문적으로 시공하는 기능공도 있다. 욕실 천장이 돔 천장이라면,

돔 천장을 먼저 시공한 후 위생 기구를 설치하는 것이 편리하다.

기타 마감

방문 손잡이, 도어락은 마감 때 시공해도 되고, 문 설치 후 바로 시공해도 된다. 기타 인터폰, 선반, 빨래걸이 등을 설치한다. 가스 연결, 인터넷 연결, 보일러 가동 점검, 에어컨 설치 등을 확인하고, 최종적으로 실리콘으로 마무리하고 준공 청소를 하면 된다.

아파트 인테리어 비용 계산하기

견적서 산출 내용 예시

$105m^2$(약 32평) 아파트 기준(빌라·맨션은 약 $95m^2$)으로 평균적인 소비자의 요구 사항은 다음과 같다.

- **새시 전체 교체** 하이새시, 16mm 페어유리
- **3연동 현관 중문 교체** 단조 유리, 랩핑도어
- **문·문틀 전체 교체** 랩핑도어
- **거실에 아트월, 등박스 설치** 디자인 요구
- **전체 공간 랩핑 몰딩으로 교체** 크라운몰딩
- **페인트칠** 발코니, 아트월, 등박스
- **타일 시공 국내산 재료** 주방 벽, 현관 바닥, 발코니 바닥
- **욕실 공사 국내산 재료** 욕실 타일, 위생 기구, 돔천장
- 전체 실크 벽지 시공
- 전체 강마루 시공
- **주방 가구 사재로 시공** 하이그로시, 인조 대리석
- **현관장, 안방 붙박이장 설치** 사재 하이그로시
- 전체 조명, 콘센트, 스위치 교체

공정별 견적 내기

공정별 견적 내기에는 업체 이윤과 기타 경비는 제외했다. 견적 금액은 지역마다 차이가 있을 수 있음을 감안해야 한다.

1_ **철거(평당 견적 불가)** 일반적으로 구조 변경이나 바닥 철거가 없는 공사는 비용이 적게 든다. 철거 인력 2명이 아파트 내부를 철거하고 폐기물을 1톤짜리 트럭에 실어 준다. 트럭 기사는 환경 폐기물 업체에 폐기물을 실어 돈을 지불하고 버린다. 보통 아파트 32평 철거시 폐기물은 1톤짜리 트럭 한 대 분량 정도가 나온다.

· 재료비: 마대, 칼, 사다리 등 평균 5만원

· 인건비: 철거 인력 일당 12 - 15만원

· 경비: 1톤 트럭 기사 운반비 + 폐기물 처리비(15 - 20만원) + 식비 1인당 1만원

· 예상 종합 견적: 50,000원(재료비) + {140,000원×2명}(인건비) + 200,000원(경비) + {10,000원×2명}(식비)≒500,000원

2_ **설비·미장·방수(평당 견적 불가)** 일반적으로 아파트 공사에서 설비·미장·방수는 공사량이 적다. 그래서 각각의 전문가를 따로 부르기보다는 설비공에게 한꺼번에 의뢰하는 것이 공사비를 절약하는 길이다. 대체로 설비공은 미장부터 내부 방수까지 시공이 가능한 다기능공이 많다. 설비는 싱크대 수전을 벽수전에서 입수전으로 바꾸기, 세탁기 냉·온수관 위치 옮기기, 분배기 교체, 라디에이터 철거 정도이고, 미장은 크랙 보수, 세탁기 단 높이 올리기, 문턱 제거 후 부분 미장 등이 있다. 그리고 내부 방수는 욕조 밑 방수, 욕실 바닥 전체 방수, 발코니 바닥 방수 등이 있다. 아파트 공사는 설비공, 보조공이 2일 정도 공사를 진행하는 경우가 보통이다.

· 재료비: 15-20만원. PVC 파이프 및 연결 부속, 엑셀 파이프 및 연결 부속, 조절가랑 등 미장재 시멘트, 모래, 레미탈 등 방수재 완결 방수액, 비노출 우레탄 등 설비·미장·방수 재료 등

1_ 원하는 디자인을 미리 준비한다.

2_ 아파트 관리 사무소에 공사 신고를 해야 한다. 만약 발코니 확장 공사가 포함된다면, 최소 3일 전 미리 신고해야 한다.

3_ 동 출입구와 엘리베이터에 공사 안내문을 붙인다.

4_ 같은 동 위·아래, 옆집 주민들에게 양해를 구하고 공사 시간을 미리 알린다. 만약 발코니 확장 공사가 포함된다면, 전체 동 주민에게 양해 사인을 받아야 한다.

5_ 공사 착공 전날 엘리베이터 보양 작업을 실시한다.

6_ 공사 시간은 보통 오전 8시부터 오후 5시까지이니 이를 잘 준수해야 한다. 특별히 소리가 많이 나는 작업은 최대한 모아서 진행하면 좋다.

· 인건비: 18 – 20만원(설비공), 9 – 10만원(보조공)

· 경비: 유류비 5만원, 식비 1인당 1만원

· 예상 종합 견적: 200,000원 + {(200,000원 + 100,000원)×2일}(인건비) + 50,000원(경비) +
{40,000원×2명}≒890,000원

3_ **전기(평당 견적 불가)** 구조 변경이 없는 아파트 전기 공사는 이동·신설 공사가 부분적이
다. 전기 공사는 일반적으로 전선의 이동·추가, TV·인터넷·전화 콘센트 이동·추가,
인터폰 이동·변경, 조명 스위치·환풍기선 분리 등이 대부분이다. 전기 공사는 평당
견적으로 산출하는 것이 일반적이지만, 부분 공사가 대부분인 아파트 전기 공사에
서는 인건비를 일당으로 계산한다.(상업 공간, 사무 공간, 주택 리모델링은 평당 10-15만원
선에서 움직인다.) 일반적으로 아파트 전기 공사는 이틀 정도 소요된다.

· 재료비: 전선, 분전반 등 평균 15 – 20만원

· 인건비: 전기공 18 – 20만원

· 경비: 식비 1인당 1만원

· 예상 종합 견적: 200,000원(재료비) + {200,000원 ×2일}(인건비) + {10,000원 ×2명}(경
비)≒620,000원

4_ **새시(업체 일괄 견적)** 일반적으로 PVC 새시에 16mm 페어유리를 적용하여 견적을 낸다.
새시 견적은 자평당 가격으로 구하지만, 실제로는 새시 전문 업체에 일괄 맡기고 견
적을 받는다. 가로 300mm×세로 300mm가 1자평(90000)이다. L아파트 32평 새시
치수를 재어 보면 아래와 같다. 새시 치수는 새시 틀의 가로×세로 치수를 재고, 단
창인지 이중창인지 확인한다. 자평이 구해지면, 자평당 단가만 곱하면 된다. 이 견
적은 새시 틀, 유리, 시공비를 포함하며, 기타 경비는 빠진 금액이다.

 앞으로 5년, 경매하고 리모델링하라
인테리어도 내 손으로 해 보자

1. 앞 베란다 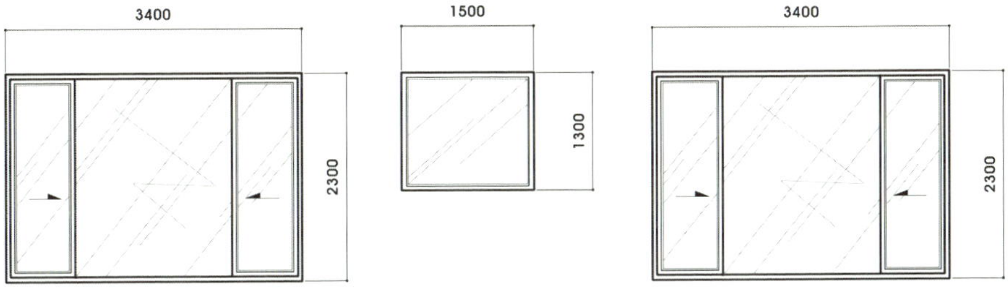
3400
2300
1500
1300
3400
2300
2. 거실 중문 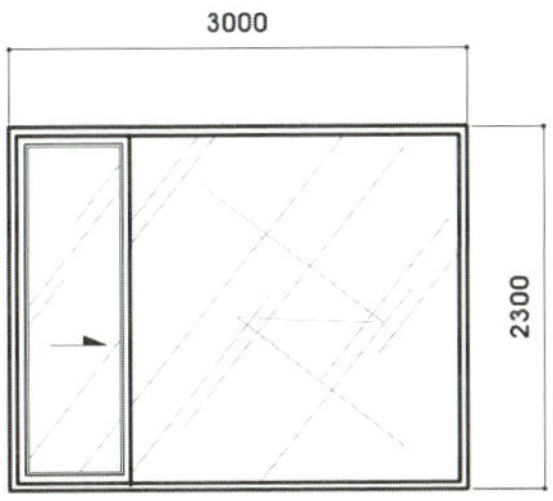
3000
2300
3. 안방 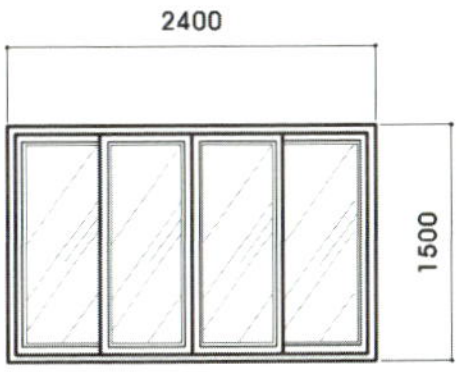
2400
1500
4. 작은방1(×2) 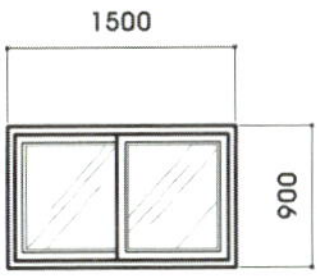
1500
900
5. 작은방2 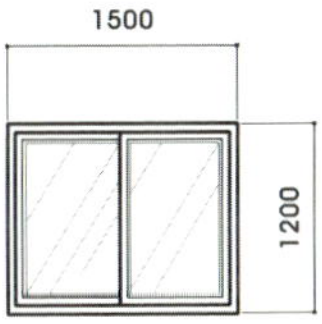
1500
1200
6. 주방 벽(×2) 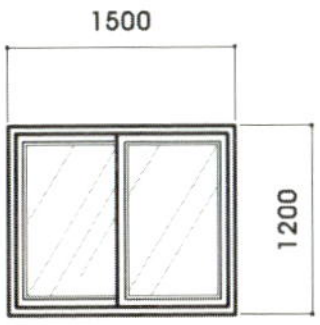
1500
1200
7. 뒤 베란다
3600
1300

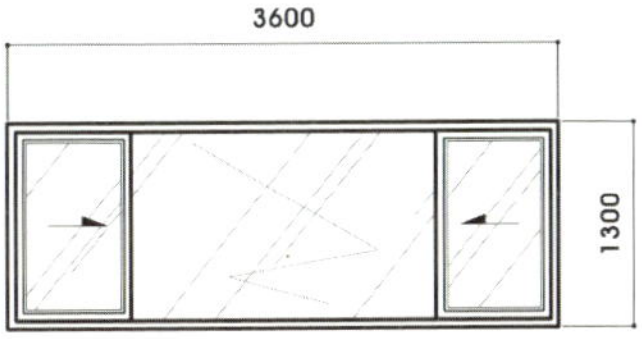

자평 구하기

· 앞베란다 새시: {3400×2300} + {1500×1300} + {3400×2300}

· 뒤베란다 새시: 3600×1300

· 거실 중문 새시: 3000×2300

· 주방 벽 새시: 1500×600×2(더블창)

· 안방 새시: 2400×1500

· 작은방1 새시: 1500×900×2(더블창)

· 작은방2 새시: 1500×1200

· 전체 자평: 모든 치수를 합산하여 자평으로 나눈다.

{7,982,000 + 1,950,000 + 7,820,000 + 4,680,000 + 6,900,000 + 1,800,000 + 3,600,000 +

2,700,000 + 1,800,000}÷90000≒434자평

자평당 단가

· 일반 저가 브랜드: 1만 – 1만 1000원

· 일반 중가 브랜드: 1만1000원 – 1만 2000원

· 일반 고가 브랜드: 1만 2000원 – 1만 3000원

· 발코니 새시: 1만 3000원부터

예상 종합 견적(중가 브랜드)

· 434자평×12,000원=5,760,000원

5_ 현관 중문 현관 중문은 구조, 길이, 재료, 유리에 따라 가격 차이가 큰 편이다. 여기서
는 평균적인 견적가를 계산해 보았다.

일자 중문

· 일반 슬라이딩 도어: 재료비 450,000원 + 시공비 150,000원=600,000원

· 단조 유리 슬라이딩 도어: 재료비 800,000원 + 시공비 150,000원=950,000원

· 일반 3연동 슬라이딩 도어: 재료비 750,000원 + 시공비 150,000원=900,000원

· 단조 유리 3연동 슬라이딩 도어: 재료비 950,000원 + 시공비 150,000원=1,100,000원

· 스윙도어 재료비: 450,000원 + 시공비 150,000원=600,000원

ㄱ자 중문

ㄱ자 중문은 일자 중문 대비 평균 1.5배의 가격으로 보면 된다. 예를 들어, 일자 중문이 100만원이라면 ㄱ자 중문은 약 150만원 정도이다.

6_ 문·문틀 랩핑 도어를 기준으로 디자인과 브랜드에 따라 차이가 크지만, 비브랜드 제품의 경우 문짝은 보통 10만원부터 시작된다. 문틀은 문틀 두께에 따라 차이가 있지만 4만원부터 시작한다. ABS도어는 랩핑 도어보다 1-2만원 정도 더 비싸다. 시공비는 목수에게 맡기면 2일 인건비 정도가 들고, 문 전문 업체에 개별로 맡기면 문·문틀 한 조당 약 8만원 정도 한다. 재료비(문·문틀) + 인건비(조당) + 기타 철물(경첩/손잡이)을 더하면 된다.

예를 들어, 32평 아파트 기준으로 비메이커 랩핑 도어를 할 경우, 방문 3조, 욕실문 2조, 발코니 출입문 1조 등 총 6조를 적용하면 된다.

· 재료비: 5조×140,000원=700,000원(일반 랩핑문), 1조×210,000원=210,000원(단조 유리문)

· 인건비: 6조×80,000원=480,000원(한 조당 8만원)

· 기타 철물: 6조×20,000원=120,000원(방문 손잡이, 경첩)

· 예상 종합 견적: 700,000원 + 210,000원 + 480,000원 + 120,000원=1,510,000원

7_ 목공사 아파트 공사에서 목공사는 주로 아트월, 등박스, 현장 제작 가구 등을 말한다. 현실적으로 목공사를 현장 경험 없이 정확하게 산출하기는 힘들다. 그러므로 아래

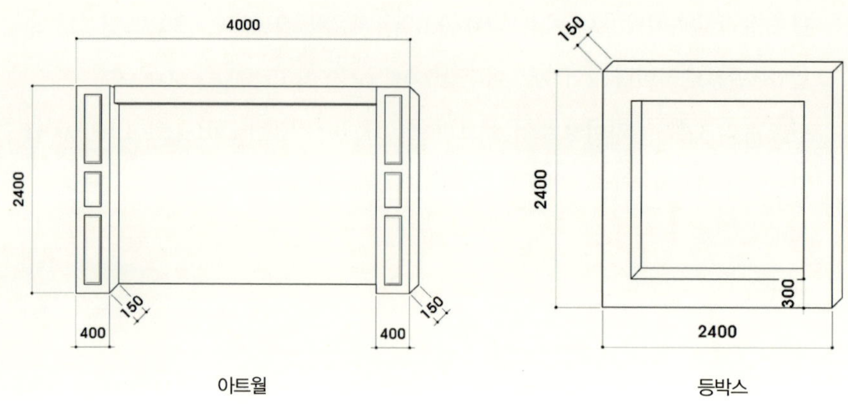

그림과 같은 아트월, 등박스의 견적을 간단하게 내어 보자.

각재는 보통 12개 묶음 1단으로 판매를 하고, 목수 중 현장을 대표하는 목수 반장은 일당과 더불어 기기 사용료를 추가적으로 받는다. 기기 사용료(현장에서는 '오야비'라고 한다)는 현장 규모나 목수에 따라 금액이 다양하다. 평균적으로 50,000 – 150,000만원 사이인데, 보통 기기 사용료를 많이 받는 목수일수록, 기능이 뛰어난 경우가 많다.

재료비

· 12mm MDF: 15,000원×5장=75,000원

· 8자 각재(각목): 30,000원×2단=60,000원

· 액자 몰딩: 3,000원×10개=30,000원

· 목공용 본드, 타카핀 등=50,000원

· 합계: 215,000원

인건비

· 목공: 170,000원×2명=340,000원(현장 감각으로 계산)

· 기기료: 100,000원(평균적 기기료 100,000원)

· 운반비 50,000원(목재 운반)

· 식비 10,000원×2명=20,000원

215,000원 + 340,000원 + 100,000원 + 50,000원 + 20,000원=725,000원

8_ **몰딩 공사** 몰딩 개수는 아파트 평면도가 있으면 4면의 치수를 더하고 나누기 2400을 하면 된다. 몰딩의 폭은 다양하지만, 길이는 모두 2400mm이기 때문이다. 만약 도면이 없다면 일일이 길이를 측정해서 더해야 한다. 아파트일 경우 몰딩 개수는 평균적으로 분양 평수와 같다. 예를 들면 32평 아파트 천장 몰딩의 필요 개수는 평균 32개이다. 다른 목공사 없이 몰딩 공사만 진행할 경우 견적 내기는 간편하다. 몰딩 견적은 자재비(목자재) + 부자재(목공본드 등) + 타카핀 + 기기료 + 인건비 + 경비를 더한다. 32평 아파트 랩핑 천장 몰딩 시공 시 예상 종합 견적은 아래와 같다.

32평 아파트 랩핑 천장 몰딩 시공 시 예상 종합 견적

재료비

몰딩: 32개×2500원=80,000원(천장 랩핑 몰딩 저가형 2500원)

부자재: 20,000원

타카핀: 10,000원

인건비

목수 일당: 170,000원

기기료: 30,000원

식비: 10,000원

예상 종합 견적: 80,000원 + 20,000원 + 10,000원 + 170,000원 + 30,000원 + 10,000원=320,000원

랩핑 몰딩은 평당 10,000원으로 시공할 수 있다. 만약 전체 걸레받이를 시공한다면 천장 몰딩 공사비와 같다. 보통 천장 몰딩 아래를 보면 걸레받이도 비슷한 양으로 시공되어 있는 것을 알 수 있다. 그래서 32평 아파트 천장 몰딩과 걸레받이 모두를 시공한다면 64만원이면 된다.

우레탄 몰딩은 랩핑 몰딩과 비슷한 크기로 구매할 경우, 개당 재료비는 7500원 정도이다. 랩핑 몰딩보다 재료비만 5000원 더 비싸고, 시공비는 같기 때문에 우레탄 몰딩은 평당 15,000원으로 계산하면 된다.

9_도장 공사 아파트 내부 도장은 래커로 칠하는 문·문틀, 현관 중문, 목 창호, 몰딩, 목공사 후 마감 도장 등이 있고, 에나멜로 칠하는 현관문, 금속 난간 등이 있다.

발코니의 벽과 천장은 주로 수성 페인트로 마감한다. 보통 페인트는 한곳에 3-4번 정도 칠을 하지만, 현장에 따라 칠 횟수는 달라진다. 예를 들면 백색 래커로 재도장할 경우, 기존에 백색 래커 칠이 되어 있다면, 2번 정도만 칠을 해도 깨끗하다. 하지만 기존에 검정색 래커 칠이 되어 있는 집이라면, 3-4번을 칠해도 검정색이 묻어 올라온다.

32평 아파트의 몰딩, 목 창호, 방문, 베란다, 현관문을 3-4번 칠하는 것으로 견적을 내어 보자.

내부 도장 재료비

· 래커: 3갤런×30,000원=90,000원(평균 10평당 1갤런 정도 사용한다.)

· 시너: 3갤런(1갤런은 4리터)×12,000원=36,000원(래커 1갤런당 시너 1갤런)

· 부자재: 50,000원(한 세대당 대략적 비용이다)

· 인건비: 도장공 3명×140,000원=420,000원(평균 10평당 여자 도장공 1명)

· 식비: 3명×10,000원=30,000원

· 예상 종합 견적: 90,000원 + 36,000원 + 50,000원 + 420,000원 + 30,000원=626,000원

· 내부 수성 1말: 40,000원(대부분의 발코니는 1말로 가능)

· 부자재: 10,000원(한 세대당 비용)

· 인건비: 도장공 1명×140,000원=140,000원

· 식비: 1명×10,000원=10,000원

· 예상 종합 견적: 40,000원 + 10,000원 + 140,000원 + 10,000원=200,000원

간편하게 대략적인 평당 실행 견적을 계산하려면 분양 평수에 26,000원을 곱하면 된다. 32평 아파트라면 32평×26,000원=832,000원이 나온다.

10_ 타일 공사 아파트 공사에서 욕실 벽·바닥, 주방 벽, 발코니 바닥, 현관 바닥 타일은 기본적으로 시공 하고, 발코니 벽, 주방 바닥, 거실 바닥, 아트월 등의 타일은 추가적으로 시공하기도 한다. 아파트 타일 시공은 기존 타일을 철거하지 않고 덧방 시공하는 것이 일반적이다. 물론 철거 후 타일 시공도 가능하지만, 철거 비용이 추가되고, 시공비용도 증가한다.

32평 아파트의 타일을 덧방으로 공사할 경우, 공사비를 산출해 보자. 공사 범위는 욕실 벽 2곳, 욕실 바닥 2곳, 현관 바닥, 주방 벽, 앞, 뒤 발코니 바닥이다.

· 욕실 벽: 6평×2개소=12평(욕실 벽은 평균 5.5평이지만, 로스율을 감안)

· 욕실 바닥: 1.5평×2개소=3평(욕실 바닥은 평균 1.3평이지만, 로스율을 감안)

· 발코니: 앞 4평 + 뒤 3평=7평(발코니 크기는 확장 공사 여부에 따라 달라진다.)

· 주방 벽: 평균 2평(싱크대 크기와 상부장 여부에 따라 달라진다.)

· 현관 바닥: 평균 1평(전실 공간이 있다면 더 늘어날 수도 있다.)

· 총 예상 타일량=25평

전체 타일 견적 산정

· 재료비: 25평×30,000원=750,000원

  (국내산 타일 평균 가격은 평당 26,000 – 34,000원 사이이다. 물론 가격 폭은 크다.)

부자재

· 타일 본드: 7말×20,000원=140,000원

· 기타: 140,000원

  (타일 본드는 벽타일을 붙일 때 사용하는 재료이고, 2평당 1말 정도 사용된다. 그리고 부자재 가격의 절반을 차지한다.)

인건비

· 타일공 2팀×340,000원=680,000원(식비 포함)

  (타일공은 주로 팀으로 움직이고, 타일공 + 보조공이 한 팀으로 움직인다. 한 팀이 하루에 할 수 있는 시공 넓이는 덧방으로 기본적인 시공 방법만으로 공사할 경우 평균 10-13평 정도이다.)

전체 타일 실행 시공비

· 예상 종합 견적: 1,710,000원

타일 시공 시 일반적인 타일 크기나 시공법이 아닌 경우, 또는 덧방 시공이 아닌 경우에는 타일공 1팀이 시공할 수 있는 양이 절반 이하로 떨어질 수도 있다. 특히 에폭시 본드 등으로 붙여야 하는 무거운 타일 재료는 인건비가 훨씬 늘어날 수 있다.

11_ 도배 공사

벽지 산출량

아파트 내부의 모든 벽과 천장의 평수를 도면 없이 산정하기는 많은 시간이 소요된다. 대략적으로 계산하면 천장 벽지량은 바닥 평수를 알면 쉽게 계산되고, 벽체 벽지 량은 안방이 보통 3롤, 작은 방이 2롤 정도 소요된다. 안방은 포인트 벽지 유무와 관계없이 3롤이 소요되고, 작은 방은 포인트 벽지가 들어가면 1롤 더 필요하다. 실크 벽지나 광폭 합지는 벽지 디자인에 따라 차이가 있지만, 한 롤로 가로 5m 정도 시공할 수 있다. 이 말은 한 롤로 5평정도 시공이 가능하다는 이야기이다. 만약 아파트라면 여기 더 간편하게 계산하는 방식이 있다.

· 보통 분양 면적의 2.5배이다. 예를 들어 아파트 분양 평수가 32평이면 32평×2.5배=80평의 벽지가 소요된다. 실크 벽지나 광폭 합지일 경우 80평이면 '80평÷5평=16롤'이 된다.
· 더 쉽게 계산하면 분양 평수의 1/2롤을 기억하면 된다. 예를 들어 32평이면 16롤이 필요하다.

인건비 산출량

· 광폭 합지, 소폭 합지는 도배공 1인이 하루 평균 40평을 시공한다(정배). 정배란 벽지를 위에서 아래로 붙이는 작업을 말한다.
· 실크 벽지는 도배공 1인이 하루 평균 25평을 시공할 수 있다. 실크 벽지는 벽지를 붙이기 전에 싱(운영지)을 붙이는 작업을 꼭 먼저 해야 한다. 그래서 합지보다 하루 시공량이 적다.(정배)
· 초배 작업은 도배공 1인이 하루 평균 40평을 시공할 수 있다(초배). 초배란 면을 고르게 하기 위해 PVC 부직포를 붙이는 작업을 말한다.
· 재료비: 실크 벽지는 한 롤에 평균 40,000원 정도하고, 광폭 합지는 한 롤에 평균 20,000원 정도한다. 그리고 소폭 합지는 주로 박스 단위로 판매되는데, 한 박스에 평균 80,000원 정도한다. 물론 브랜드에 따라 가격의 폭이 크다. 소폭 합지의 경우 1롤로 2평 시공 가능하다. 한 박스에 20롤이 있으니 한 박스로 40평 시공이 가능하다. 벽지 가격을 평당 가격으로 계산해 보면 실크 벽지(8000원) 〉 광폭 합지(4000원) 〉 소폭 합지(2000원) 순이다. 부직포, 운영지(싱), 풀, 본드, 실리콘 등의 부자재는 벽지 재료비의 20% 정도로 계산된다.
· 인건비: 지역마다 인건비의 차이가 있지만, 남자 도배공은 일당이 보통 17만원이고, 여자는 15만원이다. 초배 작업은 시공면에 따라 다르지만, 평균적으로 전체 도배량의 50% 정도이다. 그래서 32평 아파트라면 도배 평수는 80평이지만, 초배 작업 평수는 40평 정도이다.

32평 아파트 전체 실크 벽지 시공

재료비: 재료비16롤×40,000원=640,000원(롤 개수는 분양 평수의 1/2)

부자재: 640,000원×20%=128,000원(벽지비의 20%)

인건비: 4명×170,000원=680,000원(초배 작업 1명 + 벽지 작업 3명)

식비: 4명×10,000원=40,000원

총 예상 공사비=1,488,000원

도배해야 할 평수는 32평×2.5배로 계산해서 총 80평이다. 실크 벽지는 도배공이 하루에 평균 25평 시공이 가능하므로 25평×3명으로 계산하면 75평이 나온다. 대략 80평 정도 시공한다고 보면 된다.

초배 작업은 전체 도배량의 50%를 한다고 보면, 80평×50%=40평이다. 초배 작업은 도배공이 하루에 40평 시공 가능하므로 1명만 있으면 된다. 만약 전체를 초배 작업할 경우 2명이 투입되어야 한다. 그러면 도배공은 총 5명이 필요하다.

32평 아파트 전체 광폭 합지 시공

재료비: 16롤×20,000원=320,000원(롤 개수는 분양 평수의 1/2)

부자재: 320,000원×20%=64,000원(벽지비의 20%)

인건비: 3명×170,000원=510,000원(초배 작업 1명 + 벽지 작업 2명)

식비: 3명×10,000원=30,000원

총 예상 공사비=924,000원

도배해야 할 평수는 32평×2.5배로 계산해서 총 80평이다. 광폭 합지는 도배공이 하루에 평균 40평 시공이 가능하므로 40평×2명=80평이다. 초배 작업은 전체 도배량의 50% 정도이므로 80평×50%=40평이다. 초배 작업은 도배공이 하루에 40평 시공 가능하므로 1명만 있으면 된다. 만약 전체를 초배 작업한다면 초배 작업에 2명이 투입되어야 하며, 도배공은 총 4명이 필요하다.

32평 아파트 전체 소폭 합지 시공

재료비: 2박스×80,000원=160,000원(1박스에 40평 시공)

부자재: 160,000원×20%=32,000원(벽지비의 20%)

인건비: 2명×170,000원=340,000원(초배 작업 0명 + 벽지 작업 2명)

식비: 2명×10,000원=20,000원

총 실행 공사비=552,000원

도배해야 할 평수는 32평×2.5배로 계산해서 총 80평이다. 소폭 합지는 도배공이 하루에 평균 40평 시공이 가능하므로 40평×2명=80평이다. 초배 작업은 80평×50%로 계산해 40평이다. 초배 작업은 도배공이 하루에 40평 시공 가능하므로 1명만 있으면 된다. 하지만 소폭 합지는 주로 전셋집, 월세 등 주로 저렴하게 시공해야 할 경우에 시공한다. 그래서 초배 작업을 생략하는 경우가 많다. 물론 초배 작업을 한다면 도배공이 광폭 합지처럼 3명이 투입되어야 하고, 부자재의 견적도 광폭 합지 기준만큼 소요된다.

벽지 평수 산출법

구분	단독 주택	아파트
방	바닥 평수의 4배	전체 벽지 평수 – 거실 벽지 평수
거실	바닥 평수의 3배	아파트 분양 평수
전체	방+거실	아파트 분양 평수×2.5배

12_ **바닥 공사** 바닥재는 보통 대리점에서 재료비와 시공비가 포함된 가격으로 출시된다. 그러므로 실제로 바닥재가 들어가는 바닥 평수 산정만 잘하면 된다. 우리가 할 일은 공간에 맞는 적절한 바닥재를 선택하는 일이다.

바닥 평수 산정

만약 32평 아파트 전체 바닥에 마루를 시공한다면, 모두 32평의 마루가 소비되는 것이 아니다. 아파트 같은 공동 주택에서는 전용 면적만큼만 마루를 시공하고, 타일 등이 시공되는 욕실이나 현관의 면적을 제외한다.

· 32평 아파트의 바닥 공사 평수

  32평(분양 평수) − 7평(공용 면적) − 4평(욕실, 현관)

  = 21평(실제 시공 면적) × 1.1(로스율 10%)

  = 24평

  더 간단히 계산하려면 '분양평수 × 0.75' 하면 된다. 예: 32평 × 0.75 = 24평

바닥재 평당 가격(브랜드의 가격 차이를 감안하여 업체 평균가로 계산함)

· 강화마루

  대폭(약 200mm폭): 평당 70,000원(재료비 + 시공비 + 걸레받이 시공 포함)

  중폭(약 150mm폭): 평당 80,000원(재료비 + 시공비 + 걸레받이 시공 포함)

  소폭(약 100mm폭): 평당 9,000원(재료비 + 시공비 + 걸레받이 시공 포함)

· 온돌마루: 평당 120,000 − 130,000원(재료비 + 시공비 + 걸레받이 시공 포함)

· 강마루: 평당 110,000 − 120,000원(재료비 + 시공비 + 걸레받이 시공 포함)

· 원목마루: 평당 180,000원부터 650,000원 이상(재료비 + 시공비 + 걸레받이 시공 포함)

  원목마루는 수종, 수입국, 브랜드, 원목 두께에 따라 가격 폭이 매우 크다.

· 데코타일

  브랜드: 재료비 평당 30,000원 + 시공비 평당 8,000원 = 38,000원

비브랜드: 재료비 평당 23,000원 + 시공비 평당 8,000원=31,000원

마루와는 달리 걸레받이가 필요하다면 시공은 별도로 해야 한다.

· 모노륨: m당 재료비와 인건비를 산출하는 것이 정확하지만, 모노륨은 같은 평수라도 주택 구조에 따라 m량이 다른 경우가 많다. 아래의 장판 평당 단가는 평균치일 뿐 현장 상황에 따라 달라진다. L사 제품 중 두께와 브랜드를 기준으로 재료비와 시공비를 포함해서 본다면 아래와 같다.

두께	평당
1.8mm	30,000원
2.2mm	35,000원
3.0mm	45,000원
4.5mm	70,000원

13_ **주방 공사** 주방 가구 업체에 문의하면서 주방 디자인과 몇 가지 제품 선정만 하면 견적을 내 준다. 보통 우리가 사재라고 부르는 비브랜드 업체는 아직까지 대부분 자(300mm) 단위로 견적을 낸다. 하지만, 한샘 같은 브랜드 업체는 주방 전용 캐드로 정확하게 설계한 후 견적을 산출 한다. 그리고 이른바 시스템 가구들은 하이그로시 제품을 기본 옵션으로 한다.

견적 내기(저가 비브랜드 기준, 빌트인 별도)

종류	내용	치수	가격
하이그로시	상·하부 별도	1000mm 당	90,000원
시공비		1000mm 당	25,000원
훼샤		2400mm 당	20,000원
걸레받이		2400mm 당	30,000원
EP	상·하부 별도	개당	30,000원
키큰장 EP		개당	70,000원

위의 표는 저가 주방 가구의 몸통과 문짝만 견적 낼 때의 표이다. 여기에 후드, 싱크볼, 수전, 쿡탑, 상판, 빌트인 가전, 액세서리 등을 더하면 전체 주방 가구 견적이 나온다. 사실 주방 가

구만큼 견적의 폭이 큰 공사가 없다. 같은 도어라도 디자인과 빌트인에 따라 수천 만원까지 차이 날 수도 있다.

기준 견적

위의 표를 보고 주방 가구 견적을 일반인이 정확하게 내기는 어렵다. 몸통과 도어 이외의 각종 자재들의 가격 폭이 너무 크기 때문이다. 하지만 최소한의 기준이 필요하기에 최근에 가장 많이 시공하는 제품들로 구성된 싱크대 자당 가격을 제시한다. 하지만 이것도 어디까지나 평균일 뿐이다.

· 기준: 하이그로시 도어, 슬라이딩 후드, 13T 인조 대리석, 스테인리스 언더싱크볼, 입수전단, 쿡탑 같은 빌트인 가전과 액세서리는 별도 견적이다.
· 가격: 자당 160,000원(1자 300mm)
· 만약 가로 길이 3m의 주방이 있다면, 10자 주방이 된다. 10자×160,000원=1,600,000원이고, 여기에 쿡탑과 같은 빌트인 가전과 액세서리 가격을 더하면 된다.

14_ 시스템 가구 공사 붙박이장, 현관장 등의 견적을 내는 방식은 주방 가구와 비슷하다. 특히 빌트인 가전 등의 부가적인 요소가 없기 때문에 견적 내는 방식이 아주 단순한 편이다. 붙박이장과 현관장 같은 것들을 시스템 가구라고 하는데, 이런 시스템 가구 역시 하이그로시 제품을 기준으로 자당 견적을 내어 본다. 보통 아파트의 천장 높이는 비슷하다. 그래서 자 치수는 벽의 가로 길이만 재면 된다. 깊이는 600mm로 붙박이장도 규격화되어 있다. 그리고 내부 공간은 서랍장을 추가하지 않는 한 추가 비용이 크게 들진 않는다.

붙박이장(하이그로시 비브랜드 제품)

· 스윙도어: 자당 110,000원(10자 붙박이장, 110만원)
· 슬라이딩도어: 자당 160,000원(10자 붙박이장, 160만원)

주방 가구

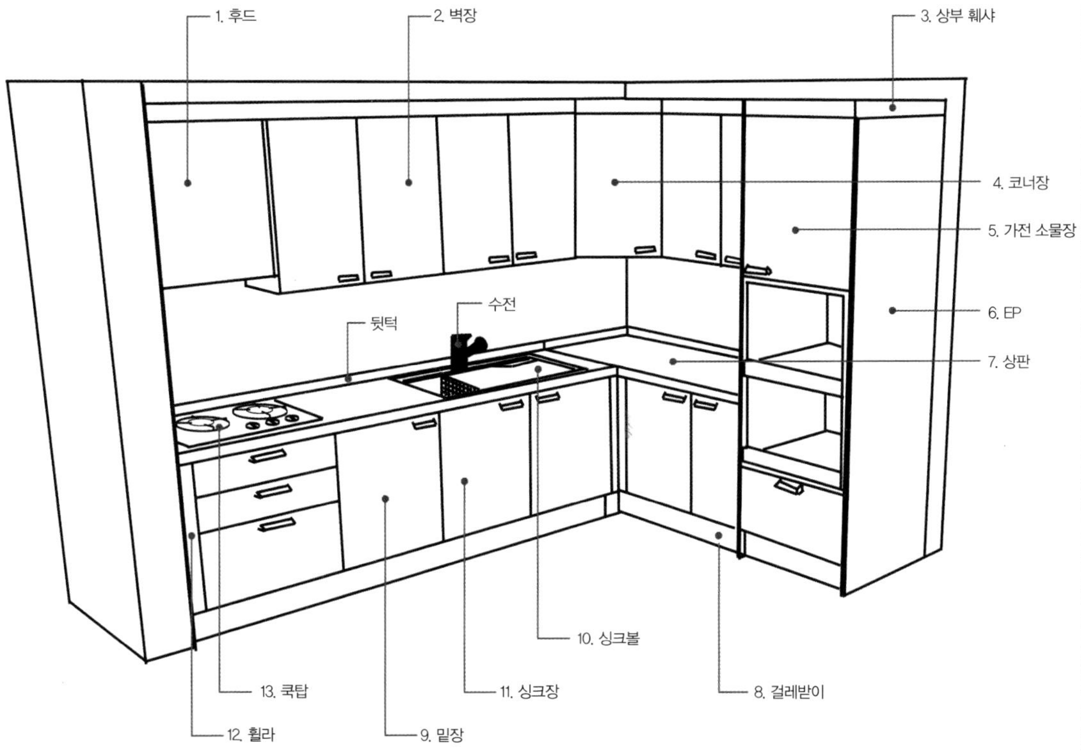

1. 후드
2. 벽장
3. 상부 훼샤
4. 코너장
5. 가전 소물장
6. EP
7. 상판
수전
뒷턱
10. 싱크볼
11. 싱크장
8. 걸레받이
13. 쿡탑
12. 휠라
9. 밑장

현관장은 일반 붙박이장과 자당 견적이 거의 같다. 그 이유는 현관장은 깊이가 얇은 대신 선반이 많이 들어가기 때문이다.

왼쪽_붙박이장, 오른쪽_현관장

15_ 조명 공사 조명의 견적은 조명 구입비와 시공비만 더하면 된다.

· 스위치·콘센트 공사비: 스위치·콘센트·감지기 전체 교체 비용은 평당 1만원 선이다. 32평 아파트일 경우, 32평×10,000원=320,000원이다

조명 공사비(32평 아파트 기준, 평균적인 조명 가격)

자재비

거실등: 1EA×120,000원=120,000원

방등: 3EA×40,000원=120,000원

욕실등: 2EA×30,000원=60,000원

주방등: 2EA×40,000원=80,000원

식탁등: 1EA×100,000원=130,000원

발코니: 3EA×20,000원=60,000원

현관등: 1EA×20,000원=20,000원

벽등: 1EA×30,000원=30,000원

인건비: 전기공 180,000원

총 예상 비용 : 620,000원 + 180,000=800,000원

16_ 위생 기구 위생 기구의 견적은 재료 구입비와 인건비만 더하면 된다. 인테리어 업체에서 일반적으로 제시하는 제품군의 평균 가격은 아래와 같다. 최근에는 욕실 시공 시 욕조 대신 파티션과 해바라기 샤워기를 설치하는 것이 일반적인 경향이다.

자재비

- 양변기 세트: 170,000원(투피스형)
- 세면대 세트: 130,000원(스탠드형, 부속 포함)
- 세면대 수전: 60,000원
- 해바라기 샤워기: 130,000원
- 파티션: 90,000원
- 액세서리 세트: 40,000원(컵, 비누, 휴지, 옷, 수건걸이)
- 수건장: 90,000원(수건장과 거울 분리형)
- 거울: 40,000원(테두리 몰딩형)
- 유리 선반: 2EA 30,000원(一자형, 코너형)
- 인건비: 위생 기구 설치공 160,000원
- 총 예상 비용: 780,000원 + 160,000원=940,000원

철거부터 위생 기구까지 공사비와 추가/별도 공사비를 더하고, 경비 + 4대 보험 + 기업 이윤 + 부가세를 더하면 업체 견적서가 된다. 물론 자재비와 인건비는 지역마다 차이가 있을 수 있다.

17_ 욕실 1개실 공정 및 견적

일정	공정	비용	비고
첫째 날	상·하부 별도철거 및 방수	250,000원	설비공 인건비+폐기물 비용+욕조 밑 방수
둘째 날	타일 시공	750,000원	욕실 1곳당 타일 견적 계산 참조
셋째 날	양생	0원	최소 하루 정도는 양생하는 것이 좋다.
넷째 날	돔 천장	180,000원	환풍기 설치 포함 가격
	상·하부 별도 위생 기구	940,000원	위생 기구 견적 계산 참조
	종합 욕실 견적	2,120,000원	

욕실 1곳 당 타일 견적

·총 타일 시공량: 욕실 벽 6평 + 욕실 바닥 1.5평=7.5평

재료비

·욕실 벽 타일: 30,000×6평=180,000원

·욕실 바닥 타일: 40,000×1.5평=60,000원

·타일 본드: {3말×20,000원} + 60,000원(기타 부자재)=120,000원

인건비

·타일공 + 보조(한팀)=320,000원

경비

·운반비: 50,000원(타일 및 부자재 운반 1회)

·식비: 2명×10,000원=20,000원

종합 실행 견적

·360,000원(재료비) + 320,000원(인건비) + 50,000원(운반비) + 20,000원(식비)

 =750,000원

 전체적인 건물의 무게는 상부 바닥 – 보 – 기둥 – 기초 – 땅으로 이어진다.

1_ **기초** 건물의 전체 무게를 땅에 전달하여 완전히 지탱하게 하는 것을 말한다.

2_ **바닥** 공간을 막아 놓은 밑바닥을 말한다. 건물의 수평체이다.

3_ **벽** 수직으로 공간을 막는 곳이다. 그 중에 건물 외부에 있는 벽이 외벽, 건물 내부에 있는 벽이 내벽이다.

4_ **내력벽** 상부의 건물 하중을 기초에 전달하는 벽이다. 내력벽은 보와 기둥의 역할을 동시에 한다.

5_ **비내력벽** 상부 건물 하중의 전달 없이 칸막이 역할만 하는 벽이다.

6_ **기둥** 보에서 내려오는 하중을 기초에 전달하는 부재이다.

7_ **보** 위층 바닥의 하중을 기둥에 전달하는 것이다. 큰 하중을 지탱하는 큰보와 작은 하중을 지탱하는 작은보가 있다.

8_ **지붕틀** 흔히 지붕 마감재를 덮기 전에 골조 틀을 세운 것을 말한다.

9_ 지붕 건물의 최상부를 막아 비나 눈을 막는 구조체이다.

10_ 경사지붕과 평지붕

· 경사지붕: 단열의 효과가 크고, 빗물이 고이지 않기 때문에 누수 발생 우려가 적다. 하지만 옥상을 사용할 수 없어서 마당이 있는 건물에 주로 적용한다. 대체로 시외에 있는 전원주택은 경사지붕 형태가 많다.

· 평지붕: 단열의 효과가 적고, 빗물이 고이기 때문에 누수가 잘 생기는 편이다. 하지만 옥상 공간을 사용할 수 있어서 공간 활용에 좋다. 주로 땅값이 비싼 이유로 마당을 넓게 사용하기 힘든 도심 주택은 평지붕 형태가 많다. 단열은 아래층 내부 천장에 단열 작업을 할 수도 있고 옥상 녹화 작업으로 해결할 수 있다. 방수 공사를 통해 누수를 확실히 방지해야 한다. 특히 옥상 녹화 작업을 위해서는 옥상 방수뿐 아니라 구조 보강에도 신경을 써야 한다. 식재나 모래 등에 의해 옥상의 적재 하중이 높아지기 때문에 건물에 부담을 줄 수가 있다. 그러므로 옥상 녹화 작업 전 구조 검토는 반드시 필요하다.

비구조 부재

힘을 받지 않는 구조이다.

1_ 천장 지붕 밑 또는 위층의 바닥 밑을 막아 열을 차단하고 소음 방지와 장식을 겸한 것이다. 흔히 반자 또는 덴조(일본어)라고도 한다.

2_ 수장 장식을 목적으로 구조체에 붙이는 것을 말한다. 도배, 바닥재, 조명, 타일, 위생기구 등이 있다.

3_ 창호 출입, 채광, 통풍, 등의 목적으로 벽체, 지붕, 천장 등에 설치하는 것.

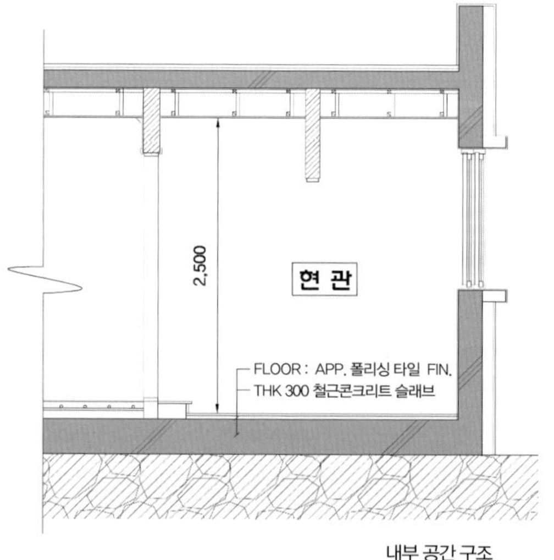

내부 공간 구조

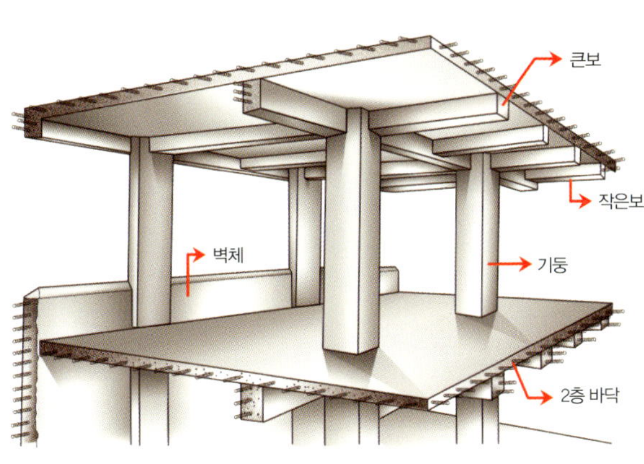

라멘 구조(비내력벽)
보와 기둥이 하중을 지탱하므로
벽체를 철거해도 된다.

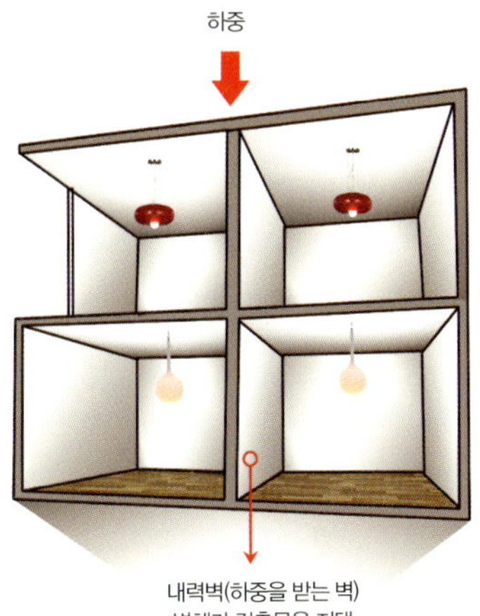

벽식 구조(내력벽)
벽체 자체가 하중을 지탱하므로
벽체를 함부로 철거하면 안 된다.

· 인테리어: 천장 속에 설치된 각종 전선이나 배관 등을 보이지 않게 만들어 공간을 깔끔하게 정리해 준다.

· 단열: 건물 제일 위층의 천장은 단열 효과가 있다.

· 에너지 절감: 천장은 공간의 부피를 작게 만들어서 냉난방 비용을 줄여 준다.

구조 방식

1_ **가구식 구조** 목재, 강재 등 가늘고 긴 재료를 집합하여 뼈대를 만드는 구조이다. 재료 접합부에 따라 구조 강도가 결정된다. 목구조, 철골 구조 등이 있다. 하지만 용접으로 접합하는 것은 일체식 구조로 본다. 목조 주택이나 스틸하우스 같은 전원주택들이 모두 가구식 구조이다.

· 목조 주택: 통나무 주택의 단점을 보완하기 위하여 2×4, 2×6mm 등의 각재를 이용하여 구조를 형성하는 방식이다. 유리 섬유 등의 단열재를 벽체 공간에 채우고 OSB 합판, 방수 비닐 등을 내·외부에 접착해 단열, 방수, 방음의 문제를 온전하게 해결한 이상적인 구조이지만, 나무의 변형성과 해충의 침투로 인해 구조에 손상이 올 수 있다. 구조의 안정성을 기하기 위해서는 모든 결합 부위에 결합 철물을 반드시 시공해야 한다. 지금까지 많은 전원주택은 목구조 방식으로 지어졌다.

· 스틸하우스: 목재를 대신하여 철재로 구조적인 단점을 개선한 훌륭한 재료이다. 철재는 친환경 자재이고 다양하게 가공할 수 있어서 성장 가능성이 크다. 하지만 목재에 비해서 재료의 가격이 비싼 편이다. 철재의 가격이 내려가고 건축 공법이 계속 발전한다면, 앞으로 가장 많이 사용하게 될 방식이다. 비슷한 예로 천장 공사 시 목재로 천장틀을 시공하는 것보다 M바 같은 경량 스틸로 시공하면 훨씬 간편하고 저렴하다.

2_ **조적식 구조** 각각의 재료를 접착 재료로 쌓아 만든 구조이다. 재료와 접착제의 강도 그리고 쌓는 방식에 따라 전체 구조의 강도가 결정된다. 벽돌 구조, 블록 구조, 돌

목조 주택

왼쪽_ 조적조 주택, 오른쪽_ALC 주택

구조 등이 있다. 도심 속에 단층 단독 주택들은 조적식 구조가 많다.

· 조적조 주택: 벽돌이나 블록을 시멘트 모르타르로 접착한 후 쌓아서 구조를 형성한다. 단열이나 방음성이 떨어지고 수명도 비교적 짧다. 외부 벽으로 부분적으로 시공하거나 담장 이외에는 거의 이용하지 않고 있다. 하지만 벽돌은 재료 자체의 장식적인 매력은 여전히 훌륭하기 때문에 조적 모양만 흉내 낸 가공 제품이 많이 출시되고 있다.

· ALC 주택: 시멘트의 단점을 보완하기 위해 개발되었다. 경량 기포 콘크리트를 이용한 방식으로 규사와 석회를 혼합하여 만들었다. 무게는 시멘트 콘크리트에 비해 절반 이하이고 단열성은 10배나 높다. 흡음 효과도 뛰어나며 친환경 건축 자재이다. 하지만 강도가 조금 떨어져 층수가 높아지면 H-빔 등으로 보강해야 하고 외관상으로 변화를 주기에는 한계가 있다. 하지만, 1, 2층 정도의 단층 주택에서는 괜찮은 친환경 건축 자재이다.

3_일체식 구조 전 구조체가 일체가 되도록 한 구조이다. 철근 콘크리트 구조, 철골 철근 콘트리트 구조 등이 있다. 아파트 같은 현대의 대부분의 주거 건물은 일체식 구조이다.

· 콘크리트 주택: 시멘트와 철근을 이용하여 구조를 형성하는 방식이지만, 시멘트의 특성상 단열 효과는 미약하다. 특별히 주택의 경우 겨울에는 춥고 여름에는 더운 현상으로 냉난 방비가 다른 주택보다 많이 든다. 성능이 좋은 단열재를 함께 시공해야 한다. 현대에 발명된 3대 건축재로 철, 유리 그리고 콘크리트를 꼽는다. 그 중 철이나 유리는 얼마든지 재사용이 가능한 친환경 건축재이지만, 콘크리트는 그렇지 못하다. 지금까지 건축학의 중심은 철근 콘크리트였지만 앞으로는 변화될 것이다.

주택 종류별 분류와 차이점

단독 주택

1_ **단독 주택** 1가족만 살 수 있는 주택이다.

2_ **다중 주택** 흔히 하숙집 같은 종류이다. 독립된 주거의 형태가 아니어야 하고, 연면적이 $330m^2$ 이하, 3층 이하이어야 한다. 방만 독립적이고, 취사 시설은 금지이다.

3_ **다가구 주택** 임대를 줄 수 있는 주택이다. 대개 집주인이 살고 나머지 가구는 전세나 월세를 줄 수 있는 형태이다. 그래서 다가구 주택은 여러 가구가 살아도 주택수를 산정할 때에는 1세대로 인정한다.

공동 주택

1_ **아파트** 주택으로 쓰이는 층수가 5개 층 이상인 주택으로 연면적의 제한이 없다.

2_ **연립주택** 주택으로 쓰이는 1개 동의 연면적(지하 주차장 면적 제외)이 $660m^2$를 초과하고, 4개 층 이하인 주택

3_ **다세대 주택** 다가구 주택과 비슷한 형태를 갖고 있지만, 분양이 가능하기 때문에 공동 주택으로 분류한다. 주택으로 쓰이는 1개 동의 연면적(지하 주차장 면적 제외)이 $660m^2$ 이하이고, 4개 층 이하이어야 한다. 2개 이상의 동을 지하 주차장으로 연결하는 경우에는 각각의 동으로 보며, 지하 주차장 면적은 바닥 면적에서 제외된다.

다가구 주택과 다세대 주택의 차이점

다가구 주택과 다세대 주택의 가장 큰 차이점은 가구별 분양이 가능한가의 여부이다. 다가구 주택은 분양은 안 되고, 임대만 가능하다. 공동 주택으로 분류되는 다세대 주택은 분양이 가능하다. 그리고 다가구 주택은 3개 층 이하인 반면, 다세대 주택은 4개 층 이하이다.

다가구 주택의 요건

1_ 주택으로 쓰이는 층수(지하층 제외)가 3개 층 이하이어야 한다. 다만, 1층의 바닥 면적 1/2 이상을 필로티 구조로 하여 주차장으로 사용하고, 나머지 부분을 주택 외의 용도로 쓰는 경우에는 해당 층을 주택의 층수에서 제외시킨다.

2_ 1개 동의 주택으로 쓰이는 바닥 면적(지하 주차장 면적 제외)의 합계가 $660m^2$ 이하이어야 한다.

3_ 세대 수가 19세대 이하이어야 한다. 20세대부터는 주택법에 의한 사업 승인을 받아야 하기 때문에 19세대까지만 허용된다.

토지

지목

건축물처럼 토지도 용도에 따라 분류하는데, 지목은 토지를 주된 사용 용도에 따라 28가지로 분류한 것이다.

지번은 지적 공부에 등록한 번호를 말하는데, 임야 대장과 임야도에 등록하는 토지의 지번은 앞에 '산' 자를 붙인다. 예를 들면 '서울특별시 ○○구 ○○동 산 136-1' 하는 식이다. 토지이용계획확인서는 크게 지적도와 임야도로 나뉜다. 지적도는 '산' 번지 임야도 외의 모든 토지를 표시한 것을 말하고, 임야도는 '산' 번지가 붙은 임야를 말한다. 한마디로 임야도는 굴곡이 있는 산을 특별히 관리하기 위해 만들어진 것이다. 예를 들어, 지적도는 '서울특별시 ○○구 ○○동 645-1'로 표시되고, 임야도는 서울특별시 ○○구 ○○동 산 136-1'로 표시된다.

용도 지역·용도 지구·용도 구역

전 국토를 체계적으로 관리하기 위해 4개의 지역과 여러 종류의 지구, 그리고 3개의 구역으로 구분 관리하고 있다.

전 국토를 종합적이고 체계적으로 관리할 수 있는 수단으로 용도 지역, 지구, 구역제를 운영하고 있다. 도시 지역, 관리 지역, 농림 지역, 자연 환경 보전 지역으로 4등분하는 용도 지역제와 그것만으로 부족하여 그 용도 지역 위에 입지별 특성에 따라 미관 지구, 경관 지구, 보존 지구, 고도 지구 등으로 덮어씌우는 용도 지구제가 있다. 그 외도 도시 주변의 무질서한 확산을 방지하기 위하여 개발 제한 구역, 소위 그린벨트를 지정하기도 한다. 일정 기간 통제를 하면서 도시를 계획적으로 가꾸기 위한 시가화 조정 구역, 3면이 바다인 우리나라의 여건을 감안 해변 지역을 대상으로 수산 자원 보호 구역을 지정하는 용도 구역제도 있다.

건폐율·용적률

○ 연면적

연면적은 하나의 건축물 각 층의 바닥 면적의 합계를 말한다. 단, 용적률을 산정할 때에는 다음에 해당하는 면적은 제외한다.

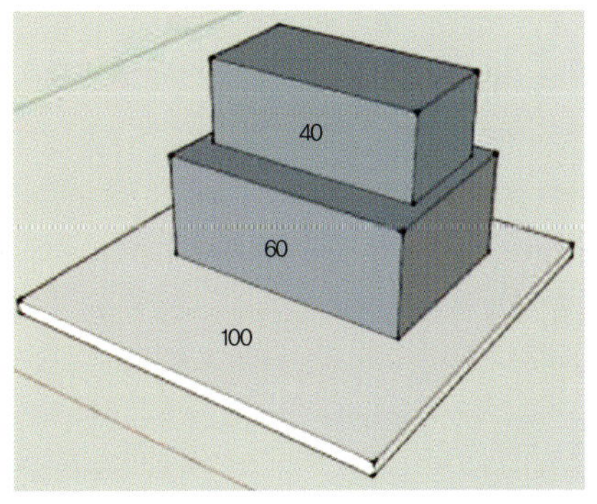

1_ 지하층의 면적

2_ 지상층의 주차용으로 쓰는 면적: 해당 건축물의 부속 용도인 경우만 해당한다.

3_ '주택건설기준등에관한규정' 제2조 제3호에 따른 주민 공동 시설의 면적. 예를 들어 위의 그림처럼 대지가 330m^2(100평), 1층이 198m^2(60평), 2층이 132m^2(40평)인 건

건축물의 용도 28

건축법 시행령, 시행 2014년 3월 24일, 대통령령 제25273호

1 단독 주택

단독 주택의 형태를 갖춘 가정 어린이집 · 공동생활 가정 · 지역 아동 센터 및 노인 복지 시설(노인 복지 주택은 제외한다)을 포함한다.

가. 단독 주택

나. 다중 주택: 다음의 요건을 모두 갖춘 주택을 말한다.

1) 학생 또는 직장인 등 여러 사람이 장기간 거주할 수 있는 구조로 되어 있는 것.

2) 독립된 주거의 형태를 갖추지 아니한 것(각 실별로 욕실은 설치할 수 있으나, 취사 시설은 설치하지 아니한 것을 말한다. 이하 같다)

3) 연면적이 300㎡ 이하이고 층수가 3층 이하인 것.

다. 다가구 주택: 다음의 요건을 모두 갖춘 주택으로서 공동 주택에 해당하지 아니하는 것을 말한다.

1) 주택으로 쓰는 층수(지하층은 제외한다)가 3개 층 이하일 것. 다만, 1층의 바닥 면적 2분의 1 이상을 필로티 구조로 하여 주차장으로 사용하고 나머지 부분을 주택 외의 용도로 쓰는 경우에는 해당 층을 주택의 층수에서 제외한다.

2) 1개 동의 주택으로 쓰이는 바닥 면적(부설 주차장 면적은 제외한다. 이하 같다)의 합계가 660㎡ 이하일 것.

3) 19세대 이하가 거주할 수 있을 것.

라. 공관

2 공동 주택

공동 주택의 형태를 갖춘 가정 어린이집 · 공동생활 가정 · 지역 아동 센터 · 노인 복지 시설(노인 복지 주택은 제외한다) 및 주택법 시행령 제3조 제1항에 따른 원룸형 주택을 포함한다. 다만, 가목이나 나목에서 층수를 산정할 때 1층 전부를 필로티 구조로 하여 주차장으로 사용하는 경우에는 필로티 부분을 층수에서 제외하고, 다목에서 층수를 산정할 때 1층의 바닥 면적 2분의 1 이상을 필로티 구조로 하여 주차장으로 사용하고 나머지 부분을 주택 외의 용도로 쓰는 경우에는 해당 층을 주택의 층수에서 제외하며, 가목부터 라목까지의 규정에서 층수를 산정할 때 지하층을 주택의 층수에서 제외한다.

가. 아파트: 주택으로 쓰는 층수가 5개 층 이상인 주택

나. 연립 주택: 주택으로 쓰는 1개 동의 바닥 면적(2개 이상의 동을 지하 주차장으로 연결하는 경우에는 각각의 동으로 본다
) 합계가 660㎡를 초과하고, 층수가 4개 층 이하인 주택

다. 다세대 주택: 주택으로 쓰는 1개 동의 바닥 면적 합계가 660㎡ 이하이고, 층수가 4개 층 이하인 주택(2개 이상의 동을 지
하 주차장으로 연결하는 경우에는 각각의 동으로 본다)

라. 기숙사: 학교 또는 공장 등의 학생 또는 종업원 등을 위하여 쓰는 것으로서 공동 취사 등을 할 수 있는 구조를 갖추되, 독
립된 주거의 형태를 갖추지 아니한 것(교육기본법 제27조제2항에 따른 학생 복지 주택을 포함한다)

③ 제1종 근린 생활 시설

가. 식품 · 잡화 · 의류 · 완구 · 서적 · 건축 자재 · 의약품 · 의료기기 등 일용품을 판매하는 소매점으로서 같은 건축물(하
나의 대지에 두 동 이상의 건축물이 있는 경우에는 이를 같은 건축물로 본다. 이하 같다)에 해당 용도로 쓰는 바닥 면적
의 합계가 1000㎡ 미만인 것.

나. 휴게음식점, 제과점 등 음료 · 차 · 음식 · 빵 · 떡 · 과자 등을 조리하거나 제조하여 판매하는 시설(제4호 너목 또는 제17
호에 해당하는 것은 제외한다)로서 같은 건축물에 해당 용도로 쓰는 바닥 면적의 합계가 300㎡ 미만인 것.

다. 이용원, 미용원, 목욕장, 세탁소 등 사람의 위생관리나 의류 등을 세탁 · 수선하는 시설(세탁소의 경우 공장에 부설되는
것과 대기환경보전법, 수질 및 수생태계 보전에 관한 법률 또는 소음 · 진동관리법에 따른 배출 시설의 설치 허가 또는
신고의 대상인 것은 제외한다)

라. 의원, 치과의원, 한의원, 침술원, 접골원, 조산원, 안마원, 산후조리원 등 주민의 진료, 치료 등을 위한 시설

마. 탁구장, 체육도장으로서 같은 건축물에 해당 용도로 쓰는 바닥 면적의 합계가 500㎡ 미만인 것.

바. 지역자치센터, 파출소, 지구대, 소방서, 우체국, 방송국, 보건소, 공공 도서관, 건강보험공단 사무소 등 공공 업무 시설로
서 같은 건축물에 해당 용도로 쓰는 바닥 면적의 합계가 1000㎡ 미만인 것.

사. 마을회관, 마을 공동 작업소, 마을 공동 구판장, 공중 화장실, 대피소, 지역 아동 센터(단독 주택과 공동 주택에 해당하는
것은 제외한다) 등 주민이 공동으로 이용하는 시설

아. 변전소, 도시가스 배관 시설, 정수장, 양수장 등 주민의 생활에 필요한 에너지 공급이나 급수 · 배수와 관련된 시설

④ 제2종 근린 생활 시설

가. 공연장(극장, 영화관, 연예장, 음악당, 서커스장, 비디오물 감상실, 비디오물 소극장, 그 밖에 이와 비슷한 것을 말한다.
이하 같다)으로서 같은 건축물에 해당 용도로 쓰는 바닥 면적의 합계가 500㎡ 미만인 것.

나. 종교 집회장(교회, 성당, 사찰, 기도원, 수도원, 수녀원, 제실, 사당, 그 밖에 이와 비슷한 것을 말한다. 이하 같다)으로서
같은 건축물에 해당 용도로 쓰는 바닥 면적의 합계가 500㎡ 미만인 것.

다. 자동차 영업소로서 같은 건축물에 해당 용도로 쓰는 바닥 면적의 합계가 1000㎡ 미만인 것.

라. 서점(제1종 근린 생활 시설에 해당하지 않는 것)

마. 총포 판매소

바. 사진관, 표구점

사. 청소년 게임 제공업소, 복합 유통 게임 제공업소, 인터넷 컴퓨터 게임 시설 제공 업소, 그 밖에 이와 비슷한 게임 관련 시
설로서 같은 건축물에 해당 용도로 쓰는 바닥 면적의 합계가 500㎡ 미만인 것.

아. 휴게 음식점, 제과점 등 음료 · 차 · 음식 · 빵 · 떡 · 과자 등을 조리하거나 제조하여 판매하는 시설(너목 또는 제17호에
해당하는 것은 제외한다)로서 같은 건축물에 해당 용도로 쓰는 바닥 면적의 합계가 300㎡ 이상인 것.

자. 일반 음식점

차. 장의사, 동물병원, 동물 미용실, 그 밖에 이와 유사한 것.

카. 학원(자동차 학원 및 무도 학원은 제외한다), 교습소(자동차 교습 및 무도 교습을 위한 시설은 제외한다), 직업 훈련소(운전 · 정비 관련 직업 훈련소는 제외한다)로서 같은 건축물에 해당 용도로 쓰는 바닥 면적의 합계가 500㎡ 미만인 것.

타. 독서실, 기원

파. 테니스장, 체력 단련장, 에어로빅장, 볼링장, 당구장, 실내낚시터, 골프연습장, 놀이형 시설(관광진흥법에 따른 기타유원 시설업의 시설을 말한다. 이하 같다) 등 주민의 체육 활동을 위한 시설(제3호 마목의 시설은 제외한다)로서 같은 건축물에 해당 용도로 쓰는 바닥 면적의 합계가 500㎡ 미만인 것.

하. 금융업소, 사무소, 부동산 중개 사무소, 결혼상담소 등 소개업소, 출판사 등 일반 업무 시설로서 같은 건축물에 해당 용도로 쓰는 바닥 면적의 합계가 500㎡ 미만인 것.

거. 다중 생활 시설(다중 이용업소의 안전 관리에 관한 특별법에 따른 다중 이용업 중 고시원업의 시설로서 독립된 주거의 형태를 갖추지 않은 것을 말한다. 이하 같다)로서 같은 건축물에 해당 용도로 쓰는 바닥 면적의 합계가 500㎡ 미만인 것.

너. 제조업소, 수리점 등 물품의 제조 · 가공 · 수리 등을 위한 시설로서 같은 건축물에 해당 용도로 쓰는 바닥 면적의 합계가 500㎡ 미만이고, 다음 요건 중 어느 하나에 해당하는 것.

　1) 대기환경보전법, 수질 및 수생태계 보전에 관한 법률 또는 소음 · 진동관리법에 따른 배출 시설의 설치허가 또는 신고의 대상이 아닌 것.

　2) 대기환경보전법, 수질 및 수생태계 보전에 관한 법률 또는 소음 · 진동관리법에 따른 배출 시설의 설치 허가 또는 신고의 대상 시설이나 귀금속 · 장신구 및 관련 제품 제조 시설로서 발생되는 폐수를 전량 위탁 처리하는 것.

더. 단란주점으로서 같은 건축물에 해당 용도로 쓰는 바닥 면적의 합계가 150㎡ 미만인 것.

러. 안마 시술소, 노래 연습장

5 문화 및 집회 시설

가. 공연장으로서 제2종 근린 생활 시설에 해당하지 아니하는 것.

나. 집회장(예식장, 공회당, 회의장, 마권 장외 발매소, 마권 전화 투표소, 그 밖에 이와 비슷한 것을 말한다)으로서 제2종 근린 생활 시설에 해당하지 아니하는 것.

다. 관람장(경마장, 경륜장, 경정장, 자동차 경기장, 그 밖에 이와 비슷한 것과 체육관 및 운동장으로서 관람석의 바닥 면적의 합계가 1000㎡ 이상인 것을 말한다)

라. 전시장(박물관, 미술관, 과학관, 문화관, 체험관, 기념관, 산업전시장, 박람회장, 그 밖에 이와 비슷한 것을 말한다)

마. 동 · 식물원(동물원, 식물원, 수족관, 그 밖에 이와 비슷한 것을 말한다)

6 종교 시설

가. 종교 집회장으로서 제2종 근린 생활 시설에 해당하지 아니하는 것.

나. 종교 집회장(제2종 근린 생활 시설에 해당하지 아니하는 것을 말한다)에 설치하는 봉안당

7 판매 시설

가. 도매 시장(농수산물유통 및 가격안정에 관한 법률에 따른 농수산물 도매 시장, 농수산물 공판장, 그 밖에 이와 비슷한 것을 말하며, 그 안에 있는 근린 생활 시설을 포함한다.)

나. 소매시장(유통산업발전법 제2조제3호에 따른 대규모 점포, 그 밖에 이와 비슷한 것을 말하며, 그 안에 있는 근린 생활 시설을 포함한다)

다. 상점(그 안에 있는 근린 생활 시설을 포함한다)으로서 다음의 요건 중 어느 하나에 해당하는 것.

1) 제3호 가목에 해당하는 용도(서점은 제외한다)로서 제1종 근린 생활 시설에 해당하지 아니하는 것.

2) 게임산업진흥에 관한 법률 제2조제6호의2가목에 따른 청소년 게임 제공업의 시설, 같은 호 나목에 따른 일반 게임 제공업의 시설, 같은 조 제7호에 따른 인터넷 컴퓨터 게임 시설 제공업의 시설 및 같은 조 제8호에 따른 복합 유통 게임 제공업의 시설로서 제2종 근린 생활 시설에 해당하지 아니하는 것.

8 운수 시설

가. 여객 자동차 터미널

나. 철도 시설

다. 공항 시설

라. 항만 시설

마. 삭제〈2009.7.16〉

9 의료 시설

가. 병원(종합병원, 병원, 치과병원, 한방병원, 정신병원 및 요양병원을 말한다)

나. 격리 병원(전염병원, 마약 진료소, 그 밖에 이와 비슷한 것을 말한다)

10 교육 연구 시설(제2종 근린 생활 시설에 해당하는 것은 제외한다)

가. 학교(유치원, 초등학교, 중학교, 고등학교, 전문대학, 대학, 대학교, 그 밖에 이에 준하는 각종 학교를 말한다)

나. 교육원(연수원, 그 밖에 이와 비슷한 것을 포함한다)

다. 직업 훈련소(운전 및 정비 관련 직업 훈련소는 제외한다)

라. 학원(자동차학원 및 무도학원은 제외한다)

마. 연구소(연구소에 준하는 시험소와 계측 계량소를 포함한다)

바. 도서관

11 노유자 시설

가. 아동 관련 시설(어린이집, 아동 복지 시설, 그 밖에 이와 비슷한 것으로서 단독 주택, 공동 주택 및 제1종 근린 생활 시설에 해당하지 아니하는 것을 말한다)

나. 노인 복지 시설(단독 주택과 공동 주택에 해당하지 아니하는 것을 말한다)

다. 그 밖에 다른 용도로 분류되지 아니한 사회 복지 시설 및 근로 복지 시설

12 수련 시설

가. 생활권 수련 시설(청소년활동진흥법에 따른 청소년 수련관, 청소년 문화의 집, 청소년 특화 시설, 그 밖에 이와 비슷한 것을 말한다)

나. 자연권 수련 시설(청소년활동진흥법에 따른 청소년 수련원, 청소년 야영장, 그 밖에 이와 비슷한 것을 말한다)

다. 청소년활동진흥법에 따른 유스호스텔

13 운동 시설

가. 탁구장, 체육도장, 테니스장, 체력 단련장, 에어로빅장, 볼링장, 당구장, 실내 낚시터, 골프 연습장, 놀이형 시설, 그 밖에 이와 비슷한 것으로서 제1종 근린 생활 시설 및 제2종 근린 생활 시설에 해당하지 아니하는 것.

나. 체육관으로서 관람석이 없거나 관람석의 바닥 면적이 1000㎡ 미만인 것.

다. 운동장(육상장, 구기장, 볼링장, 수영장, 스케이트장, 롤러스케이트장, 승마장, 사격장, 궁도장, 골프장 등과 이에 딸린 건축물을 말한다)으로서 관람석이 없거나 관람석의 바닥 면적이 1000㎡ 미만인 것.

14 업무 시설

가. 공공 업무 시설: 국가 또는 지방자치단체의 청사와 외국 공관의 건축물로서 제1종 근린 생활 시설에 해당하지 아니하는 것.

나. 일반 업무 시설: 다음 요건을 갖춘 업무 시설을 말한다.

1) 금융업소, 사무소, 결혼상담소 등 소개업소, 출판사, 신문사, 그 밖에 이와 비슷한 것으로서 제2종 근린 생활 시설에 해당하지 않는 것.

2) 오피스텔(업무를 주로 하며, 분양하거나 임대하는 구획 중 일부 구획에서 숙식을 할 수 있도록 한 건축물로서 국토교통부 장관이 고시하는 기준에 적합한 것을 말한다)

15 숙박 시설

가. 일반 숙박 시설 및 생활 숙박 시설

나. 관광 숙박 시설(관광호텔, 수상 관광호텔, 한국 전통 호텔, 가족호텔, 호스텔, 소형 호텔, 의료 관광호텔 및 휴양 콘도미니엄)

다. 다중 생활 시설(제2종 근린 생활 시설에 해당하지 아니하는 것을 말한다)

라. 그 밖에 가목부터 다목까지의 시설과 비슷한 것.

16 위락 시설

가. 단란주점으로서 제2종 근린 생활 시설에 해당하지 아니하는 것.

나. 유흥주점이나 그 밖에 이와 비슷한 것.

다. 관광진흥법에 따른 유원 시설업의 시설, 그 밖에 이와 비슷한 시설(제2종 근린 생활 시설과 운동 시설에 해당하는 것은 제외한다)

라. 삭제〈2010.2.18〉

마. 무도장, 무도학원

바. 카지노 영업소

17 공장

물품의 제조 · 가공(염색 · 도장 · 표백 · 재봉 · 건조 · 인쇄 등을 포함한다) 또는 수리에 계속적으로 이용되는 건축물로서 제1종 근린 생활 시설, 제2종 근린 생활 시설, 위험물 저장 및 처리 시설, 자동차 관련 시설, 분뇨 및 쓰레기 처리 시설 등으로 따로 분류되지 아니한 것.

18 창고 시설

위험물 저장 및 처리 시설 또는 그 부속용도에 해당하는 것은 제외한다.

    가. 창고(물품저장 시설로서 물류정책기본법에 따른 일반창고와 냉장 및 냉동 창고를 포함한다)

    나. 하역장

    다. 물류 시설의 개발 및 운영에 관한 법률에 따른 물류 터미널

    라. 집배송 시설

19 위험물 저장 및 처리 시설

위험물안전관리법, 석유 및 석유 대체 연료 사업법, 도시가스사업법, 고압가스 안전관리법, 액화 석유가스의 안전 관리 및 사업법, 총포 · 도검 · 화약류 등 단속법, 유해 화학 물질 관리법 등에 따라 설치 또는 영업의 허가를 받아야 하는 건축물로서 다음 각 목의 어느 하나에 해당하는 것. 다만, 자가 난방, 자가 발전, 그 밖에 이와 비슷한 목적으로 쓰는 저장 시설은 제외한다.

    가. 주유소(기계식 세차 설비를 포함한다) 및 석유 판매소

    나. 액화 석유 가스 충전소 · 판매소 · 저장소(기계식 세차 설비를 포함한다)

    다. 위험물 제조소 · 저장소 · 취급소

    라. 액화 가스 취급소 · 판매소

    마. 유독물 보관 · 저장 · 판매 시설

    바. 고압 가스 충전소 · 판매소 · 저장소

    사. 도료류 판매소

    아. 도시가스 제조 시설

    자. 화약류 저장소

    차. 그 밖에 가목부터 자목까지의 시설과 비슷한 것.

20 자동차 관련 시설 (건설기계 관련 시설을 포함한다)

    가. 주차장

    나. 세차장

    다. 폐차장

    라. 검사장

    마. 매매장

    바. 정비공장

    사. 운전학원 및 정비학원(운전 및 정비 관련 직업 훈련 시설을 포함한다)

아. 여객 자동차 운수 사업법, 화물 자동차 운수사업법 및 건설기계관리법에 따른 차고 및 주기장

21 동물 및 식물 관련 시설

가. 축사(양잠 · 양봉 · 양어 시설 및 부화장 등을 포함한다)

나. 가축 시설(가축용 운동 시설, 인공수정 센터, 관리사, 가축용 창고, 가축시장, 동물 검역소, 실험동물 사육 시설, 그 밖에 이와 비슷한 것을 말한다)

다. 도축장

라. 도계장

마. 작물 재배사

바. 종묘 배양 시설

사. 화초 및 분재 등의 온실

아. 식물과 관련된 마목부터 사목까지의 시설과 비슷한 것(동 · 식물원은 제외한다)

22 자원순환 관련 시설

가. 하수 등 처리 시설

나. 고물상

다. 폐기물재활용 시설

라. 폐기물 처분 시설

마. 폐기물 감량화 시설

23 교정 및 군사 시설

제1종 근린 생활 시설에 해당하는 것은 제외한다.

가. 교정 시설(보호감호소, 구치소 및 교도소를 말한다)

나. 갱생보호 시설, 그 밖에 범죄자의 갱생 · 보육 · 교육 · 보건 등의 용도로 쓰는 시설

다. 소년원 및 소년 분류 심사원

라. 국방 · 군사 시설

24 방송통신 시설

제1종 근린 생활 시설에 해당하는 것은 제외한다.

가. 방송국(방송 프로그램 제작 시설 및 송신 · 수신 · 중계 시설을 포함한다)

나. 전신 전화국

다. 촬영소

라. 통신용 시설

마. 그 밖에 가목부터 라목까지의 시설과 비슷한 것.

25 발전 시설

발전소(집단 에너지 공급 시설을 포함한다)로 사용되는 건축물로서 제1종 근린 생활 시설에 해당하지 아니하는 것.

26 묘지 관련 시설

가. 화장 시설

나. 봉안당(종교 시설에 해당하는 것은 제외한다)

다. 묘지와 자연장지에 부수되는 건축물

27 관광 휴게 시설

가. 야외 음악당

나. 야외극장

다. 어린이 회관

라. 관망탑

마. 휴게소

바. 공원 · 유원지 또는 관광지에 부수되는 시설

28 장례식장

의료 시설의 부수 시설(의료법 제36조제1호에 따른 의료기관의 종류에 따른 시설을 말한다)에 해당하는 것은 제외한다.

비고

1. 제3호 및 제4호에서 "해당 용도로 쓰는 바닥 면적"이란 부설 주차장 면적을 제외한 실 사용면적에 공용부분 면적(복도, 계단, 화장실 등의 면적을 말한다)을 비례 배분한 면적을 합한 면적을 말한다.

2. 비고 제1호에 따라 "해당 용도로 쓰는 바닥 면적"을 산정할 때 집합건물의 소유 및 관리에 관한 법률에 따라 건축물의 내부를 여러 개의 부분으로 구분하여 독립한 건축물로 사용하는 경우에는 그 구분된 면적 단위로 바닥 면적을 산정한다. 다만, 다음 각 목에 해당하는 경우에는 각 목에서 정한 기준에 따른다.

가. 제4호너목에 해당하는 건축물의 경우에는 내부가 여러 개의 부분으로 구분되어 있더라도 해당용도로 쓰는 바닥 면적을 모두 합산하여 산정한다.

나. 동일인이 둘 이상의 구분된 건축물을 같은 세부 용도로 사용하는 경우에는 연접되어 있지 않더라도 이를 모두 합산하여 산정한다.

다. 구분 소유자가 다른 경우에도 구분된 건축물을 같은 세부 용도로 연계하여 함께 사용하는 경우(통로, 창고 등을 공동으로 활용하는 경우 또는 명칭의 일부를 동일하게 사용하여 홍보하거나 관리하는 경우 등을 말한다)에는 연접되어 있지 않더라도 연계하여 함께 사용하는 바닥 면적을 모두 합산하여 산정한다.

3. 청소년 보호법 제2조제5호가목8) 및 9)에 따라 여성가족부장관이 고시하는 청소년 출입 · 고용금지업의 영업을 위한 시설은 제1종 근린 생활 시설 및 제2종 근린 생활 시설에서 제외한다.

4. 국토교통부장관은 별표 1 각 호의 용도별 건축물의 종류에 관한 구체적인 범위를 정하여 고시할 수 있다.

지목, 용도 지역 · 용도 지구 · 용도 구역

지목

지목	부호	지목	부호
전	전	철도 용지	철
답	답	제방	제
과수원	과	하천	천
목장 용지	목	구거	구
임야	임	유지	유
광천지	광	양어장	양
염전	염	수도 용지	수
대	대	공원	공
공장 용지	장	체육 용지	체
학교 용지	학	유원지	원
주차장	차	종교 용지	종
주유소 용지	주	사적지	사
창고 용지	창	묘지	묘
도로	도	잡종지	잡

용도 지역 · 용도 지구 · 용도 구역

구분	용도 지역	용도 지구	용도 구역
성격	토지를 경제적, 효율적으로 이용하고 공공복리의 증진 도모	용도 지역의 기능을 증진시키고 미관, 경관, 안전 등을 도모	시가지의 무질서한 확산 방지, 계획적이고 단계적인 토지 이용의 도모, 토지 이용의 종합적 조정, 관리
종류	**도시 지역(주거, 상업, 공업, 녹지 지역)** · 관리 지역(보전 관리, 생산 관리, 계획 관리 지역) · 농림 지역 · 자연 환경 보전 지역	· 경관, 미관, 방화, 방재, 보존, 시설 보호, 취락, 개발 진흥 지구 · 특정 용도 제한 지구 · 위락 지구 · 리모델링, 기타 지구	· 개발 제한 구역 · 시가화 조정 구역 · 수산 자원 보호 구역
비고	중복 지정 불가	중복 지정 가능	

물이 있다면, 이 건물의 연면적은 1층(198㎡)+2층(132㎡)=330㎡이 된다.

4_ 지하층은 건축물의 바닥이 지표면 아래에 있는 층으로 바닥에서 지표면까지 평균 높이가 해당 층 높이의 1/2 이상인 것을 말한다.

○ **건축 면적**

지표면상 1m 이하의 부분은 제외하고, 건축물의 외벽(외벽이 없는 경우에는 외곽 부분의 기둥)의 중심선으로 둘러싸인 부분의 수평 투영 면적을 말한다. 건축물을 하늘에서 아래로 내려다 본 면적이다. 더 간단하게 설명하자면 각 층 중에서 가장 넓은 평수를 말한다. 예를 들어 위 그림처럼 대지가 330㎡, 1층이 198㎡, 2층이 132㎡인 경우 건축 면적은 198㎡이다.

○ **건폐율**

대지 면적에 대한 건축 면적의 비율을 말한다. 건폐율은 공지 확보를 위한 수단이다.

[건폐율 = 건축 면적 / 대지 면적 × 100]

비율을 산정할 경우에는 곱하기 100을 하는 이유는 초등학교 수학 시간에 이미 배웠다. 예를 들어 대지가 330㎡, 1층이 198㎡, 2층이 132㎡인 경우 건폐율은 (198/330)×100=60이므로 60%가 된다.

○ **용적률**

대지 면적에 대한 지상층 연면적의 비율을 말한다.

[용적률 = (건축물 연면적의 합계/대지 면적)×100]

예를 들어 대지가 330㎡, 1층이 198㎡, 2층이 132㎡인 경우 용적률은 {(198+132)

/330앙 ×100=100이므로 100%이다.

용도 지역 건폐율과 용적률 현황

만약 서울시 종로구에 있는 330m^2 크기의 제2종 일반 주거 지역에 신축 건물을 짓는다고 가정해 보자. 다른 건축 규제가 없다고 생각하고 건폐율과 용적률만 살펴본다면, 최대 660m^2(200평)까지 건축할 수 있다.

- 1층 198m^2(60평): 1층은 최대 198m^2(60평)까지 지을 수 있다. (198/330)×100=60(%)

- 2층 198m^2(60평)

- 3층 198m^2(60평)

- 4층 66m^2(20평): 전체 연면적 660m^2(200평)까지 건축 가능하기 때문에 4층은 66m^2(20평)을 지어야 한다.

  (660/330)×100=200(%)

  전층 평수 198m^2(60평)+198m^2(60평)+198m^2(60평)+66m^2(20평)=660m^2(200평)

부동산 개발

리모델링

건축물의 노후화 억제 또는 기능 향상 등을 위하여 대수선 또는 일부 증축하는 행위를 말한다.

증축

기존 건축물이 있는 대지에서 건축물의 건축면적, 연면적, 층수 또는 높이를 늘리는 것을 말한다.

용도 지역 세분			국토의 계획 및 이용에 관한 법률				서울시 도시 계획 조례	
			건폐율(%)		용적률(%)		건폐율(%)	용적률(%)
			법	시행령	법	시행령		
주거 지역	전용 주거 지역	제1종 전용 주거	70% 이하	50%	500% 이하	50–100%	50%	100%
		제2종 전용 주거		50%		100–150%	40%	120%
	일반 주거 지역	제1종 일반 주거		60%		100–200%	60%	150%
		제2종 일반 주거		60%		150–250%	60%	200%
		제3종 일반 주거		50%		200–300%	50%	250%
	준주거 지역			70%		60%	60%	400%
상업 지역	중심 상업 지역		90% 이하	90%	1500% 이하	400–1500%	60%	1000% (4대문 안 800%)
	일반 상업 지역			80%		300–1300%	60%	800%(4대문 안 600%)
	근린 상업 지역			70%		200–900%	60%	600%(4대문 안 500%)
	유통 상업 지역			80%		200–1100%	60%	600%(4대문 안 500%)
공업 지역	전용 공업 지역		70% 이하	70%	400% 이하	150–300%	60%	200%
	일반 공업 지역			70%		200–350%	60%	200%
	준공업 지역			70%		200–400%	60%	400%
녹지 지역	보전 녹지 지역		20% 이하	20%	100% 이하	50–80%	20%	50%
	생산 녹지 지역			20%		50–100%	20%	50%
	자연 녹지 지역			20%		50–100%	20%	50%
	보전 관리 지역			20%		50–80%		
	생산 관리 지역			20%		50–80%		
	계획 관리 지역			40%		50–100%		
농림 지역	농림 지역			20%		50–80%		
자연 환경 보전 지역	자연 환경 보전 지역			20%		50–80%		

개축

기존 건축물의 전부 또는 일부(내력벽, 기둥, 보, 지붕틀 중 셋 이상이 포함되는 경우)를 철거하고 종전 규모와 같거나 그보다 작게 건축하는 행위를 말한다. 층수, 동수, 구조 변경은 가능하고 높이 증가는 불가능하다.

재축

건축하는 방법과 규모에 대해서는 개축과 같다. 하지만 개축이 건축주의 자발적인 의사에 따라 이루어진다면, 재축은 천재지변, 기타 재해(화재 포함)에 의하여 멸실되어 개축 행위를 하는 것이다. 구조 변경이 가능하다.

신축

건축물이 없는 대지(기존 건축물이 철거되거나 멸실된 대지 포함)에 새로 건축물을 축조하는 것을 말한다. 단, 부속 건축물만 있는 대지에 새로 주된 건축물을 축조하는 것을 포함하되, 개축 또는 재축하는 것은 제외한다.

대수선

기둥, 보, 지붕틀 등 건축물의 주요 구조부를 해체하여 수선, 변경 또는 증설하는 행위는 수선의 범위를 넘기 때문에 대수선이라 한다. 대수선은 허가 또는 신고를 한 후에 해야 한다.

 앞으로 5년, 경매하고 리모델링하라
건축에 대한 상식

<table>
<tr><td colspan="5">고유번호   2647010200 -</td><td colspan="2" rowspan="3" align="center">토지 대장</td><td>도면번호</td><td>4</td><td>발급번호</td><td></td></tr>
<tr><td colspan="5">토지소재   부산광역시 연제구 연산동</td><td>장 번 호</td><td>1-1</td><td>처리시각</td><td>17시 41분 11초</td></tr>
<tr><td colspan="5">지 번</td><td>축 척</td><td>1:600</td><td>비 고</td><td>작 성 자</td><td>인터넷민원</td></tr>
</table>

지목	면 적(㎡)	사 유	변동일자 / 변동원인	성명 또는 명칭	등록번호
(08) 대	149.4	(51)1995년 03월 01일 동래구에서 행정관할구역변경	2012년 06월 07일 (03)소유권이전	부산광역시 금정구	-1******
		--- 이하 여백 ---	--- 이하 여백 ---		

등 급 수 정 년 월 일	1986. 08. 01. 수정	1989. 01. 01. 수정	1990. 01. 01. 수정	1991. 01. 01. 수정	1992. 01. 01. 수정	1993. 01. 01. 수정	1994. 01. 01. 수정	1995. 01. 01. 수정
토 지 등 급 (기준수확량등급)	192	194	203	207	211	213	216	217
개별공시지가기준일	2010년 01월 01일	2011년 01월 01일	2012년 01월 01일	2013년 01월 01일				용도지역 등
개별공시지가(원/㎡)	530000	540000	560000	580000				

토지 대장에 의하여 작성한 열람본입니다.

2014년 04월 14일

부산광역시 연제구청장

★ 그렇다면 내가 사는 곳이 어떤 지역, 지구인지를 구체적으로 알려면 무엇을 보면 될까?
토지대장을 보면 알까? 아쉽게도 토지대장은 지목, 면적, 소유권에 대한 내용만 표시되어 있다.

★ 내가 사는 곳의 용도 지역, 용도 지구를 살펴보려면 토지이용규제정보서비스 홈페이지(http://luris.molit.go.kr)를 들어가서 지적도를 보면 쉽게 확인할 수 있다. 지적도를 잘 살펴보면 부동산이 한눈에 들어온다.

<table>
<tr><td>소재지</td><td colspan="6">부산광역시 ▼ 연제구 ▼ ▼ 리선택 ▼ 일반 ▼ - ⊕ 열람</td></tr>
</table>

◉ 부분인쇄(1장) ○ 전체인쇄(행위제한내용 포함)   🖨 인쇄   인쇄 도움말 >

지목	대	면적	149.4 ㎡
개별공시지가 (㎡당)	580,000원 (2013/01)		

지역지구등 지정여부	「국토의 계획 및 이용에 관한 법률」에 따른 지역 · 지구등	제2종일반주거지역
	다른 법령 등에 따른 지역 · 지구 등	학교환경위생 정화구역(상대정화구역)〈학교보건법〉
	「토지이용규제 기본법 시행령」 제9조제4항 각호에 해당되는 사항	

확인도면	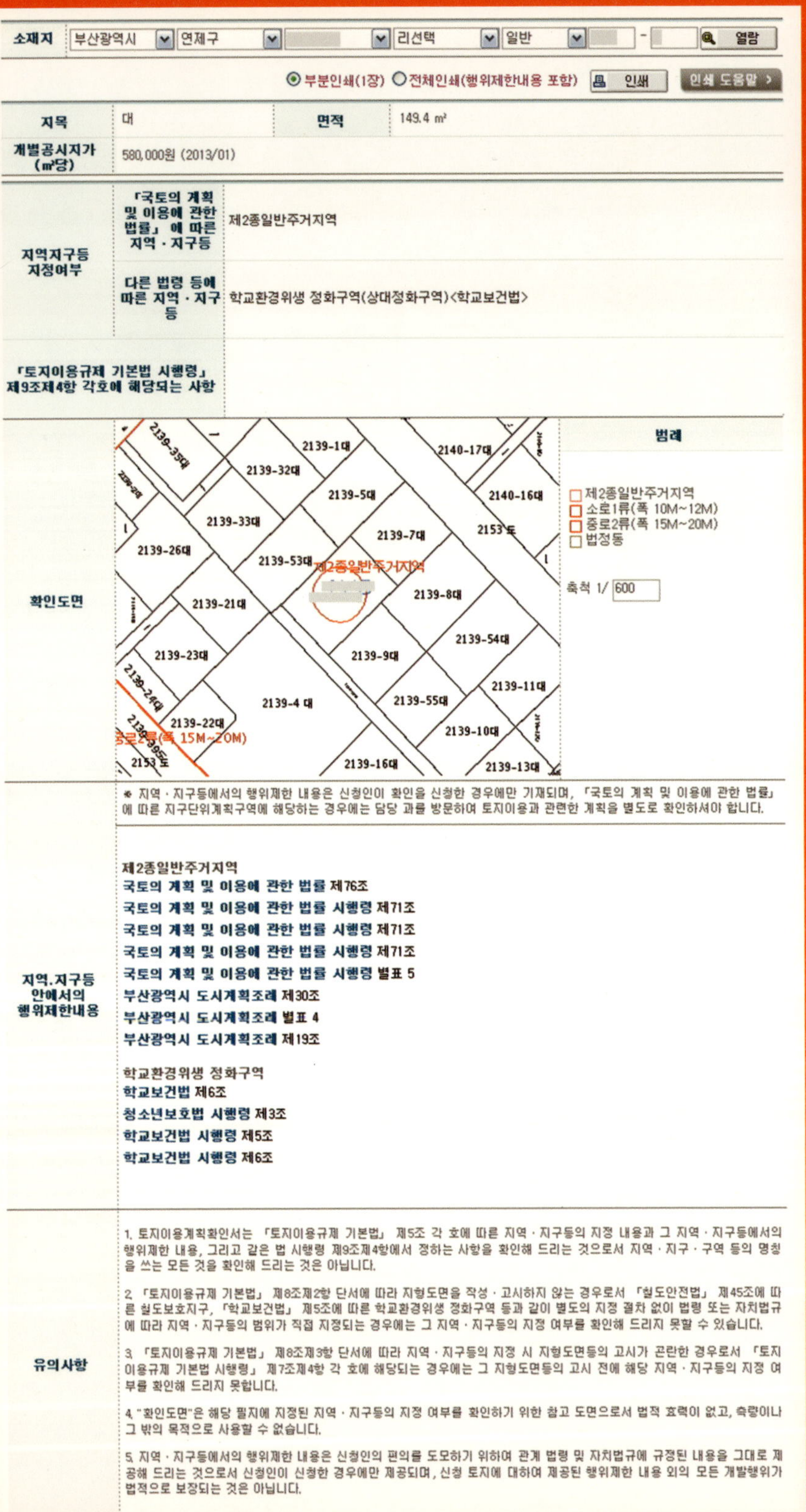

※ 지역 · 지구등에서의 행위제한 내용은 신청인이 확인을 신청한 경우에만 기재되며, 「국토의 계획 및 이용에 관한 법률」에 따른 지구단위계획구역에 해당하는 경우에는 담당 과를 방문하여 토지이용과 관련한 계획을 별도로 확인하셔야 합니다.

지역.지구등 안에서의 행위제한내용	제2종일반주거지역 국토의 계획 및 이용에 관한 법률 제76조 국토의 계획 및 이용에 관한 법률 시행령 제71조 국토의 계획 및 이용에 관한 법률 시행령 제71조 국토의 계획 및 이용에 관한 법률 시행령 제71조 국토의 계획 및 이용에 관한 법률 시행령 별표 5 부산광역시 도시계획조례 제30조 부산광역시 도시계획조례 별표 4 부산광역시 도시계획조례 제19조 학교환경위생 정화구역 학교보건법 제6조 청소년보호법 시행령 제3조 학교보건법 시행령 제5조 학교보건법 시행령 제6조

유의사항	1. 토지이용계획확인서는 「토지이용규제 기본법」 제5조 각 호에 따른 지역 · 지구등의 지정 내용과 그 지역 · 지구등에서의 행위제한 내용, 그리고 같은 법 시행령 제9조제4항에서 정하는 사항을 확인해 드리는 것으로서 지역 · 지구 · 구역 등의 명칭을 쓰는 모든 것을 확인해 드리는 것은 아닙니다. 2. 「토지이용규제 기본법」 제8조제2항 단서에 따라 지형도면을 작성 · 고시하지 않는 경우로서 「철도안전법」 제45조에 따른 철도보호지구, 「학교보건법」 제5조에 따른 학교환경위생 정화구역 등과 같이 별도의 지정 절차 없이 법령 또는 자치법규에 따라 지역 · 지구등의 범위가 직접 지정되는 경우에는 그 지역 · 지구등의 지정 여부를 확인해 드리지 못할 수 있습니다. 3. 「토지이용규제 기본법」 제8조제3항 단서에 따라 지역 · 지구등의 지정 시 지형도면등의 고시가 곤란한 경우로서 「토지이용규제 기본법 시행령」 제7조제4항 각 호에 해당되는 경우에는 그 지형도면등의 고시 전에 해당 지역 · 지구등의 지정 여부를 확인해 드리지 못합니다. 4. "확인도면"은 해당 필지에 지정된 지역 · 지구등의 지정 여부를 확인하기 위한 참고 도면으로서 법적 효력이 없고, 측량이나 그 밖의 목적으로 사용할 수 없습니다. 5. 지역 · 지구등에서의 행위제한 내용은 신청인의 편의를 도모하기 위하여 관계 법령 및 자치법규에 규정된 내용을 그대로 제공해 드리는 것으로서 신청인이 신청한 경우에만 제공되며, 신청 토지에 대하여 제공된 행위제한 내용 외의 모든 개발행위가 법적으로 보장되는 것은 아닙니다.

★ **제1종 전용 주거 지역**

단독 주택 중심의 양호한 주거 환경을 보호하기 위하여 필요한 지역이다. 2층 규모의 저층 단독 주택으로 형성된 지역으로 건축물의 규모나 용도를 극히 제한해서 가장 쾌적한 주거 환경을 목표로 지정한 지역이다. 단독 주택과 연면적 1000㎡ 미만의 근린 생활 시설은 건축이 가능하다. 서울은 평창동, 한남동, 성북동, 연희동 등이 제1종 전용 주거 지역으로 지정되어 있다.

★ **제2종 전용 주거 지역**

공동 주택 중심의 양호한 주거 환경을 보호하기 위하여 지정한 곳이다. 아파트 중에서 중·저층 중심의 쾌적한 단지를 조성하기 위해 지정한다. 단독 주택과 공동 주택은 건립이 가능하고, 제1종 근린 생활 시설도 1000㎡ 미만으로만 건축할 수 있다.

★ **제1종 일반 주거 지역**

저층 주택을 중심으로 편리한 주거 환경을 조성하기 위하여 지정한 지역이다. 아파트는 건축할 수 없다.

★ **세2종 일반 주거 지역**

중층 주택을 중심으로 편리한 주거 환경을 조성하기 위하여 지정한 지역이다. 단독 주택 및 공동 주택은 물론이고, 제1종 근린 생활 시설, 종교 시설, 초등학교, 중학교 및 고등학교, 노유자 시설을 건축할 수 있다.

★ **제3종 일반 주거 지역**

중·고층 주택을 중심으로 편리한 주거 환경을 조성하기 위하여 지정한 지역이다. 고층 건축물의 건축이 가능하다. 물론 건폐율이나 용적률, 도로에 의한 높이 제한, 일조에 의한 높이 제한 기준에 적합해야 한다.

★ **준주거 지역**

주거 기능을 위주로 이를 지원하는 일부 상업이나 업무 기능을 보완하기 위하여 지정한 지역이다. 주거 지역과 상업 지역의 중간 단계이다.

1_ 대수선은 기둥을 증설·해체하거나, 기둥을 3개 이상 수선 또는 변경하는 것.

2_ 보를 증설·해체하거나, 보를 3개 이상 수선 또는 변경하는 것.

3_ 지붕틀을 증설·해체하거나 지붕틀을 3개 이상 수선 또는 변경하는 것.

4_ 내력벽을 증설·해체하거나 내력벽의 벽 면적을 $30m^2$ 이상 수선 또는 변경하는 것. 내력벽은 절대 함부로 건드리면 안 된다. 라멘조 구조에서는 기둥이 힘을 받지만, 벽식 구조에서는 벽체가 힘을 지탱한다. 벽돌조 주택, 벽식 구조 아파트 등이 여기에 해당된다. 다시 말하면 기둥이 없는 2층 벽돌조 주택의 외벽을 $30m^2$ 이상 수선 또는 변경하려면 허가 또는 신고 사항이다. 하지만 철근 콘크리트 라멘조로 된 대형 빌딩의 외벽 전체를 털어내는 것은 대수선에 해당하지 않아 허가 또는 신고 없이 시공할 수 있다. 물론, 대형 빌딩의 내부 벽체는 함부로 건드리면 안 된다. 방화 구획 문제가 있기 때문이다.

5_ 방화벽 또는 방화 구획을 위한 바닥 또는 벽을 증설, 해체하거나 수선 또는 변경하는 것.

6_ 주계단, 피난 계단 또는 특별 피난 계단을 증설, 해체하거나 수선 또는 변경하는 것.

7_ 미관 지구에서 건축물의 외부 형태(담장 포함)를 변경하는 것.

주요 구조부

내력벽, 기둥, 바닥, 보, 지붕틀 및 주 계단을 말한다. 다만 사이 기둥, 최하층 바닥, 작은 보, 차양, 옥외 계단, 그 밖에 이와 유사한 것으로 건축물의 구조상 중요하지 않은 부분은 제외한다.

용도 변경

앞서 설명한 28개 용도를 9개 군으로 분류하면 다음과 같다.

용도 시설군	세부 용도
	자동차 관련 시설
2. 산업 등 시설군	운수 시설, 창고 시설, 공장, 위험물 저장 및 처리 시설, 자연 순환 관련 시설, 묘지 관련 시설, 장례식장
3. 전기 통신 시설군	방송 통신 시설, 발전 시설
4. 문화 집회 시설군	문화 및 집회 시설, 종교 시설, 위락 시설, 관광 휴게 시설
	판매 시설, 운동 시설, 숙박 시설, 제2종 근린 생활 시설 중 고시원
6. 교육 및 복지 시설군	의료 시설, 교육 연구 시설, 노유자 시설, 수련 시설
7. 근린 생활 시설군	제1종 근린 생활 시설, 제2종 근린 생활 시설, 고시원은 제외
8. 주거 업무 시설군	단독 주택, 공동 주택, 업무 시설, 교정 및 군사 시설
9. 그 밖의 시설군	동물 및 식물 관련 시설

1_ 기존 면적을 초과하는 것은 규정이 다소 강한 용도로 분류되기 때문에 정확한 바닥 면적을 산정해야 한다. 예를 들어, 같은 단란주점이라도 동일한 건축물 안에서 당해 용도에 쓰이는 바닥 면적의 합계에 따라 시설의 기준이 달라진다. $150m^2$ 미만인 것은 제2종 근린 생활 시설, $150m^2$ 이상인 경우는 위락 시설에 해당한다. $500m^2$ 미만인 교회는 제2종 근린 생활 시설이고 $500m^2$ 이상인 교회는 종교 시설이다. 건축물에는 각각의 용도가 정해져 있고 그 용도를 변경하기 위해서는 허가 또는 신고를 받아야 한다. 용도를 변경하기 위해서는 변경하고자 하는 용도가 현행 건축 기준에 적합한지를 우선 판단해야 한다.

용도, 지역 지구 안에서 허용되는 용도인지, 주차장이나 정화조 기준에는 적합한 것인지, 피난 계단이나 대지 안의 공지 기준(건폐율)에는 적합한 것인지를 반드시 따져야 한다.

2_ 그리고 용도 변경되는 규모에 따라 허가 대상인지, 신고를 해야 하는 것인지, 아니면 건축물대장 기재 변경 신청만으로도 사용 가능한 것인지 또한 확인한다. 위의 표처럼 건축물의 용도는 크게 28개로 분류하고, 그 28개의 용도를 유사한 용도끼리 9개 군으로 나누어서 상위 용도군으로 변경하는 경우는 허가를, 하위 용도군으로 변경하는 경우는 신고하도록 되어 있다. 예를 들면 8항의 주거, 업무 시설군인 단독 주택을 7항의 근린 생활 시설군의 제2종 근린 생활 시설인 음식점으로 변경

사용하는 경우에는 허가를 받아야 한다. 반대로 7항의 근린 생활 시설군의 제2종 근린 생활 시설인 음식점을 다시 8항의 주거, 업무 시설군의 단독 주택으로 변경할 때에는 신고만 하면 된다.

3_ **건축물대장 기재 변경 신청** 각 시설군 중 동일한 시설군 내에서 용도를 변경하는 경우에는 건축물대장 기재 변경 신청을 한 후에 사용해야 한다. 건축물대장 기재 변경 신청도 각각의 건축 기준, 주차장 기준, 정화조 기준, 용도 지역별 기준 등에 적합해야 한다. 대부분의 사람들이 용도 변경 허가 신고 대상이 아니기 때문에 그냥 변경 기재가 가능한 줄 알고 실수하는 경우가 많다. 인테리어를 완공한 후에 건축물대장 기재 변경 신청을 했는데, 위의 건축 기준에 저촉되어 처리되지 않아 어려움을 겪는 사례도 종종 있다.

지목 변경

지목 변경은 지적 공부에 등록된 지목을 다른 지목으로 변경하는 것을 말한다. 지목 변경 신청이 가능한 경우는 다음과 같다.

1_ 토지의 형질 변경을 한 경우
2_ 토지나 건축물의 용도가 변경된 경우
3_ 도시 개발 사업 등의 추진을 위해 사업 시행자가 토지의 합병을 신청한 경우이다. 지목 변경에 대한 자세한 내용은 이 책의 목적과 맞지 않아 자세히 다루지는 않겠다.

건축 허가·신고

허가와 신고는 약간의 차이가 있다. 허가는 각종 허가 서류를 준비하여 구청에 제출하면 공사를 해도 된다 또는 안 된다를 결정해 주는 절차이다. 그래서 허가를 받지 못하면 공사를 진행하지 못 할 수도 있다. 하지만 신고는 각종 신고 서류를 준비하여 구청에 제출하면 공사를 진행할 수 있는 것이다. 물론 건축법의 테두리 안에서의 이야기이다.

	신고	허가
연면적	도시 지역: 100㎡ 이하 비도시 지역: 200㎡ 이하	도시 지역: 100㎡ 이상 비도시 지역: 200㎡ 이상
제출 서류	건축 계획서 법정 기본 도면 배치도	건축 계획서 법정 기본 도면 배치도
신고 허가 구분	해당 지자체 담당 공무원 서류 검토 건축 전반적인 책임 면허세	제2의 건축사가 확인, 승인 현장 감리 면허세

허가·신고

허가를 받아야 하는 행위 중에서 일정한 규모 이하는 건축 신고만으로도 할 수도 있다. 건축 신고 대상은 아래와 같다. 신고 대상이 아닌 것은 모두 건축 허가 대상이다.

1_ 바닥 면적의 합계가 $85m^2$ 이내의 증축, 개축 또는 재축

2_ 연면적 $200m^2$ 미만이고 3층 미만인 건축물의 대수선

3_ 연면적의 합계가 $100m^2$ 이하인 건축물

4_ 건축물의 높이를 3m 이하의 범위 안에서 증축하는 건축물

설계(건축사의 건축 설계 대상 건축물)

건축 허가 또는 건축 신고를 해야 하는 건축물, 사용 승인을 받은 후 20년 이상이 지난 건축물로 주택법에 따른 리모델링을 하는 건축물의 건축 등을 위한 설계는 건축사가 아니면 할 수 없다. 다만, 다음 각 호의 어느 하나라도 해당하는 경우에는 건축사 없이도 가능하다.

1_ 바닥 면적의 합계가 $85m^2$ 미만의 증축, 개축 또는 재축

2_ 연면적이 $200m^2$ 미만이고 층수가 3층 미만인 건축물의 대수선

착공 신고

허가를 받거나 신고를 한 건축물의 공사를 착수하려는 건축주는 국토교통부령으로 정하는 바에 따라 허가권자(구청 또는 군청 건축계)에게 공사 계획을 신고해야 한다.

1_ 제출 서류

별지 제13호 서식의 착공 신고서

건축 관계자 상호간의 계약서 사본(해당 사항이 있는 경우)

설계도서

· 건축 관계 설계도(배치도, 평면도, 입면도, 단면도·전개도, 상세도에 시공법 표시)

· 시방서(시공 방법, 재료의 종류와 등급, 자재 메이커의 지정, 공사 현장에서의 주의 사항 등 설계도에 표

시할 수 없는 것을 기술)

· 설비도(전기, 조명, 통신, 급배수, 공기 조절)

· 구조도, 구조 계산서, 설비 관계 계산서, 실내 마감도 그 밖에 국토교통부령으로 정하는 공

사에 필요한 서류

시공(일반 시공업자 시공 기준)

건설산업기본법에 따라 등록된 일반 건설업자가 해야 할 공사의 규모는 아래와 같다.

1_ 연면적 $661\,m^2$(약 200평)을 초과하는 주거용 건축물

2_ 연면적 $661\,m^2$ 이하인 주거용 건축물로서 공동 주택. 예를 들어 층수가 3개 층 이상

인 다세대 주택은 연면적이 $661\,m^2$ 이하인 경우에도 일반 건설업자가 공사를 진행

해야 한다.

3_ 연면적 $495\,m^2$(약 150평)를 초과하는 주거용 외의 건축물

4_ 연면적 $495\,m^2$ 이하인 주거용 외의 건축물로서 다중이 이용하는 건축물. 예를 들어

초·중·고등학교, 학원, 유흥 주점, 숙박 시설, 병원, 관광 숙박 시설, 전문 휴양 시

설, 공항 휴양 시설, 관광 공연장 등. 한마디로 위의 내용 이하의 공사는 일반인도 직접 시공이 가능하다.

공사 감리

건축사가 설계도에 따라 공사가 진행되고 있는지 확인하는 행위를 말한다. 건축법상 공사 감리가 필요한 공사는 다음과 같다.

1_ 바닥 면적의 합계가 $200m^2$ 이상인 건축물의 공사
2_ 3개 층 이상인 건축물의 공사
3_ 기타(건축법시행령 8조).

한마디로 건축 허가를 받아야 하는 건축물은 공사 감리를 받아야 하고, 건축 신고 대상 건축물은 감리가 필요 없다. 20세대 이상의 주택 건설 사업은 감리 전문 회사에 맡겨야 한다.

사용 승인

건축된 건물이 건축 기준법 등에 적합하다는 것을 확인하여 사용을 인정하는 것이다. 허가 또는 신고를 한 건축물 공사를 완료했다면 사용 승인을 받아야 한다. 건축주는 공사 감리자가 작성한 감리 완료 보고서를 첨부하여 허가권자에게 신청한다. 신고 대상 건축물의 사용승인 신청 시에는 배치 및 평면이 표시된 현황 도면을 구청이나 규청에 내면 된다.

허가권자는 검사를 실시하고, 검사에 합격된 건축물에 대하여는 사용 승인서를 내주어야 한다. 다만, 해당 지방 자치 단체의 조례로 정하는 건축물은 사용 승인을 위한 검사를 실시하지 아니하고 사용 승인서를 내어 줄 수 있다.

리모델링은 한마디로 건축 분야의 재활용 프로젝트이다. 신축에 대비되는 개념으로서 기존의 건축물을 새롭게 디자인하는 개.보수의 모든 작업을 말한다. 리모델링은 기존 건축물을 수리해서 새 건물처럼 사용할 수 있도록 하는 모든 작업이다. 신축이나 재건축과 구별되며 현행 건축법에 따르면 증축, 대수선으로 정의하고 있다.

리모델링에는 실내외 디자인, 구조 디자인 등 다양한 디자인 요소가 포함되며 건축물의 기능 향상 및 수명을 연장시키는 게 주목적이다. 지은 지 오래되어 낡고 불편한 건축물에 소규모의 재투자를 함으로써 부동산 가치를 높이는 경제적 효과 외에 신축 건물 못지않은 안전하고 쾌적한 기능을 회복할 수 있다는 게 큰 장점이다. 그런 이유에서 '제2의 건축'이라 불린다.

리모델링은 건물의 신축 및 재건축보다 적은 돈을 쓰면서도 계획만 잘하면 그 이상의 효과도 볼 수 있는 방법이다. 그러나 잘못 시도했다가는 큰 낭패를 볼 수도 있다. 반드시 전문가(구조 전문, 디자이너 등)의 자세한 상담과 조언을 받아 접근하는 것이 바람직하다.

오래된 건물을 리모델링할 경우에는 먼저 전문가의 도움을 받아 하중을 지지하는 기둥과 벽에 대한 조사를 해야 한다. 조사가 끝난 연후에는 기둥과 내력벽, 바닥만을 남기고 다른 부분을 철거한 다음 다시 외장벽을 만들고 인테리어 디자인을 하면 된다. 물론 일부만을 대상으로 리모델링할 수도 있다.

리모델링의 절차

1_ **계획 단계** 구매한 집이든 기존 거주하는 집이든 주거 공간은 신축과 리모델링 중 더 경제적이고 효율적인가를 판단해야 한다. 만약 혼자 판단이 안 되면 부동산 전문가나 건축가에게 문의해 보라.

2_ **업체 선정** 인테리어와는 달리 리모델링은 건축 구조와 건축법에 대한 전문 지식이 필요하기 때문에 믿을 수 있는 전문 업체를 선정하는 것이 중요하다. 디자인을 위

해 전문 건설 업체나 건축사에게 문의하라.

3_ **사전 작업** 리모델링 전문 업체나 건축사 사무실을 선정해서 실측도를 작성하고 구조 변경이 있는 경우 디자인 평면도를 먼저 완성해야 한다. 구조 변경이 있는 공사는 완공 후 모습의 평면도로 건축물 안전을 확인해야 한다. 건축물의 노후 상태가 심하거나 구조를 변경해야 하는 경우 안전 진단을 받아야 하는 경우도 있다.

4_ **법률 검토** 법률에 저촉되는 리모델링일 경우 건축 신고 및 허가 절차를 거쳐야 한다. 자세한 내용은 앞장 건축법에서 이미 소개했다.

5_ **디자인** 앞서 최종 작업한 기본 평면도를 가지고 구체적인 실시 평면도, 전개도, 샘플 선정 작업을 거친다. 그리고 완성된 도면과 샘플로 공사 견적서를 받는다.

6_ **시공 업체 선정** 완성된 도면, 샘플, 견적서로 몇몇 시공 업체와 조율 후 최종 시공 업체를 선정하고 계약한다. 선정된 시공 업체로부터 공사 일정표를 받는다.

7_ **시공(착공)** 건축 신고 및 허가 관련 공사는 공사 착공 전 착공 신고 서류를 관할 행정 기관이나 구청에 제출한다.

8_ **완공(준공)** 건축 신고 및 허가 관련 공사는 공사를 완공한 후 준공(사용 승인) 서류를 관할 행정 기관이나 구청에 제출해야 한다.

9_ **사후 관리** 보증 기간 내에 하자가 발생했을 경우 시공 업체에 A/S를 의뢰한다.

7 <u>셀프로 할 수 있는</u>
<u>리모델링 공정</u>

리모델링 시 셀프로 할 수 있는 페인트칠이나 간단한 도배, 장판, 시트지 붙이기 등을 알아보자.

도장 공사

도장(페인트) 종류

○ 유성 페인트

시공하면서 페인트가 마르면 시너(신나)를 조합하여 사용한다.

1_ 에나멜 바니시(니스)를 혼합한 도료로 주로 철재에 많이 사용한다. 주거 공간에서는 현관문, 발코니 난간, 대문, 외부 계단, 외부 난간 등에 바른다.

2_ 스테인 칠 목재면의 나뭇결무늬를 그대로 살리기 위해 사용되는 도료이다. 요즘은 주

로 방부목에 도장 칠할 때 사용된다.

3_ **래커(락카)** 안료를 섞지 않은 것을 투명 래커라고 하고, 안료를 섞은 것을 래커에나멜이라고 한다. 칠 마감이 부드럽고, 건조가 빠르다. 또한 칠 막이 얇아 여러 번 칠해도 두께 부담이 적다. 하지만 부착력이 적고, 가격이 비싼 편이다. 광택의 정도에 따라 유광, 무광 그리고 반광으로 나뉜다. 주로 목재 소재의 마감재로 사용되고, 흔히 주거 공간 인테리어의 도장 공사는 대부분 래커를 사용한다.

○ **수성 페인트**

시공하면서 페인트가 마르면 주로 물을 조합하여 사용한다.

1_ **내부 수성** 주거 공간에서는 발코니와 기타 내부 벽면에 사용한다. 가격이 비교적 저렴하다. 입자가 부드럽다.

2_ **외부 수성(글로리)** 주택 외부 벽체와 아파트 외부 벽체에 주로 사용된다. 내부 수성보다는 가격이 비싼 편이지만, 접착력이 더 우수하다. 그래서 내부 수성은 외부에 사용하지 못하지만, 외부 수성은 내부에도 사용할 수 있다.

3_ **비닐(VP)페인트** 마감이 매우 깔끔하고 작업성이 우수하다. 그리고 오염이 적어서 노출 천장으로 된 상업 공간 등에 많이 사용한다. 수성페인트 치곤 비싼 편이다.

4_ **졸라톤** 무늬 코트(다채 무늬 도료)라고도 한다. 수성 페인트에 무늬텍스를 뿜칠한 것이다. 시공 후 시간이 지나면 때가 많이 탄다. 그래서 반드시 코팅(아크릴코트 투명)을 해 주어야 한다.

5_ **탄성코트** 비교적 결로에 좋은 뿜칠 전용 페인트이다. 발코니에 주로 사용된다.

6_ **수성 락카** 흔히 친환경 페인트로 알려져 있다. 도장 공사를 DIY하는 분들은 잘 알고 있는 페인트이다. 거의 모든 소재에 칠이 가능하고, 수성이라서 독성이 적다. 물로 희석시켜 사용하므로 초보자가 칠하기에는 더 없이 좋은 재료이다. 하지만 칠 마감이 비교적 좋지 않고, 시공 후 변색이 빠르다. 유성 락카와 비교해 가격이 비싼 편이지만 시너를 사용하지 않는 것을 고려하면 가격 차이가 거의 없다.

부자재

○ 실리콘

코너 부위 마감제로 가장 많이 사용하는 자재이다. 도장 공사 시에는
도장이 잘 묻어나는 수성 백색 실리콘이 사용된다. 창틀 코킹, 유리
코킹, 주방 가구, 욕실 틈새 부위에 많이 사용한다. 주거 인테리어에
서는 주로 투명색과 백색이 많이 사용하는데, 요즘 욕실에서는 곰팡
이가 잘 생기지 않는 바이오 실리콘을 사용한다.

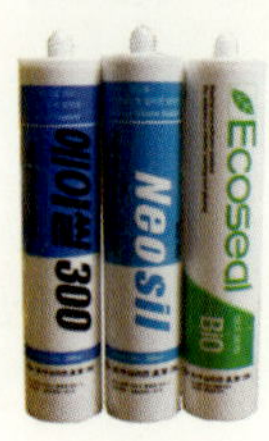

○ 핸디 코트

도장 전에 균열이 생긴 곳이나 면이 고르지 않는 면에 보수 작업을 할 때 사용한다. 두
껍게 바르면 잘 갈라지고, 비교적 표면이 약하다.

○ 에폭시 퍼티

주제, 경화제를 섞어서 사용한다. 퍼티는 접촉이 많은 면이나 심하게 마모된 부위를
보수할 때 사용한다. 문틀 등의 떨어져 나간 부분을 퍼티로 원형 복구시키고 사포로
문지른 후 페인트를 칠하면 감쪽같이 복구된다. 표면 강도가 좋다.

○ 회벽(STUCO)

석회, 회반죽 등의 미장재를 두께 2-8mm 정도로 비르고, 표면에 자유롭게 문양을 만
드는 마무리 미장재이다. 바르는 방법에 따라 다양한 문양을 만들 수 있고, 내수성과
접착력이 좋아 시공 부위에 제한이 없다. 주로 테라코트, 핸디코트를 사용한다.

○ 시너

유성 페인트를 사용할 때 페인트를 묽게 하여 시공성을 좋게 하
기 위해 사용된다. 유성 페인트 종류마다 시너가 별도로 있다.
예를 들면 래커 시너가 따로 있고, 에나멜 시너가 따로 있다.

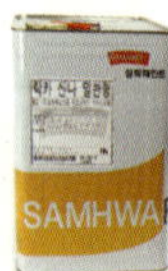

앞으로 5년, 경매하고 리모델링하라
셀프로 할 수 있는 리모델링 공정

○ **바인더**

페인트가 잘 묻지 않는 곳에 바인더를 먼저 바른 다음 도장 작업을 하면 잘 부착된다. 바인더는 도장 공정의 프라이머(접착 증강제)로 이해하면 된다. 비슷한 기능을 하는 것으로 믹싱, 젯소 등이 있다. 발코니 천장 등의 페인트가 갈라지고 벗겨졌을 때, 바인더를 바르고 페인트로 마감하면 오래 간다. 또한 필름으로 마감된 몰딩이나 문짝 등은 원래 칠을 하면 안 된다. 하지만, 바인더를 바른 후 칠을 하면 비교적 오래 간다.

○ **마스킹 테이프**

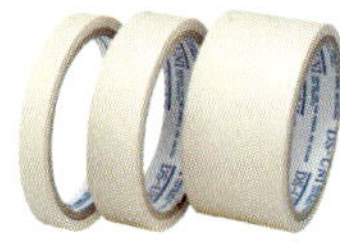

도장을 칠해야 할 면과 하지 말아야 할 면의 구분선을 깔끔하게 보양하기 위해 사용한다. 특별히 도장 초보자에게 많이 필요하다. 주로 붓이나 롤러 작업 시에 사용되고, 다양한 폭이 있지만, 주로 20mm 폭의 마스킹 테이프를 많이 사용한다.

○ **커버링**

도장할 시공 면 외에 다른 면에 도장이 묻지 않도록 보양하기 위해 사용된다. 주로 뿜칠 공사 시 많이 사용한다. 450, 600, 900, 1500mm 등 다양한 길이의 커버링이 있다. 창호의 틀과 유리의 보호를 위해 가장 많이 사용되고, 기타 공사 현장의 먼지 등을 막기 위해 사용한다.

○ **조인트 프로**

주로 석고보드 면의 이음매 도장 시 이음 부위 균열을 방지하기 위해 사용된다. 핸디코트와 함께 여러 공정이 필요하기 때문에 일손이 많이 필요하다. 주로 상업 공간, 사무 공간의 천장 공사에 많이 사용된다. 망사 테이프 붙이기 – 퍼티 작업(1-3차) – 연마 작업순으로 작업한다.

○ **사포(빠빠)**

목재의 거친 면을 곱게 만들거나, 핸디 작업 후 면을 고르게 하기 위해 사용된다. 주로 120번에서 200번 사이의 사포를 많이 사용하는데 숫자가 낮을수록 거친 사포이다. 요즘은 전기 샌더기를 많이 사용한다.

도장 방법

○ **도장 시공 순서**

1_ **보양** 시공 면의 불순물을 제거하고 마스킹 테이프나 커버링으로 시공 면 주위를 보호하는 작업이다.

2_ **면** 처리 크랙 부위나 불규칙한 면을 핸디코트, 퍼티, 실리콘 등으로 매끈하게 마감하고 사포로 깨끗하게 면을 다듬어 주는 작업이다.

3_ **3회 도장** 롤러나 붓으로 얇게 평균 3회 도장을 한다. 필요 시 4회 이상 할 수도 있다. 예를 들면, 기존에 백색 래커 칠이 된 문에 백색 락카 칠을 하면 1-2회 정도만 칠해도 된다. 하지만 기존에 갈색 락카 칠이 된 문일 경우 5-7회 이상 칠해야 될 경우도 있다. 왜냐하면 2-3회를 칠해도 기존 갈색 페인트가 우러나오기 때문이다.

○ **도장 시공 종류**

1_ **뿜칠** 작업 속노가 매우 빠르다, 질이 우수한 도장이 필요하며, 넓은 면을 도장해야 할 때 사용된다. 에어 콤프레서에 스프레이건을 연결하고 스프레이건에 페인트를 담아서 분무기처럼 뿜는 시공법이다. 하지만 한 공간에 여러 색을 사용할 경우에는 롤러를 이용하는 것보다 더 불편할 수도 있다. 뿜칠을 하면 기계 사용료가 추가된다. 도장할 시공 면이 넓고 색이 단순한 현장에 적합하다.

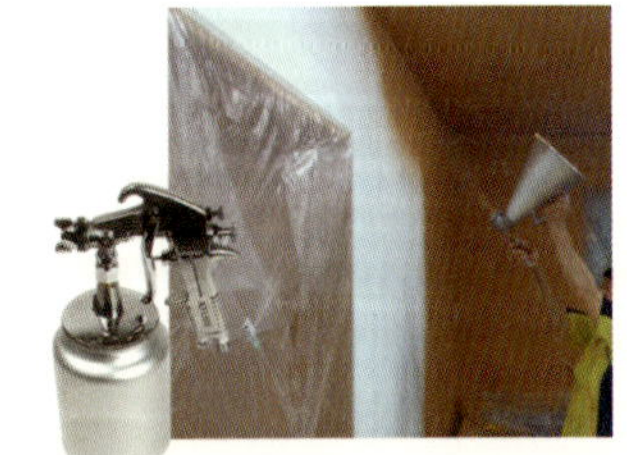

뿜칠

2_ **롤러** 붓으로 하기에는 시간이 많이 소용되는 넓고 평평한 시공 면에 주로 사용한다. 주거 공간에서는 문짝이나, 발코니를 칠할 때 사용한다. 뿜칠 공사보다 좁은 공간이나 한 공간에 다양한 색을 칠해야 할 경우에 유리하다. 전문가가 칠을 하면 뿜칠만큼 마무리가 깔끔하다. 수성 롤러와 유성 롤러가 있는데, 털이 많은 것이 수성 롤러이다.

롤러

3_ **붓 칠** 매우 좁은 곳의 칠에 주로 사용된다. 몰딩이나 문틀 같은 곳에는 붓으로 구석구석 마감해야 한다. 붓은 털의 종류에 따라 시공성의 차이가 많이 난다. 그래서 웬만하면 좋은 붓을 구입해서 사용하자. 도구를 탓해선 안 되지만, 붓은 도구를 탓해도 된다.

붓 칠

4_ **석고보드 천장 퍼티 작업**

· 망사 테이프를 이음매에 붙인다.

· 퍼티 작업을 1차, 2차 또는 3차에 걸쳐 진행한다.

· 연마 작업 후 도장 칠을 한다.

5_ **발코니 도장** 발코니 칠은 기본적으로 수성 롤러를 이용한다. 하지만, 수성 롤러는 털이 길어서 도장 면에 털 자국이 많이 남는다. 그래서 마지막 칠을 할 때는 유성 롤러를 꽂아서 시공하면 도장 면 마감이 훨씬 깔끔하다.

석고보드 천장 퍼티 작업

붓 보관
좋은 붓을 한번 사용하고 버리면 너무 아깝다. 공사 완료 후, 유성 페인트가 묻은 붓은
시너로 깨끗하게 씻어서 말려 보관하고, 수성 페인트가 묻은 붓은 물로 깨끗하게 씻어서
말려 보관하면 오래도록 사용할 수 있다. 시너 값도 만만치 않으므로 싼 붓이라면 1회용으로 생각하고 쓰고 버리자.

주거 공간의 도장할 면

○ **몰딩**

주로 백색 래커 칠로 작업한다. 기존 몰딩 마감재가 필름이면 부착력이 좋은 에나멜로 칠을 하거나 바인더 작업 후 칠을 하면 된다. 칠하기 전에 몰딩에 붙은 벽지는 미리 제거해야 한다.

○ 목 창호

유리를 마스킹 테이프나 커버링으로 잘 보양해서 칠한다. 또한 도장하기 전에 창문이 잘 닫히는지 확인한다. 만약 창문이 잘 닫히지 않으면, 대패로 미리 창문 위아래를 깎아 낸 후 한다. 창틀 하부에 있는 기존 슬라이딩 레일을 교체해야 할 경우도 있다.

○ 방문과 욕실문

도장하기 전 문이 잘 닫히는지 확인한다. 만약 문이 잘 닫히지 않으면, 경첩을 풀어 대패로 미리 문짝을 깎아 내야 한다. 손잡이는 잘 보양해서 사용하거나 새롭게 교체한다.

○ 발코니

도장 전에 물이 새는 곳은 미리 방수 작업을 해 놓는다. 결로가 있는 곳은 결로 방지 페인트나 탄성코트를 사용할 수 있다.

○ 현관문

보통은 래커를 칠해도 되지만, 이전에 에나멜 칠을 한 지 얼미 안 되었으면, 에나멜로 칠해야 한다.

○ 기타

디자인 목공사 부분은 이음매나 타카핀 자국을 핸디로 잘 마감한 후 래커 칠을 하면 된다. 페인트는 1, 2, 4, 18L 등의 용량이 있다. 보통 3.78L를 가리켜 한 갤런(가롱), 18L를 한 말이라고 한다.

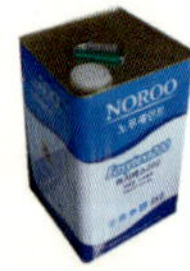

벽지 종류

○ 실크 벽지

크기는 폭 1060mm, 길이 15.6m이다. 실크 벽지라는 고급스런 이름과 달리 실크 벽지는 종이 벽지 위에 PVC를 입힌 것이다. 보통 한 롤로 $16.5m^2$(약 5평) 정도 도배 가능하다. 주거 공간의 천장 높이가 2.3m 정도 되는 것을 감안하면 평균 5-6m 정도 시공이 가능하다.

○ 광폭 합지

크기는 폭 930mm, 길이 17.75m이다. 종이 벽지 중에 폭이 넓은 것을 말한다. 보통 한 롤로 $16.5m^2$ 시공이 가능하다. 최근에는 색을 내기 위해 유성 잉크 대신 수성 잉크를 사용하기 때문에, 친환경 벽지라 생각해도 무방하다. 광폭 합지 역시 주거 공간의 천장 높이가 2.3m 정도 되는 것을 감안한다면 평균 5-6m 정도 시공이 가능하다.

위로부터_ 타일벽지. 뮤럴벽지. 띠벽지

○ 소폭 합지

크기는 폭 530mm, 길이 12.5m이다. 종이 벽지 중에 폭이 좁은 것을 말하고, 종이의 질도 조금 떨어진다. 보통 한 롤을 가지고 $6.6m^2$(2평) 정도 시공이 가능하다. 그리고 소폭 합지는 한 박스에 20롤 들어 있다. 보통 박스 단위로 판매한다.

○ 기타

방염 벽지, 뮤럴 벽지, 발포 벽지, 야광 벽지, 천장 전용 벽지, 띠 벽지, 타일 벽지 등 다양하게 있다. 특별히 뮤럴 벽지는 디자인이 고급스러워 고가이지만, 많이 사용되고 있다.

벽지 부자재

○ 부직포(T/C지)

도배할 면이 고르지 않거나 균열이 있을 때 고르게 펴기 위해 사용 하는 부재이다. 흔히 이 작업을 초배 작업이라고 한다. 고급 시공법 이라 일반적으로 실크 벽지를 시공할 때 많이 사용하지만, 종이 벽지 도배를 할 경우에도 초배 작업을 많이 한다. 특별히 페인트 바탕인 경우에는 기름 부직포를 사용한다.

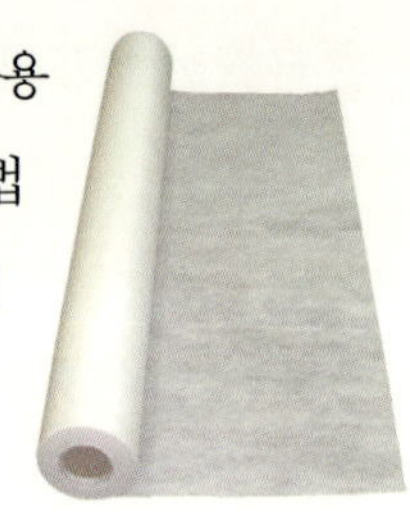

○ 운용지(싱지)

실크 벽지의 접착력을 높이기 위해 초배 작업할 때 사용하는 부재이다. 저가 한지 재 질이라 생각하면 된다.

○ 풀

벽지를 붙이기 위한 부재이다. 주로 재단과 풀바름이 동시에 되는 기계(도배박사)를 이용해 벽지 뒷면에 풀을 바른다. 실크 벽지를 도배할 경우에는 접착력을 높이기 위 해 본드를 함께 넣는다.

○ 본드(접착제)

부직포(초배 작업)를 붙이거나, 몰딩 부위, 콘센트 부위, 창문틀 부위 등 도배지 끝 면 의 접착력을 높이기 위해 사용한다.

○ 실리콘

벽이 일직선으로 똑바르게 시공되지 못해서 떠 있는 몰딩 부위 틈새 등을 메꾸어 주는 역할을 한다. 기타 다른 틈새들을 메꾸어 주면 도배 작업이 한결 수월하고 마감이 깨끗하다. 수성 백색 실리콘을 이용한다.

○ **네바리(틈막이 초배)**

석고보드와 석고보드 간의 이음매를 부드럽게 보강하기 위해 사용하는 부재이다. 물론 석고보드 외의 이음매를 위해 사용된다. 네바리는 뒷면에 풀이 미리 발라져 있어, 일반 테이프처럼 붙이기만 하면 된다.

○ **아크졸**

도배 공정의 프라이머라고 생각하면 된다. 벽지를 접착하기 어려운 표면에 아크졸을 먼저 바르고 벽지를 시공하면 강하게 붙는다.

도배 공사에 사용되는 도구

○ **도배 기계**

흔히 도배박사라고 알려져 있다. 재단과 풀바름이 동시에 이루어지는 기계이다. 이 기계를 사용하고부터 붓으로 벽지 풀을 바르던 예전보다, 작업 속도가 굉장히 빨라졌다.

○ **칼받이와 커팅 칼**

도배지 마무리 선을 재단할 때 사용한다.

○ **이음새 롤러**

벽지와 벽지 간의 이음매를 더 강하게 접착시키기 위해 사용된다. 도배 공사는 도배지 간의 이음매 마감이 중요하다.

○ 마무리 솔(도배붓)

칼받이, 커팅 칼, 이음새 롤러, 마무리 솔 등이 있다. 도배 시공 시 도배지를 펼 때 사용된다.

시공 방법

○ 밀착 방법(온통 풀칠)

벽지에 전면 풀칠하여 벽면에 밀착해서 바르는 작업이다. 벽면에 고르지 못한 부분의 작업 시에는 심한 돌기가 생기는 단점이 있지만, 시공 방법이 간단해서 벽지는 주로 이 방법을 이용한다.

○ 봉투 바르기(공간 도배)

벽과 벽지 사이에 공기층을 주는 작업으로 초배 작업 시 벽과 부직포를 띄워 초배 작업한 다음 벽지 작업을 한다. 벽면이 고르지 못한 부분을 평평하게 해 주어서 고급 작업에 속하는 반면 경비가 2배 가까이 든다.

○ 보양

도배 후에는 직사광선 또는 통풍을 피한다. 특별히 도배 후 바람에 의해 벽지의 이음매가 벌어질 수 있기 때문에 창문을 꼭 닫는다. 보통 도배지는 천천히 마르면서 주름이 펴지는데, 갑자기 말리면 주름이 있는 상태로 말라 버리거나 찢어진다. 그래서 도배 공사 후 난방을 해서는 절대 안 된다.

○ 실크 벽지의 시공 순서

1_ 스위치나 콘센트 커버를 벗긴다.

2_ 벽지 제거는 기존 벽지가 실크 벽지 또는 발포 벽지인 경우 표면에 PVC로 코팅되어 있어 풀로 접착이 힘들다. 그래서 반드시 제거해야 한다. 기존 벽지가 합지면 그 위에 바로 도배해도 된다. 하지만 이음매가 표시날 수 있으므로 되도록 벗겨 내는

것이 좋다. 실크 벽지의 속지 부분은 그대로 두고 코팅되어 있는 겉면만 벗겨낸다. 만약 전체를 다 벗겨 내었다면 부직포를 새로 붙여야 할 수도 있다.

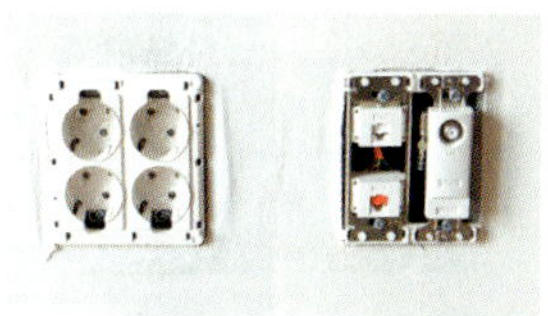

커버를 벗긴다

3_ 부직포 붙이기는 벽면의 하단 부분을 목공용 본드를 이용해 100mm 정도의 폭으로 벽면의 테두리 부부만 바른다. 그리고 부직포를 붙인다. 본드를 안 바른 부직포 상단 끝 부분만 본드를 발라 들뜨지 않게 만든다. 벽면의 상단 부분도 하단 부분과 똑같이 진행하면 된다. 부직포를 붙이는 초배 작업은 꼭 해야 하는 공정은 아니다. 도배면 상태가 좋다면 굳이 안 해도 된다. 물론 저가 시공일 경우는 도배면 상태가 안 좋아도 초배 작업을 하진 않는다. 실크 벽지 시공 시에는 초배 작업을 하는 경우가 많다.

벽지 제거

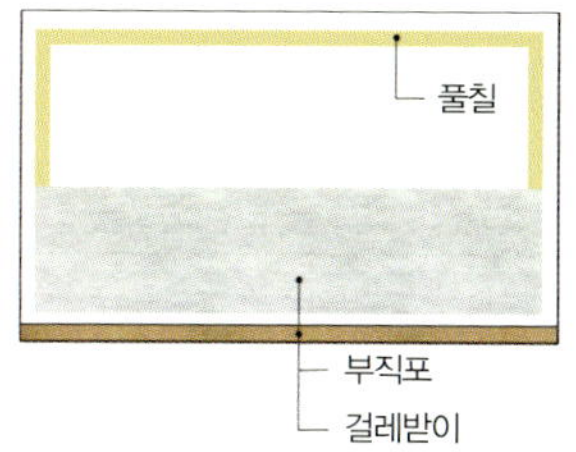

4_ 도배 풀을 만들 때(실크 벽지 시공 시), 풀과 본드를 7:3 정도로 섞는다. 물을 10% 정도 넣고 거품기를 이용해서 잘 저어준다. 20%, 30%까지 순차적으로 물을 부으면서 섞어준다. 풀 덩어리가 최대한 없어질 때까지 진행한다.

5_ 운용지 붙이기는 실크 벽지 시공 시에만 한다. 합지는 이 과정이 생략된다. 운용지 붙이기는 이음매의 터짐 방지를 위해 반드시 시공하는 것이다. 운영지는 조금 묽은 풀을 사용해야 한다. 벽지 한 폭이 대략 1000mm 정도 되므로, 미리 선을 그어 놓으면 시공하기 좋다. 일반적으로 사용하는 운용지는 폭이 300mm 정도 되고 벽지와 벽지가 맞닿는 이음 부분에 붙인다. 그어진 선의 가운데 오면 된다.

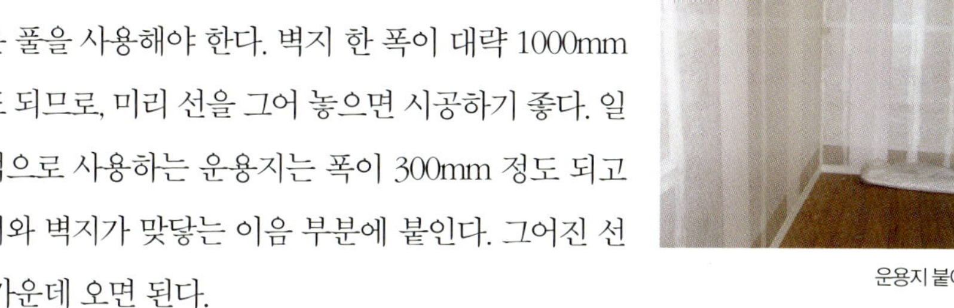

운용지 붙이기

6_ 벽지에 풀 바르고 붙이기

· 벽지에 풀칠을 한 후, 풀칠한 면끼리 맞닿게 접어놓는다. 벽지 겉면에 풀이 묻지 않도록 조심해야 한다.

· 왼쪽부터 한 폭씩 위에서 아래로 시공한다.

· 다음 폭부터 차례차례 무늬를 맞추면서 실크 벽지는 이음매가 맞물리게, 합지는 겹쳐서 붙인다. 실크 벽지의 경우 이음매가 벌어지지 않도록 조심하자.

· 마무리 솔로 도배지를 평평하게 편다.

· 이음매 부분에 롤러로 여러 번 문질러 준다.

· 벽지 아래와 끝부분은 칼받이와 칼을 이용해 잘라낸다.

· 시공 후 풀이 마르면 팽팽해진다. 너무 당겨 붙이지는 말고 상온에서 건조시킨다.

7_ 벽지 종류와 시공법 구별하는 방법

· 이미 시공된 벽지를 보고 벽지 종류와 시공법을 구별하는 방법은 벽지가 겹쳐져 있는데 500mm 정도의 간격으로 겹침이 보이면 소폭 합지이다. 동일하게 벽지가 겹쳐져 있는데 1000mm 정도의 간격으로 겹침이 보이면 광폭 합지이다. 아무리 찾아봐도 겹쳐 있는 곳이 없다면 실크 벽지이다. 시공된 도배 면을 두드려 보았을 때, 벽지가 떠있는 느낌(공기가 있는)이라면 초배 작업을 한 것이다. 역시 두드려 보았을 때 딱딱한 느낌만 들고 손만 아프다면 초배 작업 없이 바로 도배한 것이다.

8_ 벽지를 고르는 요령

· 색상의 짙고 옅음, 패턴의 크고 작음 등으로 변화를 주면서 공통점이 있는 벽지를 고르면 밋밋하지 않은 공간을 만들 수 있다. 특별히 최근에는 무지벽지(패턴이 없는 것)를 많이 선호한다. 색상의 조합은 2-3가지 이상 사용하지 말자. 종이벽지는 태양광선에 약한 대신 통기성이 좋다. 실크 벽지(비닐 벽지)는 내수성이 뛰어나기 때문에 물, 기름을 사용하는 주방 공간에 적용하면 좋다.

기타 벽체 마감 재료

○ **필름**

1_ 주로 상업용으로 많이 사용하지만, 가정에서 가구를 짜거나, 등박스, 아트월 등 목

공사를 진행한 부위의 마무리재로 많이 사용한다. 작업 속도가 빠르고, 마감이 깔끔한 장점이 있지만, 자연미는 조금 떨어진다. 매장 운영을 하루라도 빨리 진행해야 하는 상업 공간에는 필름시공을 아주 많이 한다.

2_ 필름 시공 방법

· 시공할 면의 먼지 등을 깨끗하게 닦아 낸다.

· 프라이머를 시공할 면에 바른다. 나무 소재나 실크 벽지 등 접착하기 힘든 면에 접착력을 높이기 위해서 바른다.

· 시공할 면보다 여유 있게 재단하고, 시공 후에 필름의 끝을 칼로 깔끔하게 자른다.

· 필름의 이형지(접착력이 없는 부분)를 조금씩 벗겨가면서 시공 면에 기포가 생기지 않도록 필름의 중심부에서 바깥쪽으로 상하좌우로 밀면서 붙인다.

· 필름은 수축이 일어날 수 있으므로 이음매 부분을 조금 겹쳐서 붙인다.

· 기술 부족으로 생긴 기포는 칼끝을 이용해서 기포에 구멍을 내고, 공기를 빼면서 붙이면 된다.

3_ 다양한 필름의 활용 방안

· 목공사 후 페인트 도장 대신 필름으로 마무리 시공을 한다.

· 싱크대, 붙박이장, 신발장 등 시스템 가구의 문짝을 필름으로 새롭게 마감한다.

· 새시틀의 색이 마음에 안 들면 새시틀만 원하는 색의 필름으로 붙인다.

· 기존 중문과 문, 문틀이 필름으로 마감되어 있으면 도장 대신 필름으로 재시공한다.

· 기타 DIY와 부분적으로 수리할 곳에 필름을 다양하게 활용할 수 있다.

○ **무늬목**

나무의 결을 살려 종이와 같이 얇게 켠 것으로 필름처럼 붙이는 방식은 비슷하다. 일반 필름보다 재료비와 시공비가 많이 들긴 하지만 원목의 자연미를 그대로 느낄 수 있다. 최근에는 다양한 필름들이 생산되고 있어 무늬목 사용이 많이 줄었다. 하지만 원목의 사용은 비용이 많이 들고, 습도에 의한 뒤틀림의 문제가 있다. 합판이나 MDF 같은 가공재에 붙여 사용하는 무늬목은 그런 원목의 단점을 해소시켜 주기 때문에 좋은 마무리 재료이다.

방음 공사와 주거 공간 아트월 등의 마무리재로 많이 사용했다. 하지만 시공 후 관리의 문제 때문에 요즘은 패브릭 모양의 필름지로 대체하고 있는 추세다.

바닥 공사

바닥 마감재의 선택 조건

1_ **보행성** 걷기에 불편한 바닥은 불쾌하며 피로가 누적된다.

2_ **안정성** 미끄러지거나 발이 걸리지 않도록 되어야 한다.

3_ **내구성** 마모나 오염에 강해야 한다.

4_ **편리성** 관리와 유지가 편해야 한다.

5_ **차단성** 불, 물, 열에 강해야 하고, 소음도 고려해야 한다.

6_ **강도** 무거운 하중이나 큰 충격을 이겨내야 한다.

7_ **디자인과 질감** 일반적으로 소비자들은 디자인과 질감을 제일 중요하게 여기지만, 사실 디자인과 질감은 바닥재를 선택할 때 제일 나중에 고려해야 할 사항이다.

마루 종류

○ 강화마루

MDF보다 밀도와 내구성이 뛰어난 HDF를 소재로 재료 표면 강도와 유지 관리의 편리

성을 높인 소재이다. HDF 위에 라미네이팅 처리를 하여 내마모도, 내구성, 내오염성을 높였다. 장점은 표현 강도가 뛰어나고, 눌림 자국이 생기지 않으며, 바닥에 본드를 사용하지 않고 클릭 시공 방식으로 시공하기 때문에 친환경적이고 새집증후군에 대한 불안감도 비교적 덜 하다. 시공과 철거도 편리하다. 하지만 목재 특유의 자연스러운 질감이 떨어지고 물에 치명적으로 약하다. 시공 시 바닥 수평 레벨이 좋지 않으면

층간 소음의 원인이 되기도 한다. 바닥을 충분히 말리지 않고 시공하면 마루가 부풀어 오르기 때문에 충분히 건조한 후 시공해야 한다.

○ 온돌마루

합판마루라고도 한다. 0.5-0.6mm 무늬목을 합판 위에 접착한 후 표면을 강화시키고 도장 처리하여 만든 제품이다. 질감이 좋고, 수분이나 열에 의한 변형이 적은 편이다. 국내 온돌 시스템에 접합하게 제작되어 열전도율이 가장 높다. 그러나 표면이 무늬목이라 잘 찍히고 긁힌다. 에폭시본드를 바닥에 발라서 부착하는 접착 시공법으로 인체에 해롭다. 겉으로 보면 원목마루와 구별하기 힘들다. 원목마루에 비해 온도 변화에 의한 수축, 팽창, 뒤틀림이 적다. 온돌마루는 스크래치가 잘 일어나고 변색이 빠르며, 보행성도 떨어진다. 또한 하자 부분 교체도 힘들기 때문에 최근 수요가 많이 줄어들고 있다.

○ 강마루

고밀도 멜라민판을 합판에 붙인 것이다. 강화마루의 장점인 표면 강도를 살리고, 온돌마루의 장점인 수분과 열에 적응력을 높인 제품이다. 강마루가 시장에 처음 시판됐을 때는 멜라민판과 합판의 부착 불량이 많았지만 지금은 개선되어 인테리어 바닥재로 많이 사용되고 있다. 특별히 어린 아이가 있어 바닥에 스크래치가 많고, 층간 소음에 민감한 아파트 같은 공동 주택에 시공하면 좋다.

○ 원목마루

2-5mm의 원목을 합판에 접착한 제품이다. 최대 장점은 역시 원목의 자연스러운 질감과 색상이다. 보행 시 쿠션감과 촉감도 좋다. 원목이 지저분해지면 샌딩과 재도장을 할 수

있어 수명이 길다. 습기나 온도에 의한 변형이 있지만 원상회복이 가능하기 때문에 결로도 어느 정도 해소해 줄 수도 있다. 최대 단점은 가격이 다른 제품에 비해 월등히 비싸다는 것이다. 습기와 열 변화에 굉장히 민감하고 유지 관리에 많은 주의가 필요하다. 온돌마루처럼 나무 변색이 일어날 수 있다. 만약 원목마루에 합판을 붙이지 않고 원목 그대로 사용했다면, 어느 정도 시간이 경과함에 따라 변형이 심하게 발생하여 비틀어지고 단차가 발생한다. 그래서 변형이 없는 합판을 바닥판을 사용하는 것이다.

원목마루와 온돌마루 구별법

원목마루의 표면은 원목 자체가 최소 2mm 이상 들어가지만, 합판마루의 경우 원목에서 추출한 0.5mm 정도의 무늬목이 접착된다. 마루의 옆면 원목 두께를 보면 쉽게 확인할 수 있다.

○ **마루 부자재**

대부분의 마루 부자재는 마루에 비해 질이 많이 떨어진다. 소규모 업체에서 생산하다 보니 낮은 가격으로 경쟁하고 있다. 마루에 비해 무늬가 선명하지 못하고 표면 처리도 깨끗하지 않다. 마루와 부자재 간의 색 차이를 조절하기 힘들다.

○ **걸레받이**

마루를 완전히 마무리한 후에 시공한다. 마루판은 습도 변화에 따른 수축과 팽창 현상이 있다. 특별히 강화마루는 그 현상이 심하기 때문에 마루 시공 시 벽과 약간의 공간을 확보하게 되는데, 걸레받이가 그 틈을 가려 주는 역할을 한다.

○ **프로파일**

강화마루시공에만 사용된다. 걸레받이를 시공할 수 없는 문지방(문턱)이나 거실 중문 새시 앞에 시공되는 마감 프로파일이 있고, 마루판과 마루판을 분리하는 확장 프로파일이 있다. 그리고 다른 바닥재와 연결하는 재료 분리용 프로파일도 있다. 프로파일은 강화마루의 확장 공간을 확보해 주고, 수축에 의해 생긴 틈을 감추기 위한 것이다.

○ 피폼(PE- FOAM)

보온 효과를 위해 강화마루의 깔개로 사용되고, 쿠션 효과로 보행성을 높여 준다. 폴리에틸렌 비닐은 습기 방지를 위해 미장 바닥에 강화마루를 시공할 때 깔개로 사용한다.

○ 에폭시 본드

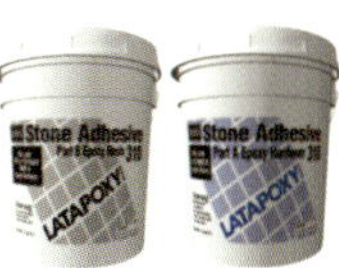

온돌마루, 강마루, 원목마루를 시공할 때 사용하는 접착제이다. 강화마루는 클릭 시공 방식이라 본드가 필요 없다.

마루 시공 방법

○ 강화마루

1_ 습기가 있는 바닥은 최대한 말리고, 먼지나 이물질을 깨끗이 제거한다.

2_ 시공 전 마루판이 들어갈 수 있도록 문틀의 밑 부분을 일부 갈아 낸다.

3_ 피폼을 깔아 준다. 단, 바닥에 습기가 있으면 비닐을 먼저 깐다.

4_ 사방 벽으로부터 10mm 정도 띄우기 위해, 스페이스바를 끼우며 마루를 깐다.

5_ 클릭 부분에 맞춰 마루를 계속 이어 준다.

6_ 마루를 조립해 나갈 때 계단식으로 시공한다.

7_ 문턱이나 거실 중문 등에는 마감 프로파일로 처리한다.

8_ 문턱이 없거나 마루 시공 공간이 큰 경우는 중간 중간에 확장 프로파일로 처리한다.

9_ 강화마루가 충분히 수축 팽창 할 수 있도록 시공을 마친다.

10_ 걸레받이 시공을 하고 프로파일 커버를 끼운다.

온돌마루, 강마루, 원목마루

1_ 습기가 있는 바닥은 최대한 말리고, 먼지나 이물
질을 깨끗이 제거한다.

2_ 시공 전 마루판이 들어가도록 문틀의 밑 부분을
일부 갈아 낸다.

3_ 에폭시 본드를 빗살무늬 모양으로 바닥에 바른다.

4_ 고무망치를 이용해 마루를 바닥에 붙이며 끼워 나
간다. 특별히 원목마루는 갈매기 시공 등의 다양
한 모양으로 시공한다.

5_ 마루를 끼울 때 계단식으로 시공한다.

6_ 마루 시공이 끝나면 걸레받이를 시공한다.

기타 바닥재

1_ 비닐장판 크게 페트와 모노륨으로 나뉜다.

　·페트: 현장에서 보통 막장판이 불린다. 전·월세집에
주로 사용한나. 가격이 서럼하고 겹쳐서 시공하기 내
문에 시공이 간편하다. 하지만 눌리거나 꺾이면 복구
가 어렵다.

　·모노륨: 전세나 자가인 경우 주로 사용한다. 이음매를 맞물려 시공하기 때문에 마감이 깨
끗하다. 눌리거나 꺾여도 복원이 된다. 마루무늬, 한지무늬 등 다양한 디자인과 다양한 두
께의 장판이 출시되고 있다. 쿠션감이 있어 보행성이 우수하고, 관리가 편리하다. 하지만
습도나 온도가 높을 경우 접촉감이 좋지 않다. 장판은 두께에 따라 가격 차이가 많이 난다.
폭은 보통 1.8m 정도이고, 두께는 보통 1.8T, 2.2T, 2.5T 등 다양하다.

2_ **데코타일** 마루 모양의 우드데코와 타일 모양의 사각 데코가 있다. 크기는 다양하고 두께는 보통 3mm 정도이다. 표면 강도가 뛰어나고 다양한 디자인을 가지고 있다. 주로 사무 공간이나 상업 공간에 사용되었지만 최근에는 주거 공간에도 많이 적용된

다. 시공 방법이 마루시공과 비슷하고, 비교적 시공이 간편해서 누구나 쉽게 할 수 있다. 물론 전문가와 마감의 차이는 있지만, 최근 인테리어 DIY 재료로 많이 활용되고 있다.

시공 방법

· 시공 면을 먼지까지 깨끗하게 청소한다.

· 프라이머를 바닥에 빗살무늬 모양으로 얇게 바른다.

· 동선을 고려해서 데코 타일을 하나하나 붙인다.

· 시공을 마무리하고 벽 끝선에 실리콘을 쏜다.

3_ **카펫** 장판처럼 롤로 말린 롤 카펫과 데코 타일처럼 조각조각 붙이는 타일 카펫이 있다. 카펫은 쉽게 지저분해지고, 청소하기 어려운 점 외에는 장점이 많은 바닥재이다. 특별히 롤 카펫은 파일(두께)의 길이에 따라 가격 차이가 많다.

위_ 바닥 카펫 시공 완료 후 모습
아래_ 카펫 샘플

· 보행 시에 충격을 부드럽게 흡수한다.

· 반사도가 낮기 때문에 부드러운 조명 빛을 만들어 눈의 피로를 덜어 준다.

· 단열에 필요한 충분한 공기를 품고 있어 냉·난방에 필요한 에너지를 크게 줄일 수 있다. 난방 시 12%, 냉방 시 6% 정도의 전력을 절약할 수 있다.

·미끄러짐 등의 위험에 가장 안전한 바닥재이다.

·방음 효과가 뛰어나다.

·전 세계적으로 다양한 색상과 모양으로 출시되고, 표면 질감이 매우 뛰어나다.

·울은 양의 털을 말한다. 양모는 흡진성과 보온성이 월등히 뛰어나다.

·레이온은 목재 펄프로 만든 섬유이다. 흔히 재생 섬유라고 부른다. 양모 다음으로 많이 사용되고 비교적 저렴하다.

·나일론은 색상과 내구성이 뛰어나고 세탁하기도 편하다. 하지만 흡수성인 나쁘고 정전기가 많이 발생한다.

·아크릴은 가장 많이 사용하는 재료 중 하나이다. 양모와 가장 비슷하고 때가 묻지 않는다. 세탁을 해도 원형 그대로 유지된다.

·사이잘은 잎에서 섬유를 추출한 제품이다. 내구성이 좋고, 자연스러운 느낌이다. 노란빛을 띤 흰색으로 가늘고 부드럽다.

4_ 종이 장판 흔히 한지장판이라고 부른다. 가로 1m, 세로 1m 정도의 천연 한지를 두껍게 처리하고 콩기름을 바른 형태이다. 바닥재로는 가장 친환경 재료이긴 하지만, 일반 주거 공간에는 거의 시공하지 않는다. 최근에는 콩기름 대신 왁스를 사용하기 때문에 친환경적 기능조차 살리지 못하고 있다. 수요조차 감소하고 있어, 초보 도배사의 경우 시공을 못하는 경우도 있다. 질기고 두꺼운 한지 중 완전히 마른 것을 꼭 사용해야 한다.

Auction
+
Remodeling